山西焦煤
SHANXI COKING COAL

煤炭企业管理培训丛书

U1019121

煤炭企业
精益化管理案例

MEITAN QIYE
JINGYIHUA GUANLI ANLI

山西焦煤集团有限责任公司 编

中国财经出版传媒集团
中国财政经济出版社

图书在版编目（CIP）数据

煤炭企业精益化管理案例 / 山西焦煤集团有限责任公司编. --北京：中国财政经济出版社，2023.7

（煤炭企业管理培训丛书）

ISBN 978 -7 -5223 -2302 -2

Ⅰ. ①煤…　Ⅱ. ①山…　Ⅲ. ①煤炭企业 - 工业企业管理 - 中国 - 技术培训 - 教材　Ⅳ. ①F426.21

中国国家版本馆 CIP 数据核字（2023）第 103535 号

责任编辑：马　真　　责任校对：张　凡

封面设计：智点创意　　责任印制：党　辉

煤炭企业精益化管理案例

MEITAN QIYE JINGYIHUA GUANLI ANLI

中国财政经济出版社 出版

URL：http：//www.cfeph.cn

E - mail：cfeph@cfeph.cn

社址：北京市海淀区阜成路甲 28 号　邮政编码：100142

营销中心电话：010 - 88191522

天猫网店：中国财政经济出版社旗舰店

网址：https：//zgczjjcbs.tmall.com

北京时捷印刷有限公司印刷　各地新华书店经销

成品尺寸：185mm × 260mm　16 开　12.5 印张　283 000 字

2023 年 7 月第 1 版　2023 年 7 月北京第 1 次印刷

定价：82.00 元

ISBN 978 -7 -5223 -2302 -2

（图书出现印装问题，本社负责调换，电话：010 - 88190548）

本社质量投诉电话：010 - 88190744

打击盗版举报热线：010 - 88191661　QQ：2242791300

本书编委会

前　言

进入新时代，实现中华民族伟大复兴的中国梦感召着我们，面对历史之变、世界之变、时代之变，全国上下立足新发展阶段，贯彻新发展理念，构建新发展格局，推动经济高质量发展。山西焦煤作为国有煤炭企业，实现高质量发展，加快经济发展质量变革、效率变革、动力变革，一方面需要横下一条心，加快结构调整、产业转型，构建符合新时代发展要求的现代化产业体系；另一方面必须推进管理创新、管理升级和管理再造，加紧构建与现代化产业体系和高质量发展要求相匹配的全新管理体系、运营模式，向管理要发展、向管理要效益。

2020 年 6 月，国务院国资委下发了《关于开展对标世界一流管理提升行动的通知》，明确提出“推进精益化管理、提升精益运营能力，将精益化管理运用到研发设计、生产制造、供应链管理、营销服务等全流程全链条，以最小资源投入，创造更多更大价值”的要求；2020 年 7 月，国务院国资委召开对标世界一流管理提升会议，对精益化管理进一步作出安排部署。这标志着“精益化管理”正式出现在国家战略层面，也标志着精益化管理由学术研究和企业探索转向由国家倡导的全面推广阶段。从国务院国资委安排部署，到社会、企业层面积极响应、迅速行动，充分体现了社会、企业层面对精益化管理的一致认同，更从管理创新的角度为山西焦煤指明了高质量发展的目标和路径。

精益化管理起源于 20 世纪 20 年代，其核心是以市场为基础、以客户为中心、以结果为导向、以数字化为支撑，注重产供销全过程效益、效率、效能提升和工艺水平改进，持续优化流程管理、供应链管理、质量管理、人力资源管理等，以最小投入创造尽可能多的价值，实现企业效益最大化。工欲善其事，必先利其器。精益化管理经过近百年的探索、实践后逐步发展、完善，具有极强的生命力，已成为世界公认的、科学的、最具竞争力的科学管理体系和管理方法。

作为新组建的焦煤集团合并主体之一，山西焦煤集团早在 2017 年就着手推行精益化管理，并在一些单位开始试点且取得一定成效。2020年，山西焦煤集团与山煤集团实现联合重组，重组后的新焦煤锚定“打造具有全球竞争力的世界一流炼焦煤企业”奋斗目标，明确提出：精益化管理是企业管理的一场革命，是实现新焦煤高质量转型发展的必由之路，是加快建设世界一流炼焦煤企业的重要抓手，是解决新焦煤突出问题的治本之策，是每一位焦煤人的历史使命和责任担当。

本书在吸收日本丰田精益生产合理内涵的基础上，以山西焦煤集团有限责任公司精益化管理实践为依托，立足煤炭产业特点，主要研究了煤炭企业精益化管理基本原理，煤炭企业作业成本管控，同时总结提炼了在管理推进过程中能够复制应用的管理案例。

本书适用于煤炭企业的管理人员和技术人员，为煤炭企业推进精益化管理提供有益的参考和指导。随着精益化管理的不断深入推进，未来还会有更多的管理创新成果产生。千里之行，始于足下，希望读者朋友能够牢固树立精益化管理理念，认真领会精益化管理内涵，准确掌握精益化管理在实践中的方式方法，不断提升精益化管理素质和能力，用创新的精神、务实的行动，为推动煤炭企业高质量发展作出新的贡献。

对于书中存在的表达不够精准、不够完善甚至偏差之处，敬请包涵和指正！

作　者

2023年6月

目　录

第一章　A 煤矿现场改善管理案例

摘　要

2020 年 6 月，国务院下发文件，明确提出“推进精益化管理、提升精益运营能力，以最小资源投入，创造更多更大价值”；2020 年 11 月，国务院国资委召开对标世界一流管理提升大会，对精益化管理作出详细安排。2023 年 1 月，国务院国资委党委书记张玉卓再次提出并强调精益化管理；2023 年 2 月，在山西省省管主要领导干部专题研讨班上，省委书记蓝佛安对煤炭企业也明确提出“对标国内外龙头企业，苦练内功、降本增效，管理上提高精益化水平”的要求，可以说推行精益化管理已经得到全社会一致认同。国务院国资委和省委省政府已经对精益化管理提出明确要求，作出安排部署，从管理创新的角度为企业指明了目标和路径，精益化管理已经成为企业高质量发展不可或缺的一部分。

A 集团积极响应上级相关精神要求，把精益化管理作为高质量发展的必由之路，在国内煤炭行业率先开展精益化管理。早在 2017 年集团就提出精益化管理的概念，并试点推进精益化管理工作，经过多年的深耕细作，取得了一定成效，为企业加快推进管理创新、管理升级、管理再造提供有力保障。

A 煤矿严格按照 A 集团“三年并作两年走、9 年目标 7 年完成”的工作目标，通过做精做强煤炭主业、优化精益化流程体系建设、提升人员整体素质等，全面助推矿井安全高效生产。

A 煤矿是一座煤与瓦斯突出矿井，始终将“安全可控化、管理程序化、生产高效化、系统简单化、工艺现代化、经营集约化”作为企业发展的重中之重，2022 年该矿组织实施了“4#煤综采工作面‘110 工法’切顶双留巷应用实践”精益创新项目。项目在实施过程中，始终贯彻精益管理思想，坚持“安全可靠、技术可行、经济可取”的理念，以系统完善可靠、衔接合理有序为原则，紧紧围绕“技术服务生产、技术保障安全、技术创造效益”的要求，助力矿井安全高效生产。该项目技术先进、成效突出、经济价值可观，既符合精益化管理的要求，也具有显著特色。

关键词：110 工法；双留巷应用；精益生产；精益改善

一、案例背景

煤炭是我国最主要的能源之一，在我国生产和消费的一次性能源中，煤炭一直占有主导地位，而主焦煤更是全世界范围内最为稀缺的资源之一，被誉为“东方黑明珠”。目前大部分矿井仍然采用一个回采工作面，到需要掘进两条巷道，留设一个煤柱的采煤方法进行开采。如何节约煤炭资源，降低万吨掘进率，减少开采成本，提高开采安全性，实现“精采细采、精益开采”，延长企业服务年限，增强企业核心竞争力，已成为企业可持续发展的重中之重。

（一）矿井基本情况

A煤矿地理位置位于山西省吕梁市柳林县，属于河东煤田。井田保有储量12.17亿吨，可采储量6.39亿吨。矿井核定生产能力450万吨/年，服务年限101年。井田可采煤层8层，分别为山西组2#、(3+4)#、5#煤，太原组6#、8#、9#、10#煤，各煤层赋存稳定，地质结构简单。煤质以低中灰、特低硫、低磷、中等粘结性、中挥发份、高热值、高软化温度的焦煤为主，被誉为“中国瑰宝”。

A煤矿有两个综采生产队组（一个回采4#煤、一个回采5#煤）、一个保护层开采队组（回采2#煤保护层）和三个掘进队组，采掘比严重失衡，无法满足综采工作面正常生产需求，导致该矿投产后一直难以达产。

（二）选择背景

4502综采工作面为该矿五采区4#煤层首采工作面，南北两侧均为未开采区域，西侧为五采区集中轨道、集中胶带、集中回风，东侧为闫家山村庄保护煤柱，东侧400米为××煤矿有限责任公司。工作面距地面的垂深约为290米—460米，走向回采长度1102米—1092米，倾向长度220米。煤层厚度3.8米—4.6米，平均厚度4.2米，属于厚煤层，煤层倾角2度—7度，平均倾角4度。工作面煤层上覆岩层直接顶为砂质泥岩，厚度1米；老顶为细砂岩，平均厚度5.3米，直接底岩性主要为砂质泥岩，平均厚度3.4米，老底岩性为砂质泥岩，平均厚度4.0米。工作面具有突出危险性，破坏类型为Ⅲ类；原始瓦斯含量为11.06立方米/吨，瓦斯压力最大为1.38兆帕。

按照矿井规划，在4502工作面南北两侧各布置一个综采工作面，其中北侧为4503工作面，南侧为4501工作面。如果采用传统的留煤柱开采方法，势必造成邻近两个工作面各多掘进一条1200米长的巷道并留设同等长度、宽度约40米的煤柱，不仅浪费优质主焦煤稀缺煤炭资源50余万吨，而且也带来很多的安全隐患。由于五采区2#煤层厚度小于0.2米，且不稳定，不具备开采保护层条件，所以采用定向长钻提前预抽的方式进行瓦斯治理，瓦斯治理周期较长（掘进工作面每掘进 500 米需施工一次区域预抽钻孔，周期为 3 个月），致使掘进队组无法连续高效作业，更是导致了该矿生产衔接紧张局面一直未能有效解决。

为此，A 煤矿经过反复研究论证，大胆提出了在 4502 综采工作面轨道巷、胶带巷两条顺槽同时进行切顶卸压无煤柱开采技术（见图 1－1），该技术取消了 4503 综采工作面南侧段、4501 综采工作面北侧段保安煤柱，使优质煤炭资源得到最大限度的回收，实现精采细采、精益开采，增加了矿井的服务年限，提高了生产效率；同时减少了巷道掘进施工，缩短了采掘接续时间，节省了掘进费用。

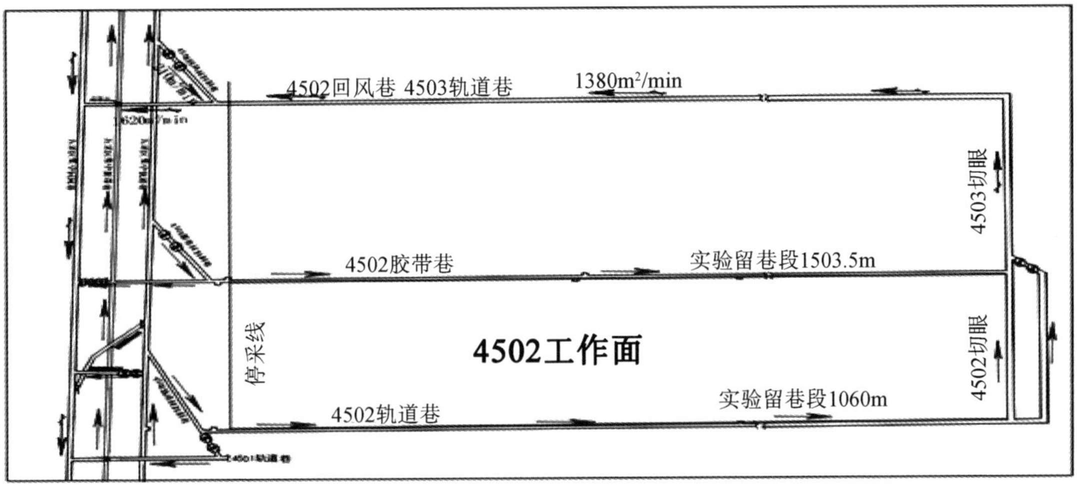

图 1－1　4502 工作面布置示意

（三）选择原因

1. 国家政策要求

国务院、国资委出台相关政策法规，要求企业通过精益化管理、智能化升级、数字化平台、产业化重组等措施，实现企业的高质量发展。

2. 集团战略需求

集团工作会议上多次提出，精益化管理是实现企业高质量发展的必由之路，是加快建设世界一流炼焦煤企业的重要抓手，是解决企业突出问题的治本之策。

3. 自身发展需求

A 煤矿作为一座煤与瓦斯突出矿井，瓦斯治理问题一直是制约矿井高效生产的难题，同时该矿自身也存在着采掘比失衡、生产接续紧张、一直难以达产等问题。因此，矿井需要以自主创新为导向，聚焦发展瓶颈，瞄准制约生产接续的关键环节，将现有的薄煤层“110 工法”切顶留巷技术进行消化吸收再创新应用，才能推动矿井安全高效生产。

二、总体设计

对“4#煤综采工作面‘110 工法’切顶双留巷应用实践”精益创新项目内容、目标、实施路线进行总体设计，具体如下。

（一）项目内容

“4#煤综采工作面‘110 工法’切顶双留巷应用实践”精益创新项目主要内容包括：在 4502 综采工作面轨道巷、胶带巷两条顺槽同时进行切顶卸压为相邻 4501 和 4503 综采工作面各留设一条巷道，即取消了 4502 工作面南北相邻工作面的保安煤柱，使 4503 综采工作面、4501 综采工作面只需要掘进一条巷道便可进行回采。

4502 综采工作面“110 工法”切顶双留巷采用特殊的爆破方式切断巷道顶板，使用能够适应顶板变形的新型锚索对巷道顶板进行加固，保证顶板压力能够缓慢转移至采空区矸石，同时，在回采过程中对巷道内进行临时支护，以抵抗回采动压对顶板稳定性的影响。除此之外，还架设挡矸支护并对碎石帮进行密闭，防止矸石和有害气体进入巷道。随着工作面的回采，采空区顶板沿着切缝线均匀垮落，最终巷道形成。保证留巷成功的关键内容主要包括以下五项：①采用 NPR 恒阻大变形锚索对巷道提前进行支护；②采用定向预裂切缝技术对巷道顶板进行爆破；③采用挡矸护帮及临时支护对采空区进行支护；④采用高分子材料对碎石帮快速封闭；⑤采用矿压远程监控对工作面矿压进行实时在线监测。

项目内容如图 1－2 所示。

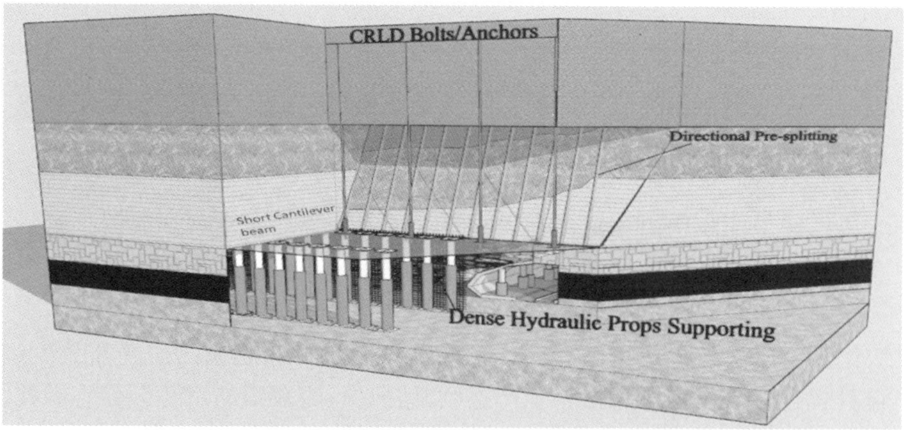

图 1－2　项目内容

（二）项目目标

1. 计划多回收煤炭资源 50 万吨，实现“精采细采、精益开采”，使优质煤炭资源得到最大限度的回收；

2. 计划复用巷道两条，共计 2114.5 米，有效降低矿井万吨掘进率，提升人员生产效率；

3. 计划复用 36U 型钢 3800 架，复用 4.5 米单体液压支柱 3800 根，降低矿井吨煤成本；

4. 降低采掘工作面生产接替时间共 16 个月，确保矿井生产接续有效。

（三）实施路线

“4#煤综采工作面‘110 工法’切顶双留巷应用实践”精益创新项目实施路线如图 1-3 所示。

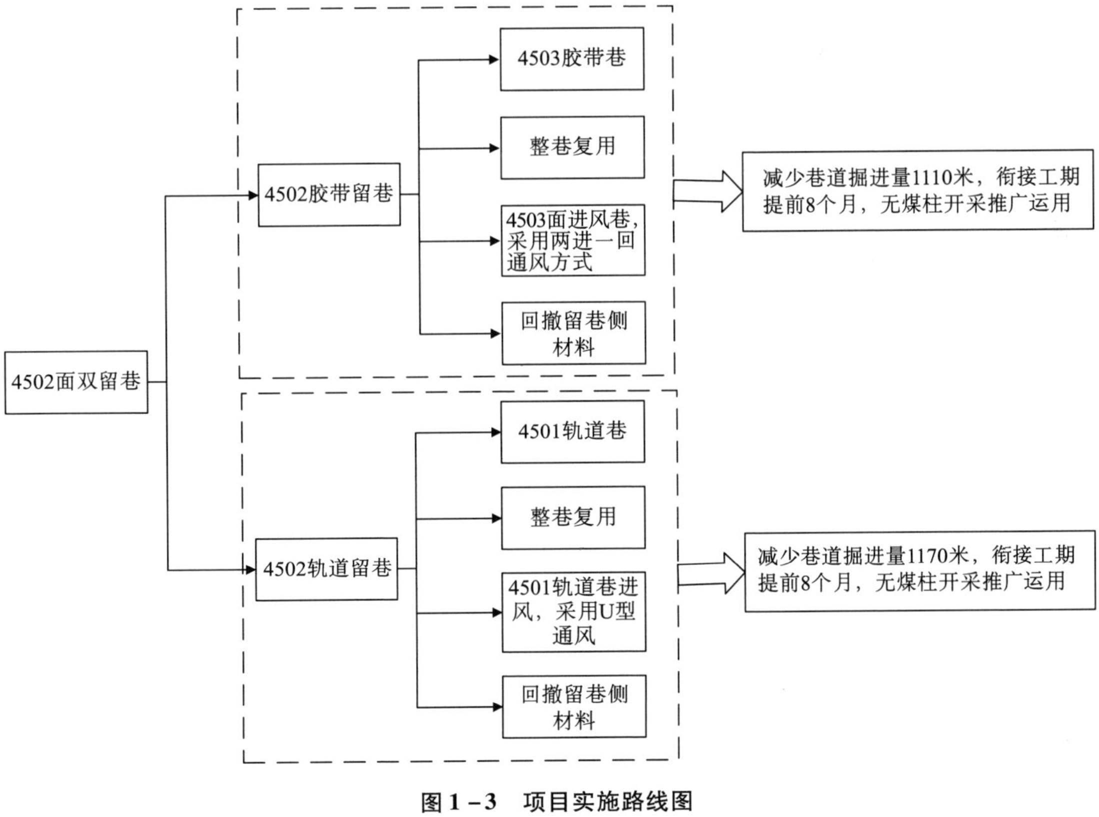

图 1-3　项目实施路线图

三、应用过程

经过前期充分准备，精心组织实施并建立体系保障机制，尤其是在实施过程中贯彻了精益化管理的思想，确保项目成功实施。

（一）前期准备

1. 调研论证

充分调研总结国内外综采工作面切顶留巷的理论技术，并现场试验。以4502工作面为工程背景，采用现场测试、室内力学试验、物理数值模拟、理论分析相结合的方法，将采矿学、地质学、力学、材料学和计算机采矿科学等多学科交叉研究，提出厚煤层无煤柱开采自成巷的方法，通过现场工业性试验，验证理论及技术的有效性、可行性和经济性。

在项目前期研究中，对4502综采工作面的地质情况、回采工艺等资料进行充分收集、分析，在实验室进行基础研究、模拟试验和理论分析；在现场进行切顶卸压条件下无煤柱自成巷开采技术应用试验，实现室内研究与现场实践互补。项目研究以“切顶卸压自成巷、安全高效低成本”为中心开展，制定相应施工工艺、生产组织和配套的安全措施。

2. 提前预演实践

“110工法”切顶留巷技术主要应用于井下各方面条件较好的薄煤层及中厚煤层，而4502综采工作面是厚煤层、煤与瓦斯突出工作面。A煤矿在应用“110工法”切顶卸压无煤柱开采前，通过认真分析，首先选择在地质条件相对较好的2404综采工作面使用，该工作面属于薄煤层开采，基本满足“110工法”切顶卸压无煤柱开采的前提条件。在“110工法”切顶卸压无煤柱开采推行的过程中，现场复用留巷395米，取得经济效益1357.46万元；同时还开展了瓦斯与火灾防治技术研究，为后续在中厚煤层中应用该技术奠定了基础。

3. 邀请专家研讨

在总结2404综采工作面成功应用“110工法”切顶卸压无煤柱开采的基础上，组织行业内优秀科研团队和矿井技术团队进行了反复论证，为4502厚煤层综采工作面应用“110工法”切顶双留巷提供了诸多方法和参数。先后完成了巷道顶板岩层力学性质及传统锚索支护情况下巷道围岩的变形情况分析，综合运用煤与瓦斯突出煤层NPR恒阻锚索支护及相关配套方案、双向张拉聚能爆破预裂切缝技术、采场顶板矸石垮落自成巷等研究工作。邀请北京中矿创新联盟能源环境科学研究院编写了《A煤矿厚煤层复合顶板无煤柱自成巷“110工法”关键技术研究及应用设计方案》，详细介绍了“110工法”切顶卸压无煤柱开采运用过程中的关键技术、应用难点。为后续4502综采工作面开展“110工法”切顶卸压双留巷技术现场实践、方案优化提供了可靠依据。

（二）项目实施

4502 综采工作面为首采工作面，于 2020 年 12 月开始初采，2021 年 12 月完成末采；

4503 综采工作面于 2022 年 10 月开始初采，2023 年 8 月完成末采；

4501 综采工作面计划于 2024 年 1 月开始初采，2024 年 12 月完成末采。

按照 4502 综采工作面“110 工法”切顶卸压双留巷设计要求，轨道巷留巷 1061 米，施工切顶预裂钻孔 2123 个，施工恒阻锚索 2358 根，胶带巷留巷 1053. 5 米，施工切顶预裂切顶钻孔 2108 个，施工恒阻锚索 2341 根，挡矸侧均采用 U 型钢配合单体液压支柱进行支护，留巷均采用单元支架进行临时支护。通过恒阻锚索支护、切缝钻孔施工、定向爆破预裂、挡矸支护、留巷临时支护、回撤成巷等工艺流程，使工作面两巷采空区范围顶板沿着切缝线垮落，最终达到留巷目的，实现无煤柱开采，为相邻两个工作面共用一条巷道创造有利条件。

（三）体系保障

根据集团公司关于精益化试点矿井的要求，A 矿成立了以主要领导挂帅的精益化管理领导组，制定了完善的精益化管理的相关制度，明确了精益创新项目从立项、执行、结项到推广应用等多个环节的工作要求与作业流程，规范了精益化项目管理工作。

1. 思想引领

精益生产的终极目标就是消除一切浪费，矿井通过前期充分的准备，制定了完善的制度体系，构建了良好的工作环境，项目实施全过程贯穿精益管理思想，实施过程中不断改善，持续消除浪费。

2. 组织保障

A 煤矿成立了以矿长为首的精益化管理工作领导组，经营副矿长为常务副组长，其他矿领导为副组长，矿属各部门、中心负责人为各专业组的负责人，精益化管理领导组负责统筹部署精益化管理工作，审核精益化管理制度，指导精益化管理工作总体推进，协调解决精益化管理工作中遇到的问题和困难。领导组下设办公室，办公室设在精益化管理部，办公室主任由精益管理部部长兼任，负责汇编全矿各精益专业组的管理制度，统筹协调精益化管理工作，对精益化管理工作进行指导、考核。

为进一步提升精益化管理工作的执行力，明确各部门、各负责人的职责，确保精益化管理工作落到实处，A 煤矿对照集团公司精益化管理体系的构建，成立了与精益化管理体系对应的十个工作组，分别为精益安全、精益瓦斯治理、精益成本管控、精益生产组织、精益衔接部署、精益计划管理、精益资产管理、精益设备管理、精益物资采购、精益科研项目管理组，涵盖了全矿精益化管理的各个方面。

“4#煤综采工作面‘110 工法’切顶双留巷应用实践”作为一个精益创新项目，完全按照项目制方式推进实施。A 煤矿成立了项目组，明确项目负责人作为项目实施的第一责任主体，并配备通风、地质、生产、机电、调度、安全、环保等相关专业职能科室的成员和承担队组人员一起组成项目组。在项目实施过程中，项目组各成员通力合作、积极献智献力、主动担当，积极深入现场，解决难题，优化作业流程，提高作业标准，使项目各环节紧密有序进行。

3. 制度建设

为了保证4502综采工作面“110”切顶双留顺利实施，实现煤炭资源精采细采，A煤矿科学合理地制定了《4502综采工作面双留巷精益化组织方案》，提前组织相关队组对4502工作面两巷进行补强支护等工作；制定了《4502综采工作面操作规程》，规定了综采工作面各工种的一般规定和特殊规定，明确了生产作业前的准备工作，生产作业中的操作步骤，生产作业交接时的注意事项，以及一些需要特别关注的岗位风险等；制定了《4502智能化综采工作面作业规程》，明确了留巷内的支护要求、施工工艺，以及生产流程、劳动组织和经济评价指标、安全技术以及避灾路线等。

4. 精益方法及工具

在项目实施过程中，积极运用了“5S”现场管理、PDCA、标准作业和持续改善等精益管理方法及工具。

（1）推广应用“5S”现场管理模式。精益现场管理的核心环节是“5S”，通过全员参与，将整理、整顿、清扫、清洁、素养落实到每个人、每件事、每一时、每一物、每一处，形成人人有标准、事事有标准、时时有标准、处处有标准的标准化管理格局，达到精益现场管理一体化。项目实施期间，项目组严格按照生产标准化要求将施工地点进行现场整理、整顿、清扫、清洁，时刻保持现场工作环境良好，不断提升员工素养，强化现场安全管理，消除浪费，保证“4#煤综采工作面‘110工法’切顶双留巷应用实践”项目的顺利实施。

（2）实行PDCA持续改善。“4#煤综采工作面‘110工法’切顶双留巷应用实践”项目从立项之初就秉承精益管理的理念，按照PDCA不断循环推进。由于“110工法”切顶双留巷是新技术、新工艺，人员对这些新设备、新工艺不够熟练，因此在项目开始阶段两巷补强、切顶孔施工都比较滞后，工程质量也不高；超前支架设计有缺陷，拉移超前架的过程中，对原顶板支护及补强恒阻锚索造成破坏，造成自成巷矸石帮帮鼓严重。针对以上这些问题，项目组采用PDCA的方法对每一个问题通过现场调研，分析问题原因，制定了详细的解决方案，并重新精心组织实施，过程中及时检查、纠偏、反馈，使每个问题都能逐一解决，保障了项目有序推进。同时也注重项目实施过程中资料的整理、完善、存档，初步形成了能够指导A煤矿“110工法”切顶卸压双留巷作业的标准及手册，为下一步全面开展“110工法”切顶双留巷无煤柱开采奠定了坚实的基础。

（3）标准化作业。项目组在实施过程中规范了“110工法”切顶双留巷标准化作业流程，根据岗位、工种和每项作业要求，将“正规循环、标准作业”固化到生产组织的各个环节，把标准化思维理念融入到全员的操作行为中，从生产准备、作业进行、到作业结束，形成一套标准化作业流程，有力地保证了项目的正常实施。

（4）持续改善。A煤矿严格执行集团公司颁布的《精益现场改善实施指引（试行）》方案，引导全员积极推动精益化管理工作，挖掘员工创新能力，拓宽员工创新能力，拓宽精益改善渠道。项目组积极鼓励成员主动改进，优化现场环境，优化岗位工作流程，提高生产效率，提升工程质量，对项目实施现场存在的有改善价值且可以改善的事项提出具体改进举措，并取得了一定实效，降低了项目成本。

（四）智能化系统辅助

为了及时掌握 4502 综采工作面“110 工法”切顶双留巷在现场应用过程中巷道围岩及支护体矿压显现情况，A 煤矿专门研发了一套与“110 工法”切顶留巷相配套的矿压远程监控系统。该系统以实用矿山压力理论为核心，将恒阻锚索受力及位移、顶板离层、顶底板移近量、留巷段支护受力、煤体支承压力、工作面支架压力及缩量等监测集于一体，可实现对采场全方位一体化的实时矿压监测及预警。

远程监控系统设备包括现场设备和室内设备。现场设备主要完成待监测量的自动感应、自动采集和向监控中心自动发射监控信息，室内设备主要完成现场远程数据的自动接收并把接收信号送入计算机进行自动处理，自动形成动态监控曲线，并依据动态监控曲线准确、及时地判断监测现场锚索受力变化情况，掌握巷道围岩的稳定状态。远程监控系统能够自动、连续采集锚杆（索）荷载、巷道变形情况，远程工作室内监控电脑自动接收分析，数据可远程无线传送，接收不受距离限制。系统兼容性强，监测指标全面，设备运行稳定，为 4502 综采工作面应用“110 工法”切顶双留巷安全顺利实施提供了全面的现场数据支撑。

四、效果评价

（一）经济价值

4502 切顶双巷留巷与原来的巷旁充填留巷工艺相比，2114.5 米的巷道采用“110 工法”切顶双留巷成本降低了约 36%（巷旁充填留巷工艺成本为 11000 元/米 ×2114.5 米 =2326 万元，切顶成巷开采工艺成本为 7000 元/米 ×2114.5 米 =1480 万元，节省费用 846 万元）。

4502 切顶双巷留巷与留煤柱护巷开采相比，采用“110 工法”切顶卸压沿空留巷新技术可以少掘两条巷道（掘进成本为 9700 元/米 ×2114.5 米 =2051 万元，节约 571 万元）。

4502 切顶双巷留巷可以多回收煤炭资源 50 万吨，按照 40 米宽的护巷煤柱，采高 4.2 米，采长 1057 米，精煤长协价 1600 元/吨，精煤回收率 65% 计算，可创收直接效益52000 万元。

可回收复用 36U 型钢 3800 架，节省 197 万元（3800 架 ×520 元），可回收复用 4.5 米单体液压支柱 3800 根，节约 608 万元（3800 根 ×1600 元），共降低材料使用费用 805 万元。

（二）非经济价值

1. 顶板管理方面

采用“110 工法”切顶双留可以改变和优化经典的围岩压力分布规律。通过切断顶板岩梁间应力传递路径，使新形成的巷道处于矿山压力卸压区，缩短来压步距和来压周期，同时在恒阻锚索加固作用下，有效降低高应力环境威胁，使工作面回采期间超前压力大幅度减小。

2. 采掘衔接方面

采用“110 工法”切顶双留巷可以减少相邻两个工作面各一半的掘巷时间，缩短采掘工作面接替时间，有效缓解采掘工作面生产接续紧张的局面，使煤与瓦斯突出矿井“抽、掘、采”工程衔接平衡，实现“抽、掘、采”良性循环。

3. 安全管理方面

一是采用“110 工法”切顶双留巷可以实现 Y 型通风，有利于解决深部采空区及工作面上隅角瓦斯聚集问题，进一步降低防灭火的难度，消除采空区瓦斯的威胁。

二是采用“110 工法”切顶双留巷技术能完全实现无煤柱开采，避免因留设煤柱引发煤与瓦斯突出、煤层自燃等灾害，从而大大降低工作面灾害发生概率，确保矿井安全、高效生产。

4. 技术提升方面

一是建立了厚煤层复合顶板双巷切顶短臂梁力学模型及“110 工法”工程地质模型，并采用理论分析及数值模拟研究了厚煤层复合顶板无煤柱自成巷关键技术参数及矿压显现规律，验证了“110 工法”双巷切顶成巷实施的可行性并为相似地质条件高瓦斯及突出矿井推广提供了优秀范例。

二是针对厚煤层复合顶板条件复杂多变的特性，矿井建立了巷道顶板分区方法，对全巷道顶板岩性结构进行系统探测分析，提出了不同顶板条件下恒阻锚索支护强度、切缝钻孔深度、切缝钻孔角度、装药结构等。

三是组织矿井相关技术人员开展了定向长钻孔区域压裂技术研究，对 4502、4503 综采工作面停采线上覆坚硬稳定顶板进行水力切顶卸压，有效解决了 4502 和 4503 两个综采工作面收尾后残余支承压力对于大巷的影响。

5. 科研成果方面

一是该项目荣获 2021 年 A 二级公司“五小”创新活动优秀成果一等奖，同时与之伴生的“一种降低无煤柱自成巷挡矸支护横向压力的设计”获 2021 年 A 集团“五小”创新活动优秀成果二等奖。

二是该项目申报实用新型专利 3 项，发表论文 5 篇，在集团内部成果突出。

6. 企业影响力方面

作为全国首创轨道巷、胶带巷双巷切顶卸压沿空留巷技术应用的成功案例，先后接待中国煤炭学会、山西省煤炭工业协会、晋能控股煤业集团、山西离柳焦煤集团等专家同行调研参观十余次，获得中国煤炭报、煤炭工业网、中国能源报等行业媒体竞相报道，企业形象和影响力空前提升，在行业内产生较大影响。

五、经验总结

A 煤矿 4502 综采工作面采用“110 工法”切顶双留巷应用实践项目是在 2#煤薄煤层回采工作面切顶单留巷成功实施的基础上，大胆创新、科学设计、精心组织，是在 4#煤厚煤层、煤与瓦斯突出工作面轨道巷、胶带巷两条顺槽同时进行切顶卸压沿空留巷成功的经典案例，属于国内首创。该项目技术先进、成效突出、经济价值客观，填补了国内外该技术领域的空白，项目的研究成果能为向国内外类似条件矿区推广应用提供技术借鉴，具有广阔的推广应用前景。

（一）应用项目制管理

该精益创新项目在实施过程中采用了项目制管理方式，在有限的资源约束下，运用系统的观点、方法和理论，对项目涉及的全部工作进行有效地管理。即从项目的决策开始到项目结束的全过程进行计划、组织、指挥、协调、控制和评价，以实现项目的目标。项目制管理有利于项目集成，有利于项目事前、事中和事后控制。项目制管理有效地助力了该项目成功实施，各项既定目标顺利达成，并形成了一整套可复制、可推广的成果，同时更为后续项目积累了实施经验。

（二）完善现场改善体系

现场改善是一种阶梯式的变革，在“110 工法”双留巷应用实践项目中，A 煤矿根据实际生产情况，制定下发《A 煤矿精益现场改善提案实施办法（试行）》，鼓励员工自发进行现场改善，来营造全员参与现场改善的工作氛围。然后通过构建标准化制度体系约束员工的各项作业流程，运用“5S”等精益管理工具改善现场工作环境，贯彻消除浪费的精益思想，在保证生产安全和生产效率的前提下降低成本。同时，也运用集团和矿井的智能化体系，优化采煤工艺，提高全员生产效率，使整个改善体系循环运行，持续改善工作现场。

（三）构建精益科研体系

在宏观行业背景和集团战略部署要求下，A 煤矿坚持“精益提升、精细管理、精准组织、正规循环、标准作业”的工作原则，着力构建精益科研管理体系，强化科技创新管理，加强科研技术攻关，提升自主创新能力，加快技术成果转化，全面推进科研项目落地实施，打造良好创新生态，实现科技赋能、降本增效，为企业高质量发展提供强力支撑。

建立健全科技研发项目管理机制，规范项目实施及费用归集的操作流程，制定对外合作交流、科研队伍建设、专业人才培养激励和科技进步工作相关考核办法。实现流程规范化达标率、研发投入规模、自研项目比例、知识产权数量和科研成果转化率各项指标稳步提升。

（四）注重矿井安全生产

安全生产是煤炭行业生产的重要目标，也是其他目标的基础。作为煤与瓦斯突出矿井，A 煤矿全面推行煤矿安全生产标准化管理体系，树立安全生产理念目标，实施安全承诺，建立健全组织机构，配备安全管理人员，建立并落实安全生产责任制和安全管理制度，提升从业人员素质，开展安全风险分级管控、事故隐患排查治理，抓好质量控制，不断规范、持续改进完善矿井的安全生产标准化管理体系创建工作。通过应用“110 工法”切顶双留巷技术，减少了工作面上覆岩层的沉降落差，有利于地表环境保护，同时也解决了下伏 5#煤层开采过程中因应力集中造成工作面顶板压力大等隐患问题，提高了 5#煤层开采的安全系数。

第二章　B 煤矿 TPM 精益设备管理案例

摘　要

随着国家“双碳”政策和供给侧结构性改革政策出台，煤炭企业向高质量发展转变的格局日渐清晰。我国机械制造技术的快速进步以及网络和信息化的支持也使得煤炭企业设备的数量越来越多，设备的机械化水平越来越高。然而，由于我国煤炭企业长期以来具有资金与劳动密集、经营理念粗放、现场作业条件差、人员素质较低等特性，因此目前设备管理水平不高与设备机械化水平越来越高的矛盾日益突出。煤炭企业亟待提升设备管理水平，以保障设备的正常安全运行和生产使用，并且适应企业的高质量可持续发展需要。基于此，本案例以 B 煤矿为例，对其在设备管理中先进的精益管理工具、方法和经验进行总结提炼，旨在提高设备管理效果，实现提质增效、节支降耗，追求高质量的发展。

B 煤矿为大型生产型矿井，大部分生产设备已经进行了智能化改造，但在管理模式上还较为传统，未能跟设备的升级相匹配，出现了设备故障多、闲置多、寿命短、效率低、成本高等问题。为此，该矿为推动持续发展、强化设备管理，对原有设备管理模式进行变革，融入精益管理理念，引入 TPM 设备管理理念，开展和实施了一系列改进管理工作。在前期阶段健全管理制度、调整组织架构、强化绩效考核、完善信息化建设，在完成实践应用规划和设计后，以 5S 现场管理和教育培训为支柱，进行设备全效率、全系统、全员管理，持续改进设备信息化平台，保障设备健康，更好地为生产过程服务。

通过 TPM 精益管理实践，B 煤矿在设备管理方面、成本和效率方面均已取得一定成效。一方面，该矿做好了相关资源和成本费用的管控，降低了设备维修及运行中产生的损耗，减少了浪费，节约成本显著。另一方面，该矿设备故障率下降、开机率提升以及闲置问题得到解决，提升了设备综合效率，生产效率也有所提高，在追求“零目标”的路上向前迈了一大步。

关键词：煤炭企业；精益化管理；设备管理；TPM

一、案例背景

（一）外部环境

1. 国家政策要求

随着我国煤炭产业政策的出台和煤炭企业产业格局的日渐清晰，煤炭企业将由过去的粗放经营逐渐转向高质量发展。在国家“双碳”政策和供给侧结构性改革的背景下，煤炭企业高质量发展要立足以煤为主的基本国情，以煤炭清洁高效利用为抓手，从数量、速度型向质量、效益型转变，持续推进管理理念创新，提升管理效果，达到提质增效的目的。党的十九大和十九届六中全会精神也为我国煤炭企业管理发展方向提供了指导，企业应贯彻落实设备管理工作总体部署，按照推进经营效益型建设工作要求，以“保障有力、运行高效、服务优质、追求卓越”为目标，精准定位、重责担当、创新管理、提质提效，持续提升管理工作水平，不断开创各项工作新局面。

2. 行业发展需要

长期以来，我国煤炭行业资金与劳动密集，受粗放经营理念影响，加之现场作业条件差、人员素质较低等因素，导致设备管理水平不高。然而，得益于我国机械制造技术的快速进步，还有网络和信息化的支持，煤炭企业设备的数量越来越多，设备的机械化水平也越来越高。因此目前设备管理水平不高与设备机械化水平越来越高的矛盾日益突出，机电设备的管理维护水平在很大程度上决定着生产效率的高低、成本管控的效果，煤炭生产效率必须要以优良的设备及其高效运行作为保障。另外，近些年来我国煤炭市场发生重大变化，形势日益险峻，这时提高煤矿企业设备的维护管理水平则不仅能保证其自身正常生产秩序，还可以提高煤炭企业的经济效益。因此煤炭企业应当加强设备管理，保障设备的正常安全运行和生产使用并且适应企业的高质量可持续发展需要。

（二）内部环境

1. 单位总体简况

B 煤矿位于山西省孝义市兑镇镇境内，始建于 1959 年 3 月，在 1966 年 1 月正式投产，是主焦煤主力生产矿井。井田面积 48. 7843 平方千米。矿井为斜井开拓，水文类型为中等，矿井正常涌水量 180 立方米/时，最大涌水量 230 立方米/时。矿井所采煤层为自燃煤层，自燃倾向性为Ⅱ类，煤尘具有爆炸性。矿井为高瓦斯矿井，绝对瓦斯涌出量 19. 45 立方米/分，相对涌出量 2. 29 立方米/吨。该矿核准能力为 400 万吨。配套建有入洗能力 500 万吨的选煤厂。截至 2022 年 10 月，保有储量 5. 02 亿吨，可采储量 2. 57 亿吨，服务年限 42. 7 年。

该矿现有在册职工 4056 人，有 13 个部室、4 个区、6 个中心，共计 23 个部门。有 9 个生产队组、15 个辅助队组、7 个地面厂队、3 个服务队，另有一座选煤厂。

2. 设备管理现状

随着煤炭行业生产设备逐步向智能化系统方向发展，B 煤矿目前已成功对供电、排水、通风、压风、皮带运输、猴车等进行了智能化改造，建设完成智能化综采、综掘工作面，同时新技术、大功率、智能信息化机电设备迅速增加，电子平台建立并应用，具备了进行精益管理的先决条件，也对设备管理提出了更新、更高的要求。但是目前该矿设备管理的经验与模式还停留在 10 年前的阶段，较为传统，未跟上煤矿智能化快速发展的步伐，管理工具在一定程度上限制了设备的管理水平，面对当前激烈的市场竞争，公司要实现持续发展，推进实施设备精益化管理势在必行。

B 煤矿设备有采掘设备、大型（固定）设备和特种设备、一般设备等。对设备的管理包含设备的选型、存放、搬运及运输、检修、入井、封存、报废等环节，其中设备的运行操作、维护、检修、点检等过程的闭环管控工作如图 2－1 所示，矿井完善设备轮保、检修的监督检查机制，确保设备轮保、检修计划方案可行，内容具体，责任到位，过程可控，工作有效。通过对设备运行操作、维护、检修、点检等过程管控情况进行现场验证，确保监督、检查形成闭环，提升设备运行的状态。

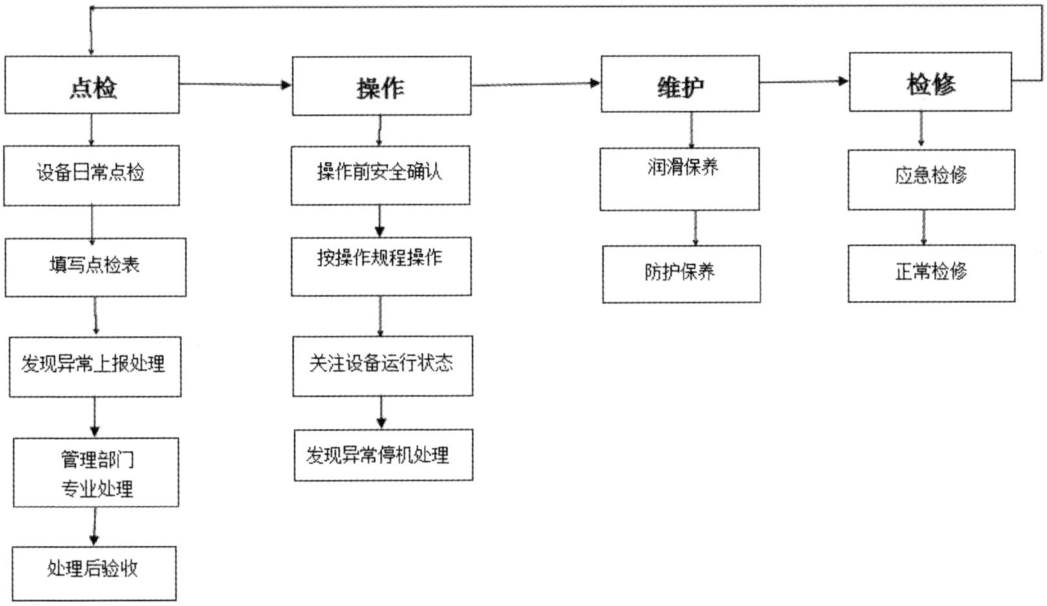

图 2－1　设备精益化闭合管理流程

3. 设备问题表现

（1）设备故障率较高，开机率较低。B 煤矿目前存在设备巡检、维护、检修不到位等问题，判断和处理故障能力较差，造成设备故障率偏高、设备开机率较低，不能高效运行。设备维护检修未严格执行设备点检管理，也导致了新设备的故障率较高。另外，对于该矿这样的老矿井来说，很多大型设备投运多年，多数处于老化边缘，故障率逐渐增加，零部件、内部元件寿命到期，在运行过程中，时常发生因其性能不稳定导致的设备故障，不同部件的性能状态相互间的影响更增加了设备故障发生的概率。

（2）设备闲置多。随着生产技术的不断进步，煤矿智能化装备的高速发展，为保持煤矿生产技术的先进性，促进企业发展，需要对设备进行更新、升级。在新工艺、新技术、新装备推广应用以及淘汰高耗能设备的政策下，设备更新换代后更换、淘汰下来的旧设备日益增多，这些旧设备虽无法满足企业发展需要，但还不到报废期限，所以变为闲置设备，其中更新换代较快的智能或电气类设备更容易产生闲置。由于 B 煤矿建矿时间长，设备更新换代造成新旧设备型号种类的增多，再加上设备的账物管理采用纸质与台账审批管理，设备的发放领取程序烦琐且需人工长期对账核实，造成设备库存大量堆积。另外，还存在一些磨损严重无法使用，但是不到报废年限的设备，长期以来一直在矿井挂账。

目前该矿闲置设备有 992 台，待报废的设备有 2119 台，因设备到期报废下账不及时导致的报废未处置设备有 238 台，全部为在矿库存。

（3）设备存放混乱。B 煤矿在设备存放方面未能及时与相关对口部门协调处理，不仅导致大量报废物资堆积，占用正常设备存放场地，而且还造成好的坏的设备混堆混放，从而影响正常设备的使用和寿命。

（4）设备生产效能低。B 煤矿的设备选型不严谨，导致自身参数偏大或偏小，不符合现场要求，不能满足或超出生产需要，影响设备效能发挥。同时由于设备保养不善，导致设备精度降低而不能高效使用，相当于降低了设备性能，致使生产效率低下。由此带来的计划外停机，不仅会对正常生产造成冲击，造成资源闲置浪费，给矿井带来经济损失，还会引发安全事故。

4. 设备问题成因

（1）设备管理制度不健全。B 煤矿目前的设备维修体制不合理，设备运行检修管理制度不健全，制度执行不彻底，考核机制运行失灵。具体来讲，设备管理人员巡视标准和检修标准不够明确，检修任务安排不详细，检修计划未能起到超前防范作用。目前设备维修体制不合理，矿井设备维修以损坏维修为主，即设备在损坏后进行维修，使工作陷入被动。

资产管理的相关制度不健全、职责分工不明确，资产管理存在监管缺失情况。并且由于公司设备资产种类繁多，存放设备地点紧缺，设备管理部门仅对全部设备进行资产登记造册，在实物管理中很难做到统筹调剂。设备审批管理制度也存在缺陷，设备的发放领取管理采取纸质审批，查找烦琐。设备的账物管理采用台账与纸质审批管理，程序烦琐且需人工长期对账核实，由于设备种类繁多、更换频繁，所以工作量较大。

（2）设备管理方式落后。B 煤矿的设备管理沿用传统模式，设备操作保养、点检润滑、维护维修标准化不足，设备操作保养、维护维修模式实施的规范化不足，缺乏自主维护理念。

设备、材料等资产未进行分类码放管理，导致占用空间大，造成场地的浪费，设备存放现场混乱，闲置、废弃资产与新购、维修设备不易区分，不利于资产盘点，也不利于资产利用。

操作人员依据工作中积累的传统经验，操作设备和处理故障，相应流程不够细致，无法对于各种故障进行预判，进而延误设备异常的最佳处理时机。

（3）设备管理力量不足。智能化矿井建设和技术装备的提升，对职工专业技能要求越来越高，结构性缺员问题日益凸显。矿井内部设备管理人员需要具备较强的专业知识，设备操作人员欠缺相应技能，只能使用设备，不能参与保养和维修，相关管理人员能力不足，比如检修人员业务水平不精，只对于各自包机设备有较多了解，而对包机以外的设备仅达到日常检修的业务水平，在故障分析及内在原理掌握方面有所欠缺，导致检修质量不高。

在对设备管理的思想认识方面，操作人员设备管理意识浅薄，设备经济管理意识不足，相关领导层认识不到位。除设备检修人员外，其他人员对设备维护保养观念尚未转变，均认为设备检修维护就是检修人员的工作，造成日常管理不到位。部分人员在设备管理过程中过多的依靠自身经验感觉，存在个人主观性过强的问题，从而增加了设备维护管理工作的不确定性。

（4）设备管理组织体系不完善。B 煤矿目前组织管理体系不完善，各设备管理部门之间以及与其他部门之间职责分工不明确，造成因专业不同、管控单位不同导致的专业之间协同管理不到位的现象。例如，洗选、通风、运输、监测监控等各单位之间沟通交流较少，设备状态、位置等信息改变后不能及时通知专业管理单位，致使专业管理单位无法及时准确掌握设备实时状况。设备的采购管理、使用管理被分割成相对独立的环节，相应部门的设备管理仅立足于完成本职工作，与其他部门缺乏沟通。例如，供应科只关心采购任务的完成，而忽视了设备配件的价格及质量等；机修厂只负责维修设备和配件更换，不能及时向供应科反馈有关配件缺陷、维修成本等有助于实现精益管理的信息，造成设备维修质量不高，维修费用上升。

二、总体设计

本案例主要以 B 煤矿为具体研究对象，采用减少浪费和持续改进的精益理念，从设备管理层面进行研究，探索 TPM 管理工具在设备管理中的应用，将设备管理、精益管理理念和 TPM 管理工具三者结合，开展了基于 TPM 的精益设备管理实践，旨在细化管理、减少浪费、提高效率。

（一）设备管理精益化目的

设备管理工作中的精益化管理就是对原有设备管理模式进行变革，旨在增强设备管理水平，做到减少投入、减少浪费和持续改进三个方面，实现提质增效、节支降耗。精益设备管理首先就是减少投入，减少消耗资源和时间，有效利用现有的设备，合理增加优质设备，提高设备的综合效率，提高企业的生产能力，获取更高的投入产出比。其次是减少浪费，主要通过严格管理、及时维修、合理维护与保养恢复设备的技术性能，延长设备的使用寿命，确保设备正常安全运行，从而发挥设备的最大潜能，减少相关资源和成本费用的耗费，降低设备维修及运行成本。最后是在持续改进方面，要精益求精，持续提升企业的设备管理水平，不断提高生产效益、降低生产成本，进而追求效益最大化和高质量发展。

（二）TPM设备管理工具

推行设备管理精益化首先要选择合适的精益管理工具，B煤矿选用了生产管理中的TPM（全员生产维护）理论作为实现设备管理的精益化的工具，开展全员、全效率、全系统参与5S、TPM管理小组和持续改善等管理活动，提高设备综合效率，实现精益设备管理。

TPM管理是起源于日本的一种管理方式，即“全员生产维修”。TPM的特点就是三个“全”，即全效率、全系统和全员参加。全效率指设备寿命周期，考量的是设备综合效率；全系统指的是生产维修系统的各个方法，即事后维修、预防维护、改善维护、维护预防和生产维护都要包括在内；全员参加指设备的计划、采购、使用、维修等所有部门都要参加设备管理工作，包含企业的中高层领导以及基层员工，尤其注重的是设备操作者的自主小组活动，从而确保设备能得到有效管理。

2020年，集团董事长在下半年工作会上提出，要强力推进精益化管理，并且在多次讲话中表明设备管理要精准运用TPM精益管理方法，完善设备管理平台建设，对基层矿井提出了优化设备资产管理信息系统、构建设备全生命周期管理、精准高效检维修的要求。与此同时，TPM在以海尔为代表的非煤企业和以神华为代表的煤炭企业都取得了显著成效。为此，B煤矿将精益化管理理念与TPM管理体系相结合，开展了基于TPM的精益设备管理实践。

首先，在可行性方面，B煤矿目前已经具备了进行精益管理的先决条件。随着煤炭行业生产设备逐步向智能化系统方向发展，B煤矿目前已成功对供电、排水、通风、压风、皮带运输、猴车等进行了智能化改造，建设完成智能化综采、综掘工作面，同时得益于新技术、大功率、智能信息化机电设备迅速增加，电子平台成功建立并应用。

其次，在当前激烈的市场竞争，煤炭企业要保障生产、实现持续发展的环境下，对设备管理提出了更新、更高的要求，推进实施设备精益化管理势在必行。目前B煤矿设备管理还停留在较为传统的经验管理模式，未跟上煤矿智能化快速发展的步伐，管理工具在一定程度上限制了设备的管理水平发挥。

再次，TPM管理工具与B煤矿及其上级单位的管理现状适配度较高，具备可行性。TPM强调以人为本，旨在培训职工良好的思想，提升业务技术素养和责任感，充分调动人的积极性、激发人的潜能，这与B煤矿上级单位以员工为中心的设备管理理念相一致。而且集团将设备管理的权利下放，不直接对基层矿井单位进行统一考核和统一规定，而是借助信息化手段进行日常的监测、监控和督导，让B煤矿职工拥有了更充分的自主权，在参与管理的过程中，更好地结合矿井自身经济和人力资源情况。

最后，TPM理论能帮助集团和矿井解决问题、改善管理。从B煤矿当下设备管理状况看，设备运行操作、维护、检修、点检、报废等各个环节仍存在管理制度不健全、设备管理不细致、管理力量不充足和组织体系不完善等问题，导致设备故障率高、开机率低、闲置多，从而影响了设备使用寿命，降低了设备生产效率，增加了设备相关的费用和运行成本。而使用 TPM 理论进行精益设备管理，可以加强全员培训和管理，专注设备全生命周期和生产维修系统的各个方法，以事先预防为主，消除设备故障所造成的损失，追求零停机、零废品、零事故、零速度损失等一系列“零”目标的达成，提高企业的设备综合效率，保证生产效益最大化，同时实现费用消耗的合理化，有利于建立 B 煤矿的竞争优势，实现可持续高质量发展。

三、应用过程

（一）TPM 精益管理目标规划

TPM 管理以细化管理、减少冗余、提高效率、追求“零”目标为目的，旨在夯实、规范设备基础管理，重点建立可持续改进的人机结合的精益化管理系统，通过完善制度，形成规范，优化体系，强化考核，将设备完好与工资绩效挂钩，有效解决设备故障率高、开机率较低和设备寿命短等问题，同时通过资产信息化平台及时解决各种闲置设备在集团内部的互用、调拨问题，达到降低成本、减少库容、降低占用资金、提高使用效率的目的。通过 TPM 精益管理活动，实现现场管理规范化、专业管理精细化、检修管理标准化，全面、全过程实现设备精益管理的目标，从而减少浪费、降低成本、提高设备综合效率、保障设备良好运行。

B 煤矿在前期阶段完善了组织架构、推进了教育培训，在基础应用方面进行了相关部署，包括健全管理制度、调整组织架构、强化绩效考核、完善信息化建设等，完成了精益设备实践和应用的规划设计。在具体的活动实施方面，以 5S 现场管理和教育培训为基础和支柱，进行了设备全效率、全系统、全员管理，实现了设备成本费用最经济、综合效率最高的应用成效。

（二）TPM 精益管理应用部署

1. 健全管理制度

在制度方面，B 煤矿建立健全和完善了具有特色的设备管理体系，主要包括精益化机电设备管理规定、成本管控分析制度、设备运维点检制度、改革创新激励制度和机电培训管理制度等，完善管理制度的缺乏和不足，规范设备管理中各项行为标准，用制度管人，为设备管理实现精益化提供制度保障，提高了机电管理工作的精益化水平。

随着该矿生产能力的快速提高，新技术、大功率、高效可靠的机电设备迅速增加，对设备管理提出了更新、更高的要求。目前，到货、检修、出井的机电设备存在着乱堆、乱放、私自拆套、地面检修场所不规范、设备库棚设施不全等现象。为了及时杜绝此类情况的发生，填补设备管理漏洞，进一步强化机电设备的现场管理，B 煤矿在 2022 年修订了

《机电设备管理规定》，内容主要包括机电设备基础保管存放管理、大型设备及特种设备管理、采掘设备管理、设备润滑及油脂管理、机电设备盘活修旧利废管理等。这些规定进一步健全完善了机电管理体系，进一步填补、完善了管理制度的缺失和不足，规范了设备管理中各项行为标准，为设备管理精益化提供制度保障，真正做到管理精细化、工作标准化、行为规范化、制度健全化，确保矿井安全生产。

2. 完善组织架构

为有效开展精益设备管理，B煤矿大胆改革创新，成立了矿井设备精益化运行管理项目组，职责分工如表2－1所示。通过调整相关组织架构，在制度上明确了工作职责，方便了各单位之间的沟通、交流，有利于提升问题处理的及时性。

表2－1　设备精益化运行管理项目组构成

组　长	公司经理
副组长	机电副经理
办公室	机电区
成　员	精益化管理部、调度指挥中心、机电区、运输区、设备队、井下机电队、供电队、机修加工队、主皮带、下皮带、猴车队、采掘开生产队组等

领导组下设办公室，办公室设在机电区。工作领导组的主要职责包括制定精益化运行管理方案与管理措施、产学研用相结合措施，立足施工单位管理，组织制定实施方案与管理措施等。项目组负责贯彻执行设备管理的各项规章制度以及统计和汇总各单位需要调拨、租用设备的申请，根据设备计划核实申请并办理调拨手续。

3. 优化绩效考核

B煤矿设备管理的每一环节都制定相应的管理考核激励办法，每一步骤都规定周密管理流程，按流程办事，提高员工的工作积极性和主动性，加大运行故障影响考核。严格奖惩，增强制度执行力度，确保制度的严肃性和权威性。在责任传递方面，将设备管理工作职责层层分解到部门、队组，明确到人，严格奖惩兑现，确保人人肩上有责任，人人头上有指标，避免人为浪费现象。

B煤矿建立以员工为核心的绩效考核机制，结合现有的设备管理文件，建立各个流程考核要求并制定《设备管理评价考核细则》，为设备精益化管理方案的执行奠定基础。《机电管理考核办法》是按照集团总部、二级公司两级公司的要求制定的管理考核办法，通过机电设备管理制度的执行情况和设备运行情况进行激励或鞭策，进而提高机电安全管理水平。设备管理考核办法对被考核单位的集体及负责人进行考核，依据矿井机电考核权重进行月度考核，其他项目根据实际情况进行季度考核。根据被考核单位在所有考核项目中的得分情况进行排名，只考核排名第一、第二及倒数第一、第二的单位。对集体第一名奖励3000元，第二名奖励2000元，倒数第一名罚款3000元，倒数第二名罚款2000元。个人部分，机电区根据各队组的考核情况，给予队组负责人和机电管理人员及参与考核的工作人员500—3000元的奖励。

B煤矿做实设备绩效评价工作。设备绩效评价由过程评价及结果评价两部分组成，过程评价主要通过生产调度进行日常过程停机统计、机电技术员进行数采系统数据分析两部分体现；结果评价主要通过设备技术员进行周检查、月度综合检查结果两部分体现。所有评价结果应确保有据可查、依据充分、实施清楚、评价规范，必要时应让责任部门签字确认或拍照留证。同时，由机电技术员按要求对评价中存在的问题进行跟踪验证，持续提升设备绩效目标管控水平。

4. 完善信息化建设

B 煤矿的设备管理信息化依托于集团总部设备资产信息化管理平台，强化信息化平台系统的应用，改变传统的行政手段，借助于电子化的平台来传达指令，实现信息共享、消除信息孤岛，并且可查、可比、可调剂、可追踪等功能，为实现设备全生命周期管理奠定基础，为设备全效率、全系统、全员管理提供数据支撑。

第一，B 煤矿编制了设备管理流程，逐步形成了规范、完整的设备台账及设备维修、保养数据，初步建立设备基础管理数据库。在使用平台时，各单位队组严格按照申请、审核、签发流程进行发放领用，各队组将所有在用设备、专用工具、五小电器、机加工件、机电材料配件明细，每月 28 日前汇总至机电区，由机电区负责核对并更新设备管理台账，对逾期不报或管理不善队组进行考核通报。

第二，完善了设备电子档案管理。通过档案室查询、厂家索取等方式，全面整理设备档案，建立了一套完善、齐全的设备技术档案，形成了完整的设备技术档案库。

第三，B 煤矿对全公司所有设备及大宗物资实行编号管理，信息全部录入平台，实现统一查阅、统一调配。目前共有 8892 台设备录入了平台，实现了在整个集团公司范围内的设备数据共享。

第四，B 煤矿建立了设备调拨微信群，减少了审批手续，缩短了设备调拨时间，加快了闲置设备处置工作。解决闲置设备调拨使用，报废设备及时下账等问题，让闲置资产“动”起来、“活”起来，盘活低效无效设备，优化设备资源配置，促进各种闲置设备在集团内部的互用、调拨，提高设备利用率，促进全集团各类物资设备有序高效流转，达到降低成本、较少库容、降低占用资金的目的。

第五，健全了设备故障管理体系。通过监控数据，建立数据库，利用油温、油压、电流、电压等数据进行分析，可以提前发现可能出现的设备故障，开展设备故障统计分析工作，做到分析到位、处理到位、预防控制措施到位、检查验证到位，充分发挥设备监控数据及点检对提升设备运行状态的积极作用，为设备预防维修提供数据支撑和翔实的基础资料，确保故障统计信息等相关数据的真实性、全面性。

第六，强化了设备管理目标指标的统计分析工作，优化了设备零配件使用周期管理。展开零配件使用周期管理基础数据的统计，最终形成常用零配件使用周期数据库，为控制成本和开展设备预防维修提供基础数据依据。通过数据分析找出存在的薄弱环节，制定相关控制措施，促进设备管理绩效的改进提升。

（三）TPM 精益管理活动实施

1. 5S 现场管理活动

5S 活动是推行 TPM 管理活动前的必须的准备工作和前提，是 TPM 其他各支柱活动的基石。2022 年 9 月，B 煤矿制定下发了《矿井“5S”管理实施方案》，以保证矿井“5S”工作的顺利推进，促进干部职工更加注重行为规范、提高自身素养，提升工作质量，促进矿井基础管理向“制度化、规范化、精益化”方向持续迈进，提高基础管理水平。

5S 活动指整理、整顿、清扫、清洁、素养。该矿成立“5S”管理领导组，设立“5S”管理实施办公室和“5S”管理督查办公室，来实施 5S 现场管理活动，其中督查办公室即精益化管理部，对“5S”管理的实施过程进行监督，保证“5S”管理真正落实。该矿不断激发员工主观能动性，按照科学严谨、便于操作的要求，制定并推行各项管理制度，确保公司“5S”管理高效、顺畅运行。

B 煤矿的 5S 现场管理分为井下生产单位现场管理、地面生产单位现场管理和办公室管理三个方面，办公室管理方面的活动对生产环节影响较低，与设备管理相关度较高的 5S 活动是井下生产单位现场管理与地面生产单位现场管理两方面。

具体来看，B 煤矿在井下生产单位现场管理方面进行的 5S 活动如下：

整理：井下公共巷道及采掘开工作面等其他作业地点，只留下必需品，包括材料、配件等，其他非必需品一律出井或清理；整顿：井下公共巷道及采掘开工作面等其他作业地点，材料、配件、坑代品等按照标准化要求摆放整齐，加以标识；清扫：所有作业地点，作业结束后要及时清理整洁；清洁：维持整理、整顿、清扫的结果，保持干净整洁；素养：每位职工在作业过程中按照以上要求逐渐养成自知自觉、自行自干的良好习惯。

B 煤矿在地面生产单位现场管理方面进行的 5S 活动如下：

整理：所有作业地点，只留下必需品，包括材料、配件等，其他非必需品一律予以清理；整顿：所有作业地点的材料、配件等按照标准化要求摆放整齐，加以标识；清扫：所有作业地点，作业结束后要及时清理整洁；清洁：维持整理、整顿、清扫的结果，保持干净整洁；素养：每位职工在作业过程中按照以上要求逐渐养成自知自觉、自行自干的良好习惯。

通过 5S 管理，B 煤矿以员工和企业共同发展为核心，改善了操作环境，加强了设备的现场管理，培养员工的改善习惯。一方面保持现场整洁，将物料、工具等分门别类摆放，可使设置调整时间缩短，大幅度提高工作效率，另一方面可以避免一些不必要设备事故。另外，该矿还推行包机制度，坚持谁使用谁维护的原则，设备的检查、维护、保养落实到人，定期进行现场检查，发现问题及时整改，保证设备完好。通过推行“5S”管理，该矿树立尊重劳动、尊重创造的良好观念，不断激发员工主观能动性，按照科学严谨、便于操作的要求，制定并推行各项管理制度，确保公司“5S”管理高效、顺畅运行。

2. 教育培训活动

教育训练和 5S 活动是并列的基础支柱性活动，B 煤矿进一步贯彻全员素质提升培训工作，强抓机电设备管理培训工作，提高设备管理人员综合素质，推进关于 TPM 的宣传教育活动，为设备安全平稳运行提供了保障。为提高机电系统业务素质水平、岗位操作技能，降低机电事故率，使全员素质提升培训形成制度化、常态化，该矿还制定了《机电系统全员素质培训管理制度》和《机电各工种培训考核办法》。

B 煤矿采用请进来、走出去的培养方式，拓宽人才培养通道，结合项目开展培训工作，组织员工学习先进的设备管理理念、方法，进一步转变员工的思维模式，逐步提升一线员工发现问题、解决问题的能力。

一是组织各部门设备主管学习设备精益管理理念、方法，以转变矿井目前的设备管理模式，改进员工精神面貌，提高设备管理人员综合素质，为开展精益设备管理奠定基础。精神面貌好，才能形成好的团队，使员工共同促进，共同提高，为设备安全平稳运行提供保障。

二是加强对基层操作维修人员管理知识、实操技能的培训，进一步提升员工的业务技能。要强抓机电设备管理培训工作，不管是操作工，还是设备工程师，都要努力提高工作技能，没有好的工作技能，全员参与将是一句空话。

三是每年度对部门优秀改善案例进行统计、汇总，形成部门改善案例库，作为员工培训资料展开培训。建立共享平台，加强技术资料、先进经验技术的共享及推广。

B 煤矿开展的一系列教育培训活动卓有成效，比如在新设备的学习方面，矿井的检修队组人员在 2022 年 1 月刚开始在 81102 工作面使用掘锚一体机时，仅通过经验来摸索功能和运行规律，但由于对该机器结构、性能掌握不足，导致更换密封圈这样简单的工作都要厂家进行技术支持。在设备出现故障时，由于要等厂家到矿检查、维修，所以影响了 3 天的生产，少掘进 30 多米。精益化管控以来，该矿聘请生产厂家驻矿开展技术培训指导，明显提升了开机率，降低了故障率。

3. 设备全效率管理活动

B 煤矿设备的全效率管理活动通过设备全寿命周期管理实现设备综合效率最大化。B 煤矿重视设备的日常管理，对设备进行归口管理，然后记录设备的购置、存放、搬运和运输、维护、维修、报废、处置等信息，进行全生命周期的管理，提升效率。

第一，在设备的购置方面，B 煤矿通过对需要用到的设备技术性能数据的收集、整理、分析，对所需设备的型号、参数、性能指标提出要求，选出质优、价良、性价比合理的设备，并且对新技术、新产品、新工艺、新材料进行市场调研，确定设备投入的可行性和必要性。

第二，在设备的存放方面，B 煤矿首先进行设备的入库验收，根据新设备的发货明细、回收设备的实际状态和检修好的设备的具体情况，逐项核对验收，做到验收单据统一，印章齐全。再建立到货、交货验收记录流程并认真填写。然后进行设备的存放和保管保养。设备入库后按类别、品种、规格分区，分类摆放保管。最后对库存设备做到勤清点、勤整理、勤保养。在设备的账物管理方面，健立健全库内设备专门台账，并由专人管理。在规定时间内对入库单、出库单认真核对，逐一记账、执行日清月结制度，及时输入设备管理平台，规范化账务处理，严格执行账务管理制度。在库存设备盘点方面做到库内物资盈亏有原因、损坏有报告、调整有依据，保证账、卡、物、资金相符。

第三，在设备的搬运及运输方面，设备运输时，搬运人员在产品的装卸、吊运过程中根据物品的体积、形状、重量，选择适宜的运输工具和吊装器具，合理码放和紧固。搬运人员在搬运前应检查、核对产品的名称、型号规格、数量及相应的标识，防止产品错搬错运，在搬运过程中注意保护标识不受损坏，保证标识清晰完整。设备搬运前，搬运人员及时检查被搬运设备的质量状况。搬运人员在搬运设备时，遵守安全操作规程，杜绝违章作业，防止设备的损坏。运输过程应有可靠的防护措施和紧固措施，防止撞击、倾倒或散落。出井待修、入井等设备装卸要轻拿轻放，杜绝在设备起吊、装运、就位、存放过程中野蛮装卸，造成设备的损坏，杜绝用装载机、翻斗车等非起重设备装卸设备，避免将设备长期暴露在外或在不符合设备存储环境要求的场所乱堆乱放。

第四，在设备的检修方面，设备检修按不同检修内容和工作量分为日常检修、一般检修和大修理三种，设备需要根据生产工艺特点和生产过程中的要求采取不同的检修方式。设备检修必须在取得检修许可证的专业检修点检修，并且依照公司下达的检修计划进行，在编制检修作业计划，做好检修前的技术准备和生产准备的情况下，按计划施工。严格执行设备大修理开工、竣工报告制度，验收合格后将检修内容详细记入设备履历簿内。检修质量保质期不少于三个月。

①日常检修（小修）指的是按定期维修的内容或针对日常检查发现的问题部分拆卸零部件进行检查、修理、更换或修复少量磨损件，基本上不拆卸设备的主体部分，通过检查、调整、紧固机件等手段，恢复设备使用性能。

②一般检修（中修）是根据设备的技术状态、使用周期、过煤量等，对设备精度、功能达不到工艺要求的项目按需要进行针对性检修，一般要部分解体、恢复或更换磨损机件，必要时还应进行修复部件的性能试验，以恢复设备的精度和性能。

③大修理是指对设备进行全面修理，使设备完全恢复精度和额定功率，需要对设备全面解体，对所有零部件进行清洗、检查、更换或加固重要零部件，恢复设备应有的精度和性能，调整机械电气操作系统，处理设备基础或更换设备外壳，配齐安全装置和必要的附件，重新喷漆或电镀，按设备出厂或大修标准进行验收。

第五，在设备入井方面，防爆设备下井安装必须要有煤安标志、产品合格证，检查合格并签发防爆合格证后方可下井。设备安装使用时，不完好的设备不准安装，安装完毕后由安装、使用、安全监察、设备管理等单位的有关人员进行验收及设备试运转，并办理移交手续后，才能投入使用，并记录详细的调试数据。所有设备安装、调试技术资料应由安装单位移交矿机电区进行整理建档后交技术组存档。对所有电气设备做保护试验，试验合格并粘贴合格证后方可下井安装使用。杜绝设备拆套使用。

第六，在设备封存、报废方面，对于停用半年以上的矿用设备，由专职设备管理员出具报告，经机电副经理、机电副总工程师批准后，由机电区进行封存。封存前按完好标准维修保养，封存中由原封存单位负责定期检查，严禁将封存设备的零部件拆作他用。启用封存矿用设备需要由专职设备管理员报请机电副经理、机电副总工程师批准后，由原封存单位启封。矿用设备报废可结合设备清查，作为日常工作进行。欲报废的设备由专职设备管理员填写报废审批表，由机电区组织各使用单位的有关人员组成鉴定小组，提出报废意见，由矿机电区设备组按国家规定程序上报审批。

第七，在设备处置、再利用方面，B 煤矿重视机电设备修旧利废和闲置设备盘活工作，切实强化成本控制，最大限度地盘活闲置设备，鼓励修旧利废节约开支，降低新设备的购置，缓解成本压力，提高经济效益。对可修复的旧机电设备尽最大努力进行修复，修旧利废专职人员组织修旧利废设备的鉴定、修复、验收工作，并负责对验收合格的修复设备统计、建账，由验收人员与承修部门人员共同在验收单据上确认签字，验收单由修旧利废专职人员及机电区管理人员留存，验收合格后的修旧设备移交专职人员或部门进行复用管理，实现修旧利废，提高经济效益，充分开发其利用价值。

4. 设备全系统维护活动

在 TPM 工作开展以前，传统的以事后维修和计划预修为主的检修维护管理模式在 B 煤矿设备管理模式中占据主要地位。对于传统的维修管理模式来说，通常情况下是以固定时间为节点，开展维修工作，致使一部分工作量因时机不准而难以进行维修，降低了设备的开机率、延长了维修时间，安全生产的正常运行受到严重的影响和制约。在设备的可靠性维修管理方面，B 煤矿起步比较晚，因此对煤矿机电设备的维修管理模式、维修策略进行指导时缺乏理论依据，在管理方面存在盲目性。

通过开展 TPM 精益化管理的设备维修活动，B 煤矿实施设备管理全系统化。该矿形成事后维修、预防维护、改善维护、维护预防相统一的，以设备健康为核心，以预防检修为抓手，以改善维修为主线，健全的检修维护管理体制。通过对设备运行操作、维护、点检、检修等过程的管控，主要执行监督、检查，形成闭环。具体来看，事后维修、预防维护、改善维护、维护预防都是根据设备不同情况执行的维护手段，目的都是加强设备维护保养，保证设备正常运行。

首先，在预防维修方面，B 煤矿以检查为基础，利用状态监测和故障诊断技术对设备进行预测，有针对性地对故障隐患加以排除，从而避免和减少停机损失。该矿为此引入精细化设备点检制度和状态预测检测工具。

点检制是以点检为中心的设备维修管理体制，在点检方面，B 煤矿制定了 47 项点检标准，并以设备精细点检为核心保障设备正常、健康运行。一是做实设备点检工作，通过细化设备点检、维修保养、轮保等设备基础管理要求，优化工作流程，完善检查考核机制，落实设备点检的检查制度，加强对设备点检质量进行考核及追溯，确保设备点检工作到点、做实、达效，通过点检数据达到及时预测设备运行状态的目的，提高设备故障预测能力。二是细化设备点检问题反馈处理流程，形成“设备故障维修”传递制度，确保设备点检发现的问题责任明确、分析到位、处理到位、预防控制措施到位、检查验证到位，充分发挥设备点检对提升设备运行状态的积极作用，实现设备故障闭环管理。

其次，在改善维修方面，B 煤矿不断地利用先进的工艺方法和技术，改进设备的某些缺陷和先天不足，提高设备的先进性、可靠性及稳定性，提高设备利用率。该矿不断建立完善设备技术标准，为精确掌握设备状态提供可靠的理论依据及适合的操作方法。按照各种设备的特点，制定实施细则，对各基层队组的检修情况进行动态监督和考核，认真总结各种主要设备运行规律，强化动态监控、超前开展预防性检修，防止设备带病运转；定期进行设备性能测试，按规定进行各类电气试验，及时整改存在的问题。

最后，B 煤矿重点对设备安全防护设施、安全保护装置、设备定值、安全管理等进行全面深入检查和治理，提高开机率和负荷率，确保机电设备运行良好。B 煤矿对全矿各种设备（在用、备用、闲置、报废、待报废等）精准建账，对各种设备性能参数核实标定。通过严格管理、及时维修、合理维护与保养，既可以恢复设备的技术性能，又可以延长设备的使用寿命，确保设备正常运行，从而达到设备管理的目的。

5. 全员 TPM 管理活动

B 煤矿上级单位制定精益设备管理的通用指标，主要是全员参与率、人均自主改善提案数以及领导层、中高层的参与度，也就是考察基层矿井从基层员工到中高层领导参与设备管理的广度和深度。

TPM 活动是全员参与的集体活动，落实全员参与，需要建立小组活动作为组织手段，因此 TPM 的所有工作都建立在小组活动的基础上。TPM 小组活动穿插于各部门的日常工作中，通过 TPM 精益化管理下的全员自主管理活动，B 煤矿进一步推进设备管理全员化，自上而下层层开展，旨在消除影响设备管理的问题和缺陷，起到防微杜渐的作用。对于个别突出的问题，该矿将传统手段与新方式相结合，开展 TPM 小组活动。

B 煤矿形成了由相同部门之间、不同部门之间、不同工种之间的员工组成的小组，通过组内一起讨论，最终形成改善提案。该矿的不同部门、精益化设备管理项目组或者 5S 管理项目组，都属于 TPM 管理小组。其中，该矿机电管理部门定期对采掘设备的运行情况进行检查，每月由机电管理部门组织召开一次机电例会，并对采掘工作面机电设备运行情况总结分析，解决采掘设备使用中存在的问题，提出减少故障停机的建议和措施，填写设备状态信息，对实际情况进行分析研究，定期开会，评价目标完成情况并制定新目标。

该矿的设备维修小组实行包机制，每个成员负责一定数量的设备的维护、维修，并据此进行相关考核。对于管理者来说，最重要的是要建立起小组活动机制，营造舒适的工作环境和良好的学习氛围，促进员工始终保持良好精神状态，提高组织成员参与的积极性，将优秀案例形成案例库向所有团队、所有部门进行推广，让先进团队的成员在心理上获得满足，使其有进一步改善的信心和动机，还能激起其他团队成员的好胜心，带动整个团队的改善活动，实现组织成果的最大化。

四、应用成效

B 煤矿设备精益化管理以 TPM 管理工具为手段，以“设备健康”为中心，以设备运行管理和检维修作业为两条主线，建立了以精细点检为核心，以预防维修为抓手的设备保障体系，建立了一套高效的可持续改进的人机结合精益化管理系统，以标准化为基础，不断完善设备操作保养、点检润滑、维护维修标准，实施规范化的设备操作保养、维护维修模式，推行自主维护理念，实现“设备健康”，实现设备在生产过程中的成本最低化、参数最优化、效率最大化的可靠控制，为设备精益化运行提供有力保障。同时实现设备现场管理更加规范，人才队伍建设水平稳步提升，员工创新创造潜力得到极大激发。

（一）精算成本管控

B 煤矿完善了管理标准，规范在用设备改造相关流程，控制投入，减少浪费，并且通过奖惩激励机制，做好了相关资源和成本费用的管控，降低了设备维修运行中产生的经济损失。

首先，对于材料和配件的管控，严格把控成本投入。一是在确保正常运行的情况下实行库存限额管理，同时严格零配件计划审核，各部门报送总成件、改造件、大额件时必须提供相关说明或可行性分析，减少不必要的浪费。二是根据工作面采掘进尺情况，统计材料消耗。根据上一年度队组月平均消耗情况及本月生产计划情况，统计配件消耗量，制定月度采购计划，精准定量，制定各队组月度消耗指标，按照指标考核，2022 年 7 月配件费用指标如表 2－2 所示。

表 2－2　2022 年 7 月配件费用指标　（单位：万元）

队组	回采检修队	采准队	综放队	智能化综放队	掘开检修队	掘准队	综掘队	智能化综掘队	开拓队	专业巷修队	搬运队	主皮带队	下皮带	猴车队	机修加工队	下机电	设备队
指标	12	5	–	–	15	–	–	–	1	1	11	21	19	8	21	18	18

其次，建立了修旧利废管理制度，将其作为降本节支的主要措施。结合日常检修管理、技术攻关等工作，严格控制设备新增量，增加复用量，本着“拆用废的、利用旧的、少用新的”的原则，有计划、有针对性地开展修旧利废工作，减少了购买新设备所需费用。B 煤矿自精益设备管理以来利用修旧利费节约成本约 184.6 万元。

再次，在设备修理方面坚持能自修不外修、能小修不大修、能局部修不整体修的修理原则，鼓励内部修理、严控委外修理，在确保设备性能的情况下，尽可能和旧设备拆配修理，有效管控修理费用。自精益设备管理以来实现节约修理费用约 674.9 万元（综采综掘主要设备）。比如部分设备在设备修造厂检修，费用在 395.9 万元左右，且修理周期长，而 B 煤矿自修的费用在 120 万元左右，节约 275.9 万元成本。具体数据如表 2－3 所示。

表 2－3　部分设备委外检修和自修费用对比　（单位：万元）

	组合开关	软启开关	皮带输送机	采煤机 920	乳泵	掘进机	合计
原价	76.15	5.73	800.36	470.98	70.54	281.03	
委外检修费用	32.5	2.1	200	126	22.8	12.5	395.9
自修费用	3—8	0.6	40	60	8	3—5	114—121

另外，B 煤矿管控租赁费用，合理调整租赁设备周期。根据采掘衔接合理调整租赁设备周期，及时退租，不提前租，以减少不必要的租赁费。一是对预计回收的工作面设备在规定时间内及时退租。二是需要退租的设备尽量做到出井及时修理，尽快退租，减少租赁费用。三是新工作面的安装需要租赁的设备根据安装时间及时申报租赁，不提前租，以减少不必要的租赁费。2022 年度机电区通过开展闲置资产排查，积极与设备管理中心沟通，将部分闲置资产调剂至其他单位，累计减少设备租赁费 509.8 万元，年度累计减少 751.5 万元。2022 年度设备租赁费节省明细如表 2－4 所示。

表 2-4　　2022 年度设备租赁费节省明细

调拨时间	调拨设备型号	调拨设备数量	减少资金			
			每日（元）	每月（万元）	每年（万元）	2022 年累积减少（万元）
2022 年 2 月	ZY6000/14/32 型支架	72 架	12000	36	432	360
2022 年 2 月	ZYG6400/14/32 型支架	3 架	516	1.6	19.2	16
2022 年 2 月	EBZ220H 型掘进机	1 台	1946	5.9	70.8	59
2022 年 4 月	KBSGZY-1600/6 型移变	1 台	266	0.798	9.6	6.4
	KBSGZY-1250/6 型移变	1 台				
2022 年 5 月	ZWY230/280-G 型移动瓦斯抽放泵站	3 套	1071	3.2	38.4	22.4
2022 年 8 月	KBSGZY-630/6 型移变	2 台	320	0.96	11.5	3.8
2022 年 9 月	SGZ-764/630 型刮板输送机	2 部	4622	13.9	166.8	41.7
2022 年 10 月	BGP9L-6 型高压开关	8 台	88	0.264	3.2	0.528

最后，进行了电力费用管控。B 煤矿严格执行“避峰填谷”制度，科学合理安排设备在平段和低谷时段运行，在高峰时段检修，降低高峰期负荷，峰谷比控制在 1.0 以下，有效控制了电力成本。比如在排水方面避开封堵，不在用电高峰、电价高的时候排水，而是选择凌晨 2 点电费最低的时候，通过软件设置进行排水，在提效的同时降低成本。该矿自精益设备管理以来电力管控费用节约 235 万元。

（二）提升综合效率

B 煤矿不断追求“零”目标，提高设备综合效率，不断提高生产效益、降低生产成本，进而追求效益最大化和高质量的发展。

第一，目前井下已建成 81102 智能化综掘工作面和 81106 智能化综放工作面，实现运行数据监测、故障记录及报警、远程控制等功能。智能化综放、综掘工作面实施设备自运行精益化管理以来，智能化综放队由原来的 106 人精简为现在的 54 人，智能化综掘队由原来的 104 人精简现在的 42 人。

第二，设备故障率明显下降，如 81106 智能化设备月故障率由 2021 年的 3.33 次/月下降到 2022 年的 2.13 次/月，月影响时间由 2021 年的 429 分钟/月下降到 2022 年的 306 分钟/月。

第三，设备开机率有效提升，采煤工作面由年初的 40.75% 提高到 45.1%，掘开工作面由年初的 23.59% 提高到 39.25%，81102 工作面使用的掘锚一体机月平均开机率由 19% 提高到 26%。

第四，有效促进了闲置设备的调拨使用、报废设备及时下账，并且建立设备资产数据库，加快了闲置资产处置工作，盘活低效无效资产，提高资产利用率。

第五，设备自精益化管理以来实现修理费用节约成本约 674.9 万元（综采综掘主要设备)，修旧利费节约成本约 184.6 万元，租赁费用减少支出 509.8 万元，电力管控费用节约 235 万元。

第六，生产效率明显提升，煤产量明显增加，由 2021 年 1—8 月的 264.344 万吨提高到 2022 年同期的 313.4 万吨。

五、经验总结

B 煤矿使用 TPM 理论进行精益设备管理，可以将先进经验拓展延伸至其他矿井设备的精益化管理，消除设备故障所造成的损失，朝停机率、废品率、事故率为“零”的目标奋进，提高企业的设备综合效率，构建以“提质、增效、节支、降耗”为目标的精益化管理体系，全方位提升企业现代化管理水平。

（一）关注设备再利用

B 煤矿由机电区牵头，对闲置库存物资进行分类整理，将可加工、可改造利用的物资交由修旧部门或者技术部门进行再加工再利用，建立了完善的修旧利废机制，为该矿达成减少浪费、细化管理的目标作出贡献。具体来看，该矿每月对回收出井的废旧物资交由专业部门进行维修、加工，如将废旧焊管加工成护栏、扶梯等物资进行复用，减少成本支出，提高经济效益。深度挖掘废旧资产处置潜力，实施精益化管理，精细化拆解废旧设备，对可利用部件进行维修再利用，对无利用价值的部件进行处置，提升废旧物资处置的经济效益。着力打破子公司之间壁垒，制定物资设备管理与盘活办法，强化设备物资管理信息系统平台运用，进一步摸清家底，对全公司所有设备及大宗物资实行编号管理，信息全部录入平台，实现统一查阅、统一调配，提高利用率，减少设备闲置，促进全集团各类物资设备有序高效流转。

（二）加强设备自主保全

B 煤矿设备以预防维修为抓手，强调加强设备的自主保全活动，进行自主维护保养。操作人员的维护与专业维护相辅相成，对设备的效率保全起着至关重要的作用，因此将设备管理的职能进行细分是必要的，设备的传统日常管理内容应移交给生产部门推进设备的自主管理，而专门的设备维修部门则投入精力进行预防维修和计划保全，并通过诊断技术来提高对设备状态的预知力。该矿开展了设备自主维护工作，明确设备自主维护管理的要求，建立主要设备自主维护管理手册，优化完成自主维护基准模板，逐步推广至所有主要设备。做好设备检修、故障处理的过程管控工作，提高工作质量和最终效果。对采掘机电设备实行包机制，做到责任到人，挂牌留名，各负其责，有效做到管好、用好机电设备，充分发挥设备的效能。

（三）更新设备智能化建设

B煤矿重视信息化管理，持续推进智能化、信息化建设，在未来将会进一步运行上级单位一体化信息平台——“设备共享平台”，融合目前所使用的设备资产平台等系统，进行设备的全流程智能化管理。

设备共享平台是由三级管理和两级布置构成，从上级单位到子公司、分公司再到基层矿厂进行三级管理，而集团和子分公司又作为一个整体与基层的矿厂进行管理上的两级布置，对基层矿厂进行故障运行的监测监控。

在平台上，有三大中心来实现设备精益管理的目的和功能，分别是设备基础管理中心、日常运维故障诊断中心和辅助决策中心，通过三大中心达到精准的设备动态管理。第一个是设备基础管理中心，主要目的在于将台账电子化，协同共享，记录设备的利用情况、闲置情况、周转情况和可使用年限等。第二个是日常运维故障诊断中心，设置在基层矿厂，通过在线的动态观测来实时地实行设备管理，关注设备的预警、停机，包括故障留痕以及大型设备局部的事故故障检测，通过设备日常的运行情况设置模型参数，把它预置到系统中，和在线监测统一联动，可以给操作人员提供具备方向性的诊断，从而杜绝事故的发生和非计划停机。另外，中心还会形成故障诊断，具有推送等功能，包括出具诊断报告，同步给运维机构，推送任务工单。第三个是辅助决策中心，帮助整个集团管理达到最终目的，通过基础的管理和监测监控，最终通过信息共享给领导层提供数据支撑。

因此通过设备共享平台，机电设备相关管理者能实时掌握大系统的运行状态，有利于未来持续进行完善，进一步有效管控局部设备的运行状态。另外，设备管理的智能化也可以将工人从机械化、危险性的工作中解放出来，加强了安全保障。使用设备编码体系取代传统的行政上的手段，也减少了人力成本和数据误差。

B煤矿将持续开展设备管理智能化和信息化建设，按照集团公司精益化管理整体工作部署积极开展工作，为持续消除浪费、不断提高效率、提升效益、实现高质量发展提供坚实基础，为集团公司打造世界一流的煤炭企业提供坚强的保障。

第三章　C 煤矿“零库存”采供管理案例

摘　要

C 煤矿作为集团 C 二级公司的控股子公司，属烟煤行业。作为传统煤炭行业，C 煤矿长期以来按照“大库存保生产”的思想进行采供工作，然而随着企业生产能力的提升，技术设备的更新换代，原来采购的设备、材料等不再适用新设备，因此累积或积压了大量的库存，占用了大量流动资金。2020 年以来，国务院国资委启动“对标世界一流”管理提升行动，明确要求将推动各重点领域的精益化管理提升作为对标行动的重要内容。精益化管理是现代企业管理的核心所在，是全方位推动高质量发展的主要途径。根据集团的整体部署，全面推行精益化管理分两步走，首先在集团范围内选择 12 家矿井公司作为试点单位先行，树立标杆扛大旗，然后再在此基础上将试点单位的经验教训向全集团推广。C 煤矿是 12 家试点矿井之一，根据《集团改革三年行动实施方案》要求，以服务安全生产为导向，以“零库存”为管理目标和管理理念，以编制准确的物资采购计划为起点，以精准采购、“代储代销”、闲置物料再利用等方法为手段，全面提高精益化库存管理以及物资供应水平。C 煤矿推行采供环节“零库存”管理以来已有三年的时间，目前采购准确率已提高到 90% 以上，在下降库存方面取得显著成效，正常材料库存成本已下降到总库存成本的 4% 以下，基本在采供环节实现“零库存”，对于其他煤炭企业具有借鉴意义。

关键词：煤炭企业；采供管理；“零库存”；物料需求计划；代储代销

一、案例背景

（一）企业概况

C 煤矿受 C 二级公司控股管理，为 C 二级公司持股 75% 的控股子公司，经营范围包括：煤炭洗选、矿产资源开采以及煤炭开采，属于烟煤行业。

C 煤矿是高瓦斯矿井，被批准开采 3#—15#煤层，现开采 3#煤层，煤种为贫瘦煤，近几年矿井产量稳定在 300 万吨左右。

该矿先后通过了安全、质量、环保三合一体系认证，荣获了全国“五一”劳动奖状，全国煤炭工业百强企业、山西省百强企业、山西省功勋企业、山西省质量信誉 AAA 级企业、省属文明企业等众多荣誉，并连续多年获得煤炭行业特级安全高效矿井和一级安全生产标准化矿井称号。

（二）企业采供基本情况

1. 企业物资分类及编码

煤矿企业生产经营所需设备及设备所需配件种类复杂繁多，对物资材料的要求专业且精准度高，随着井下实际开采过程中的变化所需物资也会产生新的变化。为保证信息在采供过程中能够准确地上传下达，C 煤矿根据 C 集团的工作要求将物资进行分类，结合国家的标准和 C 煤矿自身的实际情况，严格遵循以下物料分类的原则：物料分类形式满足企业本身需要，选择适用并且统一的分类标准，标准一旦确定，不可随意变更；有系统地展开，逐渐细分，层次分明；分类具有排他性；分类具有完全性，应覆盖所有物资；分类具有伸缩性，以适应物资的增加。

C 煤矿在一级分类标准上将物资划分为十二大类，分别是：木材、火工用品、支护材料、大型材料、配件、专用工具、外购燃料、劳保用品、建工材料、油脂及乳化油、其他物资、办公用品及低值易耗品。

在一级分类标准的基础上，部分类别的物资包含种类较多，情况较为复杂，比如配件和其他物资。C 煤矿按照物资的使用设备或使用目的进行进一步分类，配件包括采煤机配件、液压支架配件、刮板输送机配件、装载机配件、破碎机配件、乳化液泵站、带式输送机配件、胶轮车配件、架空乘人装置配件、其他车辆配件、高压防爆配电装置、防爆开关配件、矿用隔爆型移动变电站配件、潜水泵配件、自吸泵计量泵隔膜泵配件、主通风机配件、固定式空气压缩机配件、煤矿坑道钻机配件、架柱式液压回转钻机配件、气动架柱式钻机配件以及其他配件；其他物资包括：防灭火材料、污水处理材料、加固充填材料、自救装置、封联孔材料、化工材料、仪器仪表、轴承、螺栓、其他紧固件、阀类、法兰盘、高压直通/球阀、电缆挂钩、截齿/齿套、钻杆、钻头、钎具、手工具、电子元件、其他电器原件、皮带扣、密封圈、风筒、园林绿化材料、水电暖材料、消防器材、金属材料、橡胶塑料制品及塑料管、标准化材料、瓦斯监控系统、人员定位系统、安全监测监控系统、产量监控系统、井上下通信系统以及其他新增。

除此之外，在物料分类的基础上实行物料编码制度，每一种物料都对应一个编码。各单位在填写物料编码时，要对照 C 二级公司最新下发的物料编码表进行填写，物料编码表中不存在或未明确类型的物资，通过权威网站查询或公司库房查询出所属类别，填写类别编码前四位（主机配件类填写前六位）。

C 煤矿按照集团要求严格执行物料分类及编码制度，以保证物料需求计划上报及采购的准确度，实现精准供应。

2. 主要的物资采购形式

按照是否由集团进行集中采购来划分，采购方式分为集中采购和非集中采购（自主采购）；按照是否进行招标来划分，采购方式分为招标采购和非招标方式采购，招标采购包括公开招标和邀请招标，非招标方式采购包括谈判采购、询比采购、直接采购等方式。

C煤矿按照集团“统一领导、自主采购”的原则实施物资采购。统一领导指各子/分公司在集团统一领导下开展物资采购工作。自主采购指各子/分公司在C集团相关物资采购管理制度框架下，自行制定采购管理实施细则，自主采购各类物资。

（1）C二级公司集中采购。C煤矿作为C二级公司控股子公司，由C二级公司负责年度集中采购，在集团范围内，C二级公司作为先行实行集中采购的公司之一，给集团其他公司起到了示范带头的作用。集中采购一般在年初进行，范围包括各子/分公司需要的绝大部分物资。

（2）C煤矿自主采购。在集团进行集中采购的过程中，有些材料物资包不满足集中采购的条件，或者有些包次流标，那么在集中采购之外，C煤矿还要负责自主采购。主要的自采方式是招标采购，按照项目金额的等级划分，实行不同的审批流程。除招标采购外，还有小部分自采是非招标的形式进行的，其中最典型的是火工用品，比如炸药、雷管等爆破物资。这些物资是需要经过国家许可才能购买的危险品，需要通过公安部门审批进行专项采购。除国家特殊规定的火工用品外，还有一些金额较小的临时需求物资经过C煤矿的相关部门审批后方可进行直接采购。

（三）企业推行精益采供的背景

1. 宏观环境趋势

（1）煤炭行业发展情况。煤炭行业的业务主要包括煤炭资源勘探、开发、生产、储运、加工转换和环境保护等，长期以来在世界经济发展中作为传统行业和基础产业发挥着重要作用。作为我国的基础能源和重要的工业原料，煤炭在一次能源生产和消费结构中的占比较高，为我国社会经济的平稳较快发展提供了有力支撑。

近年来，因煤炭开采程度不断加深，地质变化程度与不确定性加剧，导致煤炭企业经营成本的上升，因此，许多大型煤炭企业通过采用集中采购的模式来统一管理采购业务，通过网络技术应用、物资信息统筹、各部门有效交互，减少成本损耗。

（2）国内企业采购管理现状。随着国内经济以及现代化企业管理的不断发展，国内对于采购的研究不断创新与发展，采购可以成为企业新的利润增长点这个观念，已经被大多数企业所认可，并纳入企业发展战略。在很多大型制造业企业中，都有专门的供应链管理部门针对供应链上的采购环节进行战略管理，从而降低采购环节的成本并为企业创造更大的价值。对于煤炭企业来说，将精益管理思想应用在采购和供应管理中，不断降低采供成本，是企业发展的必然趋势。

在市场经济初期，大量国有企业的采购管理都流于粗放型，在参与市场活动时，往往习惯于按照上级的安排工作，缺乏主观能动性，不能灵活开展工作。随着经济发展，国有企业在一些行业开始面临高层次的激烈竞争，国有企业需要尽快转变管理理念，把大量欧美及日本等管理水平较高企业的采购精益管理经验运用到自己的实际生产经营过程中去，提升企业的采购管理能力。目前，国内专家学者结合我国政治经济特点进行分析与总结，充分借鉴欧美日等成熟企业在采购精益管理方面的经验，并找到适合我国企业实际情况的采购精益管理的研究方向。

2. 集团部署要求

（1）高质量发展的要求。管理是企业永恒的主题，是企业核心竞争力的关键所在。2020 年以来，国务院国资委启动“对标世界一流”管理提升行动，明确要求将推动各重点领域的精益化管理提升作为对标行动的重要内容。2020 年 11 月 23 日召开的省委常委会议提出，要加强企业内部管理，全面开展成本管控，着力提高经营管理水平。其核心要义就是通过强化管理、提质增效，提升企业的核心竞争力。由此可以看出，在新一轮市场竞争中，归根到底比拼的就是企业的精益化管理水平。

自集团新一届领导班子组建以来，以精益化管理为抓手，致力于提升企业管理水平，向管理要效益，向管理要发展，符合时代发展的要求。精益化管理学院成为集团大学 6 个专业学院中第一个开班的精品学院，这是对适应时代发展要求、高度重视精益化管理工作所做的最好注脚。

集团正在开启建设新型企业、实现高质量转型发展、建设世界一流企业的新征程。但是，当前一些基层单位还存在着管理理念陈旧、管理模式粗放、管理水平低下、标准参差不齐、成本居高不下等一系列问题，成为了制约集团实现高质量转型发展的羁绊。要解决这些问题，破解这些难题，在高质量转型发展中蹚出新路来，全力推进精益化管理是不二法门。精益化管理的目的就是提升生产与流通全过程的效率、效能和效益，以最小的投入创造最大的价值，这完全契合高质量转型发展的要求。全力推进精益化管理是根治 C 集团管理顽瘴痼疾的良方妙药和对症之药，是缩短与国际、国内一流企业管理差距的必然选择，也是实现管理创新、进行管理再造、推进管理全面变革，进而建设世界一流企业的重要抓手和治本之策。

（2）对采供工作的要求。物资采供的首要目的是满足生产的需要，在此基础上提质增效。根据精益管理的思想，集团对采供工作提出以下要求：编制物料需求定额，加强库存数量、使用质量和供应商供货能力的关联分析，建立物料安全库存及需求量模型，科学降低物资存量，消除无价值库存资金占用；建立设备全生命周期管理模式，立足高强度、高性能、高产出的“三高”标准，不断优化设备选型结构，完善设备管理制度，建立设备综合管理体系；建立采购品类标准化、质量测评标准化、使用性能标准化、供应周期标准化的采购综合保障体系；科学合理优化产品生产结构、运输结构和用户结构，使物料（原材料、设备和商品煤等）在采购、生产、物流等经营环节中处于周转状态，减少以仓储形式存在，建立以零库存管理为核心的供应链体系，整体提升精益采供水平和精益管理能力。

（3）“试点先行”的部署。根据集团精益化管理要求，在“三个三年三步走”战略引领下，全面分析、科学规划，系统制定精益化管理工作的方向、目标、机制与实施路径。根据 C 集团“整体安排，试点先行”以及矿井优先的工作原则，在全集团范围内选择了 12 个基层煤矿企业作为精益化管理的试点单位，充分发挥试点单位先行先试的引领优势，精准控制实施幅度、深度和频度，形成以点带面的积极效果，保持平稳有效推进。C 煤矿从2019年开始推行“零库存”管理，已经取得一定工作成效，具备一定的管理能力和基本条件，且被选定为12家试点单位之一，在推行精益采供方面具有典型示范作用。

3. 企业发展需要

C煤矿自2003年走上了快速发展的道路，随着近20年大规模的开采，各类设备的不断更新，造成了原材料及配件库存积压，加之煤矿物资种类繁多，导致材料成本逐步攀升。因此需要在生产经营管理过程中寻求降本增效的方法，始终坚持以效益为中心，全面对标，挖潜增效，不断提升经营管理水平和企业治理效能。

(四) 主要问题及成因分析

1. 主要问题表现

(1) 正常材料库存储备量大。C煤矿建矿至今已经有40余年，截至2022年11月共有员工2000余人，年生产量达到300万吨，矿井的规模在煤炭行业中属于中等偏大的煤矿，各类物资消耗量大。

传统的物资管理模式是“大库存保生产”，没有形成科学完善的库存储备预算，没有对采购计划的编制进行严格管控，大批量采购导致库存储备大量增加。2019年正常材料库存成本为118.5万元，占总库存成本的27.96%。

过高的物资库存储备不仅占用了企业的仓储空间，也占用了大量资金，影响企业资金周转或者失去其他投资机会，增加仓储成本，增加仓库管理难度，尤其是盘点工作量大幅增加，对企业现金流及管理运作带来严重影响。

在精益管理的概念中，多余的库存是需要被消除的，不仅是因为上述不利影响，最重要的是库存过大会掩盖真正存在的问题。掩盖问题的原因在于大家经常把库存看作是各种计划顺利进行的保障。不论是当供应发生问题时，当生产发生问题时，当销售发生问题时，还是当物流发生问题时，似乎总可以用库存来缓解，库存越高，问题越容易得到解决，而那些问题本身，因为库存的存在而被掩盖，精益生产的核心思想是消除浪费，因此降低库存是精益的主要动作之一。

(2) 闲置物资长期积压。煤炭企业快速使用的设备不但种类繁多，而且所需配件要求精密并且消耗量大。随着技术和设备的更新换代，以及开采过程中矿井客观条件发生变化，原来采购的设备配件已经不再适用新的技术。因此，除了为了保生产的大批量采购物资外，C煤矿还存在一些由于技术更新或项目变更造成的规格、型号等不适用的闲置设备、配件等。由于技术更新的不可逆性，这些闲置物资的再利用率较低，造成长期的库存积压，导致了成本浪费，占用了大量空间。

2019年C煤矿闲置物资成本为305.3万元，占总库存成本的72.03%。

2. 主要成因分析

(1) 员工缺乏成本管控意识。员工缺乏成本管控意识的原因体现在两个方面，一方面是受计划经济管理模式的影响，企业普遍有“大库存保生产”的思想；另一方面，和大多数国有企业一样，基层员工是企业资产的使用者，高层管理者是企业资产的管理者，而国家是资产的所有者，由于各自不同的利益导向，企业员工普遍缺乏节约成本的意识。

（2）考核制度不完善。考核及奖惩是保证员工按规定办事的原始驱动力。C煤矿原本的采供流程相关管理制度不完善，没有明确的考核制度导致缺乏执行动力，基层员工成本管控意识淡薄，队组负责人重视程度不够，在整个采供流程中有许多环节都缺乏相应考核，这是造成大批量库存的原因之一。

（3）采购计划不准确。传统的物资采供管理过程中，物资采供部根据各部门报送的计划结合预计受季节和天气影响生产的常用材料（建材、钢材等）进行采购，一般情况下采购计划量随着生产周期变动，在没有特殊情况下，每年的春季夏季采购计划量较少，秋冬季较多。但直接根据往期耗材数据进行预估的方法不甚准确，而且需求计划缺乏严格的预算和审批制度，导致编制的物料需求计划准确率低。且采供部门与物料需求与使用部门之间存在的一定的信息壁垒，不能根据实际情况对上报的计划进行有效调节。另外，C煤矿对物料的编码管理不严，缺少统一严格的物料编码，直接导致采购计划不准确。而且采供部门往往根据汇总的需求计划直接制定采购计划，缺少了利库的环节，缺乏对库存物资的再利用，这样一来编制的采购计划不仅没有减少原有的库存，还有可能增加新的库存积压。

（4）井下客观条件复杂多变。作为投产40多年的老矿井，C煤矿遇到地质变化影响生产的情况较多。生产系统是C煤矿主要的物资需求及物资消耗信息来源，但井下实际生产情况随采掘过程发生变化，地质情况与天气、季节，以及开采进度都有密切关系，无法做到百分百预测精确，也就导致了申报的物资无法百分百精确，产生的采购计划与实际需求不匹配情况；另外根据上报的计划采购的物资实际到货后也可能不再适用变化后的地质情况，因此也会在一定程度上产生物资积压。

（5）设备技术更新换代。C煤矿因2002—2003年矿井能力提升，年产量由60万吨提升为180万吨，生产能力提升后采掘工艺由炮采转为机械开采，运输系统由矿车运输转为皮带机运输；2008—2009年矿井能力再次提升，年产量由180万吨提升为300万吨。生产能力提升后设备全部更新，原设备的备用配件全部淘汰，不再使用，因此产生了大量的闲置物资。

（6）信息化技术应用不足。随着信息化技术的不断发展，信息技术已融入煤炭企业的各个管理环节。

C煤矿在采供环节主要应用的信息系统是浪潮系统管理平台，该平台包含的功能主要有合同签订、采购订单下达、入库出库管理以及付款等。然而，现有信息化系统功能不够全面，一方面在供应链环节未能实现将生产计划、物料清单、库存管理以及采购计划系统性地连接起来；另一方面物资管理未能与设备管理、财务管理等系统无缝衔接，没有实现数据共享、流程互通，仅可满足计划申报、出入库等部分业务功能，但是这些功能板块仍处于零散的状态。整体来说，C煤矿在采供过程中对于信息化系统的应用仍处在初级阶段。

二、总体设计

（一）选择的管理会计工具及其原因

为减少采供过程中的成本浪费，提升该过程中的价值创造，C 煤矿在库存管理方面采用“零库存”的管理方法，在采购过程中，编制物料需求计划（Material Requirement Planning，MRP），实行“代储代销”的合同管理模式，“MRP”和“代储代销”都是实现“零库存”的主要手段。

1. “零库存”管理方法

（1）“零库存”的起源及应用。“零库存”管理起源于 20 世纪 60 年代，旨在通过生产的拉动，看板管理，生产均衡化等方式消除多余库存和减少库存浪费。“零库存”管理最开始由丰田公司负责人大野耐一在精益生产方式的基础上提出并加以实现，因此也称为“丰田零库存”管理。

“零库存”管理作为产生于日本的先进管理方式，在日本企业中有着广泛的应用。随着零库存管理在日本丰田汽车公司的成功实施，越来越多的日本企业加入到了实行零库存管理的行列中。经过几十年的发展，在日本已经拥有了供、产、销的集团化作业团队，形成了以零库存管理为核心的供应链体系。

美国的企业从 20 世纪 80 年代开始逐步了解并认识了零库存管理理论。现在，零库存管理已从最初的一种减少库存的方法，发展成为内涵丰富，包括特定知识、技术、方法的管理哲学。如 Dell 计算机公司运用直销模式以实现产成品的零库存，通过“供应商管理库存”（VMI，Vendor Management Inventory）的方式，实现原材料的零库存。

零库存管理方式不仅在日本、美国广泛应用，其应用足迹也遍布欧洲、大洋洲等世界各地。

（2）“零库存”的内涵。“零库存”管理是一种特殊的库存概念。“零库存”并不是绝对的没有库存，而是一种管理理念及管理目标，通过不断改善及优化，使企业库存逐渐向“零”靠近，使生产过程中所需要的各种物料在采购、生产、销售以及终端配送等环节，以少量的仓库储存形式存在，而大部分物料处于周转状态的一种库存方式。

在企业的实际物资管理工作中，要想达到真正意义上的“零库存”是不可能的，尤其是对于 C 煤矿这种煤炭企业来说，生产环境与生产条件复杂多变，不能完全通过人的管理来消除库存，但企业物资“零库存”管理的模式的确是企业物资库存管理的目的，可以通过降低库存，发现企业库存管理中存在的问题并把它一一解决。从这个意义上讲，零库存管理是一种先进高效的管理理念。

本案例中的“库存”针对的是采供环节，生产过程中的原煤及其他煤炭产品的流转销售环节不在本案例的讨论范围内。采供环节的“零库存”主要是针对原材料来说的，目的是在满足安全生产的前提下，在企业采购和内部供应环节尽量减少以企业自身成本存在的物资，以减少采购量及采购成本，加快周转效率，以及向上游转移库存的形式来实现该目标。

2. 选择“零库存”管理的原因

（1）实行“零库存”的可行性分析。一是相对宽广的买方市场。市场经济的快速发展，使市场对经济的调节作用发挥越来越大，尤其在物资数量、品种等方面的供应上，出现了量大质高的局面。这种情况的出现使供需矛盾逐渐缓和，并出现了供大于求的现象，导致供求关系发生了根本改变。煤炭企业上游供应商并没有过高的行业壁垒，市场上相似的供应商有很多，在这种形势的驱动下，使买方市场获得了更多的选择机会。而相对宽广的买方选择机会，使得买方在市场上具有更大的主动权及议价能力，给C煤矿实现“零库存”提供了必要的物质基础。

二是相对完善的管理体系。C煤矿现共有员工2000余人，共设置机电科、生产科、供应科、通风科、防治水科、轨道运输科、调度室、后勤中心、销售科、财务科、人力资源中心、环保基建部、计划企管部门等15个部门，各部门各岗位配置齐全。另外，C煤矿作为一座有着40余年历史的老矿井，已经建立了一套相对成熟完善的管理体系，管理要求能够快速地得到实施和响应。此外，经过国有能源企业的不断重组后，C煤矿依托集团以及C二级公司，在资本厚度及管理力量上都更坚实，能够给精益化管理提供知识和人才的支持，为更高要求的“零库存”管理工作打下了基础。

三是浓厚的精益管理氛围。为培养全员精益管理的意识，构建全员参与的改善体系，C煤矿做了以下准备：按照集团要求，成立精益管理部门，与生产部、财务部等其他部门属于平级关系，对C煤矿的精益化管理工作进行统筹规划并向上级部门进行汇报，根据集团的工作部署安排精益化工作；定期组织精益化的培训教育活动，在全矿范围内宣传精益化思想，精益化管理工具的使用方法及场景，形成全员心中有精益的氛围。另外针对各个部门也会组织专题培训，提高精益化的应用；实施精益创新项目，各部门通过组织并实施精益创新项目，实践运用精益化管理工具，定向提高精益化管理水平，改善管理运行状况，精益管理办公室负责精益创新项目的主持与协调工作。

四是良好的供应商关系。“零库存”的实现需要强大的供应链的支撑，这就需要和供应商建立良好的合作伙伴关系。除了具有国有资本控股的背景关系外，C煤矿因为长期以来有一定的自主采购权，与很多供应商建立了良好的合作关系，能够为“代储代销”及委托保管建立基础。

（2）实现“零库存”的现实意义。其一，提高资金的使用效率。通过供应商和物流公司的科学配货和送货，实现自身经营成本的降低。具体来说，采用“零库存”管理模式可以有效地控制库存，加速流动资金的周转，减少甚至消除企业库存所占用的巨大流动资金，减少由此给企业带来的资金成本和风险负担。企业所需流动资金的多少，在一定的条件下主要取决于流动资金周转的速度。一定时期内流动资金周转的次数越多，或者是周转的天数越少，说明流动资金周转的越快，资金的利用效果越好。而物资“零库存”管理模式，能够使企业的物资库存量达到最低，使物资存储占用的企业资金达到最低限度，这样就能使企业在无形中增加了流动资金。企业既可以将这些节约下来的资金作其他投资，以取得相应的投资回报，也可以投入到企业的扩大再生产中，提高企业自身的产出效率，进而提高企业的经济效益。

其二，降低库存的维护成本。实施零库存管理后，由于库存规模缩小，存货数量趋于最小化，为存货准备专用的仓库及其附属设备和管理费用可以减少，还可以节约人力成本。

其三，有助于企业的安全生产。煤矿企业的安全生产，主要指煤炭采掘一线，即井下作业的安全开采和生产，但也包括相关的辅助工作的安全管理，比如煤矿企业的物资管理就是煤矿安全生产的重要的辅助工作之一。传统的储备式物资管理模式，形成了物资的大规模存储甚至积压，这就给安全管理增加了难度。煤炭采掘设备的长期闲置，容易造成设备的损坏或者使用不灵敏。基本生活物资的长期存储容易给使用者带来不可预知的安全隐患，尤其是某些危险物资的长期存储积压，容易引发火灾。因此物资实现“零库存”管理后，这些因物资过多存储所带来的安全隐患都可以迎刃而解了，从而提高了企业安全生产系数。

（二）应用目标

1. 提高采购计划准确率

采购计划的准确率是实现精益采供的关键因素，准确度可以从两方面来理解，一方面使采购计划中物资的预计使用量满足实际生产的需要，另一方面尽量减少计划与实际物资需求之间规格、型号等方面的差错，使采购物资与实际生产需求完全契合。C 煤矿的目标是通过对采购计划的编制过程进行严格规范指导和考核，将物资采购计划准确率提高到 100%。

2. 正常材料实现“零库存”

除部分火工用品的采购是由公安局批准后专项采购以外，其他物资的采购都在市场上进行，可以由公司自行控制。为最大程度降低企业在采供过程中占用的资金成本以及库存维护成本费用，C 煤矿希望将日常使用的物资库存降到最低，实现“零库存”。

3. 减少长期的积压物资

长期积压物资指的是在煤矿数十年来的发展过程中积累下来的，不能在日常生产过程中被利用，也几乎不能被其他矿再利用的物资，通常是由于过期、部分损坏、技术更新换代被淘汰或其他原因导致的积压，包括闲置材料、淘汰报废材料以及淘汰报废配件，基本上都是在实行“零库存”以前产生的库存，已经有 3 年以上的历史。C 煤矿希望通过对库存进行优化管理减少这部分库存的产生，同时解决掉原有的积压物资，理想目标是积压物资的处置率达到 90%。

（三）设计思路

1. 问题调研

要提高采供效率，首先要通过调研明确采供过程中存在的问题。常见的调研方法有问卷调查法、文献调查法、实地观察法、访谈调查法和统计分析法。C 煤矿成立调研小组，结合企业自身的现状及特点，考虑到方法的有效性，选择了文献调查法、统计分析法和访谈调查法。选择这三个方法的原因如下：一是因为问卷调查法需要大量的样本，且假设被调查者对调查主题具有相似的了解程度，但是对于企业来说，各个岗位的人数有限，不同岗位之间存在信息壁垒，很难实现有效调查，而实地观察法是某个时点静态的状况，难以了解整个采供动态过程存在的问题；二是因为通过文献调查法可以了解到其他煤炭企业普遍存在的问题，以反思自身有没有类似问题，然后通过统计分析法直观地看到相关指标数据的变化规律，通过访谈不同采供过程不同环节的工作人员可以具象地了解各个环节存在的问题。

2. 聚焦问题

通过调研对这些问题进行分类汇总，梳理各个问题之间存在的逻辑关系，筛选出哪些是可以通过管理进行改善优化的，聚焦几个关键性的问题。而 C 煤矿确定的关键性问题就是上述列出的三个问题，针对上述三个问题确立改善目标，即通过提高采购计划编制的准确率来降低采购成本，减少多余的库存储备，对采购过程进行规范及监督来提高采购效率，节约采购成本，并且处置掉过剩的库存来降低库存成本及管理费用，以此不断优化采供管理过程，实现精益采供。

3. 选择工具

C 煤矿根据存在的问题及目标，通过文献调查，选择了“零库存”管理方法，为了实现“零库存”，需要提高采购计划的准确率，降低物资的资金占用，其中主要运用到的工具方法有 MRP 系统和“代储代销”合同管理。

4. 条件准备

要为“零库存”所做的准备条件总共包括四点：一是培养全员“零库存”意识；二是完善规章制度及机构配置；三是完善 MRP 全要素信息；四是进行供应商管理。具体内容在应用过程中会详细展开介绍。

5. 具体实施及持续改进

在具体实施过程中还会遇到各种问题，需要持续改进，关键在持续，重点在改进，落脚点在创新。精益化的提出并不是为了达到绝对的精益，精益是个抽象的概念，它是一种思想，而不是目的。思想家伏尔泰说过，“不要让完美成为优秀的敌人。”“零库存”是管理理念和管理目标，实际上不太可能完全消除库存，但是这并不是不去做的理由，真正的目的在于在追求“零库存”的路上不断改进，当目标实现 80% 的时候对于起点来说就已是成功。

总体设计思路见图 3－1。

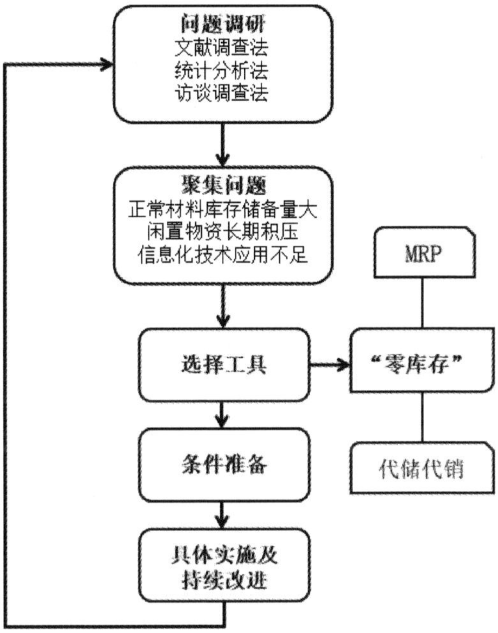

图 3－1　C 煤矿“零库存”管理设计思路

三、应用过程

（一）组织机构设置

1. 成立采购管理委员会

为进一步规范 C 煤矿采购管理，提升采购效率，公司成立采购管理委员会（以下简称“采委会”），采委会成员由总经理担任主任，各业务分管副经理担任副主任，采委会成员包括：计划企管部、物资采供部、财务部、生产技术部、安全监察部、机电装备部、基建环保部、后勤服务部等部门负责人。

采委会负责监督指导采购管理制度的建设及执行、年度《集中采购目录清单》编制资料的审核、上报，以及年度和月度采购计划的审核。

2. 采委会下设采购管理办公室

采委会下设采购管理办公室，计划企管部负责人兼任办公室主任，物资采供部负责人兼任办公室副主任，办公室根据采委会要求开展相关工作。采购管理办公室负责监督检查 C 煤矿本部及所属子公司日常采购管理工作，包括集中采购执行情况的监督和检查、分散采购的风险防范与监督；检查 C 二级公司规定限额以上采购项目的审核、过程监督以及验收管理工作；组织实施 C 二级公司规定限额以下的采购项目；对供应商进行季度评价并上报；检查指导C煤矿本部及所属子公司的采购管理工作；对采购计划、采购执行情况数据进行搜集、整理、计算和分析等统计工作；检查督促采购业务相关部门采购资料的归档工作以及受理采购活动的投诉。

采购管理委员会及下属办公室的组织机构如图3-2所示。

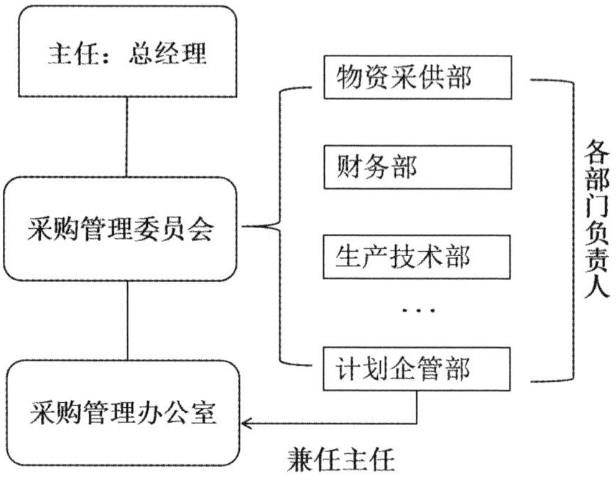

图3-2　C煤矿采委会组织机构

（二）参与部门及各自职责

无论是从需求方还是供应方的角度来说，物资采供工作几乎涉及企业的各个部门，而且各个参与部门都有各自的职责。

1. 物资采供部

物资采供部全程参与采供管理工作，具体包括：材料、配件、设备类物资采购项目实施工作；年度集中采购工作计划的编制，并参与C二级公司组织的集采项目实施；到货物资的入库出库管理；库存物资的盘点统计及利库工作；受理材料、配件、设备采购活动投诉以及供应商的季度评价及上报；日常库房的管理维护等工作。

2. 计划企管部

计划企管部主要参与采供管理的采购过程，具体来说包括：对各专业所报采购计划的合理性进行审核，完成采购项目的审批；对行政系统的牌匾制作及服务类采购项目进行统计和上报；对采购合同进行审核；对采购过程进行监督并有权终止违规操作；收集、整理失信企业信息以及相关风险防控。

3. 生产技术部

生产技术部作为物资主要需求部门，主要涉及物资计划的上报，以及对实际生产耗用物资进行统计分析，为采购计划编制工作的改善奠定了基础。具体包括：采掘相关工程与服务、顶板和支护相关设备、木材、支护用品、火工用品等物资以及本专业其他业务采购项目资料的统计和上报；生产技术部门物资采购需求计划的编制及上报。

4. 机电装备部

机电装备部作为服务部门，协助完成设备及配件的采购工作，并负责后续的设备安装、维修等过程。具体包括：机电及运输相关的设备、安装工程、设备大修、设备租赁、电力服务、机电材料、配件、专用工具等物资采购资料的统计和上报；协助物资采供部、计划企管部完成设备采购项目的实施以及机电装备部门所需物资计划的编制及上报。

5. 财务部

财务作为资金管理及物资需求部门，主要涉及采供过程中资金的审批、预算资金使用情况的监督及检查、财务部门所需办公用品计划的编制及上报。

6. 纪检室

作为监督部门，纪检室负责监督和检查采购工作中的涉规涉纪行为，涉及多个专业的审核项目，由分管领导指定主要牵头部室，协同相关专业共同进行。

7. 其他部门

除上述 6 个部门之外，另外还有通风部、基建环保部、地质测量部、调度室、洗选运销部、综合办公室、安全监察部、人力资源部、后勤服务部以及党群工作部等部门。这些部门主要作为物资需求部门参与到采供过程中，对各部门的采购计划、物资领用及耗用情况记录负责。

（三）准备条件部署

1. 培养全员“零库存”意识

自 C 集团下达精益化工作安排以来，C 煤矿前后共组织 20 余次培训活动，对精益化管理的思想进行集中学习，其中包括精益化管理工具应用与实施培训、作业成本法的应用、精益现场改善、精益库存管理等专题培训。对全体员工广泛宣传“零库存”管理模式，做到人人了解“零库存”管理的意义，全矿井形成推行“零库存”管理的良好氛围。同时，C 煤矿领导高度重视“零库存”管理工作，通过专题会、调度会等会议不断强调执行“零库存”的意义，使得“零库存”管理得到顺利推行。

2. 完善规章制度

为了使采供管理过程的要求更加清晰，使基层员工有工作和考核的依据，按照国家法律要求，根据集团及 C 二级公司的相关文件要求，C 煤矿制定和完善了相关规章制度。

为了进一步规范采委会管理工作，构建科学、审慎、责任明确的管理体系，制定了《采供部采委会管理办法》；为进一步规范 C 煤矿采购管理，提升采购效率，结合矿井实际制定并完善了《C 煤矿采购管理办法及采购管理实施细则》；为进一步加强物资采购计划管理，明确各队组、各部室计划管理方面的职责和分工，规范计划管理的各个环节，紧紧围绕精益化管理“提质增效、降本降耗”的管理理念，严抓细管，最大限度地保证计划的准确率，盘活资金，进一步推进“零库存”目标，制定并完善《C 煤矿物资采购计划管理制度》等制度文件。

3. 完善 MRP 全要素信息

MRP 即指根据产品结构各层次物品的从属和数量关系，以每个物品为计划对象，以完工时期为时间基准倒排计划，按前期长短区别各个物品下达计划时间的先后顺序，是一种工业制造企业内物资计划管理模式。MRP 是根据市场需求预测和顾客订单制定产品的生产计划，然后基于产品生成进度计划，组成产品的材料结构表和库存状况，通过计算机计算所需物料的需求量和需求时间，从而确定材料的加工进度和订货日程的一种实用技术。

物料需求计划起源于制造业，它通过在传统基础上引入时间段与产品结构物料清单，较好地解决了库存管理与生产控制中的难题，把这一先进管理思想应用于其他行业是物料需求计划的发展趋势。

物料需求计划的主要步骤如下：

（1）根据市场预测和客户订单，正确编制可靠的生产计划和生产作业计划，在计划中规定生产的品种、规格、数量和交货日期，同时，生产计划必须是同现有生产能力相适应的计划；

（2）正确编制产品结构图和各种物料、零件的用料明细表；

（3）正确掌握各种物料和零件的实际库存量；

（4）正确规定各种物料和零件的采购交货日期，以及订货周期和订购批量；

（5）通过 MRP 逻辑运算确定各种物料和零件的总需要量以及实际需要量；

（6）向采购部门发出采购通知单或向本企业生产车间发出生产指令。

物料需求计划结构如图 3－3 所示。

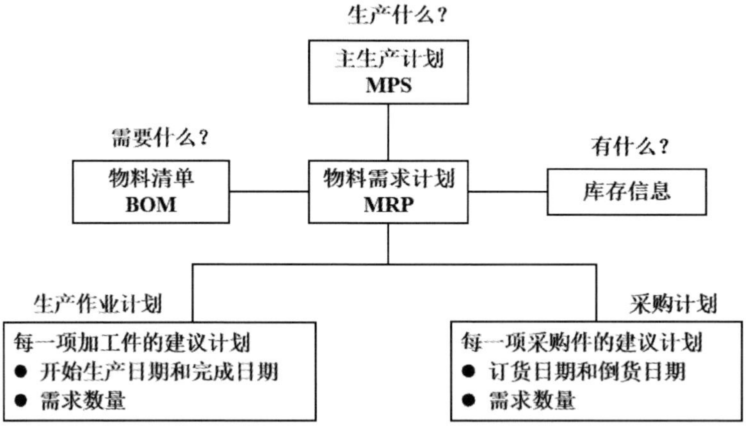

图 3－3　物料需求计划结构

从上述步骤可以得知，制定物料需求计划前必须具备以下的基本数据：一是主生产计划（MPS），它指明在某一计划时间段内应生产出的各种产品和备件，它是物料需求计划制订的一个最重要的数据来源；二是物料清单（BOM），它指明了物料之间的结构关系，以及每种物料需求的数量，它是物料需求计划系统中最为基础的数据；三是库存记录，它把每个物料种类的现有库存量和计划接受量的实际状态反映出来；四是采购周期，决定着每种物料何时下订单。这四项数据都是至关重要、缺一不可的，缺少其中任何一项或任何一项中的数据不完整，物料需求计划的制定都将是不准确的。因此，在制定物料需求计划之前，这四项数据都必须先完整地建立好，而且保证是绝对可靠的、可执行的数据。

在煤炭企业中，其供应链不同于制造业，其物料需求计划的制定与传统制造业也有所不同。

对于C煤矿来说，其MPS即为全年原煤产量以及掘进总进尺计划，是以集团下达原煤产量指标与掘进进尺指标为依据，C煤矿通过对集团下达的指标进行综合剖析来确定的。

BOM一般是以产品结构为依据，以生产计划为目标，将要实现的生产目标转换成要实现生产计划所需要的物资清单，煤炭企业的材料成本是构成原煤成本的要素之一，约占50%以上。但是，与传统制造业不同的是，煤炭企业的物料消耗不构成产品实体，许多物料不是一次性消耗，可多次进行重复利用，物料消耗与产量密切相关，但关系复杂，物料消耗受管理水平影响，物料消耗独立性较强，除了部分配件外，消耗各种物料之间基本没有从属关系或从属关系不明显。物料消耗种类与数量受自然条件变化影响比较大，由于受地质条件及构造影响，不同矿井与煤层开采难度、工艺过程都有所不同，因此消耗的作业也不相同，相应的物料需求也不相同。以生产技术部门为例，BOM的确定过程如下：将月度生产计划细化成作业量，如完成预计产煤量需要掘进X米，回采Y米，根据每一项作业需要消耗的材料，大体可分为两类，一类是按照固定的设计（每个矿的实际情况不同设计不同）进行计划，另一类是按照以往经验（可受人为管控的）进行计划，按照总作业量和单位作业量的耗材编制物料清单。

库存记录，C煤矿物资供应部的库存管理员每个月都会对现有库存进行盘点并制作库存明细表，其中包括一张汇总明细表以及四张子表，四张子表分别为正常材料、闲置材料、淘汰报废材料以及材料报废配件明细表。每张表的结构都以以下信息列示：物料编号、物料名称、规格型号、计量单位、会计年度、会计期间、数量、实际单价、实际金额以及物料一级分类名称。

采购周期，首先把物资分为需要安装的设备以及不需要安装的其他物资，按照生产计划中的进度安排预留出工程安装及调试运行的时间；其次如果物资是定制专用的，需要预留出供应商采购或生产的时间；最后考虑正常的采购以及运输流程所需的时间，把每个环节的时间计算好，以满足即时生产需要为最佳目标。

4. 进行供应商管理

供应商管理是一个闭环的动态管理，在采购之前要对市场上现有供应商进行初步调研，招标完成后要比较入围供应商的综合条件，采购完成之后要对供应商进行综合评价，在下一次采购之前要参考以前的供应商评价，在实行邀请招标采购时，供应商综合评价也是邀请的基础；还要建立供应商黑名单制度，对于集团确定的“黑名单”供应商，也要一并“拉黑”；除此之外，还要注意在合作过程中维护好和供应商的合作伙伴关系，良好的供应商关系是下一次合作的基础，也是实现“零库存”的前提条件之一。

采购管理办公室对供应商进行季度评价并上报，供应商评价标准如表3－1所示，从表中可以看出C煤矿对供应商的质量指标最为看重，占比30%，其次就是供应商的交货能力，占比20%，售后服务能力占比排第三，占比15%。

表 3－1　　供应商评价标准表

被评价单位：　　年　月　日

评价项目		标准分	评价标准	得分	评价单位	评价扣分原因
质量指标	送货质量	15	有 1 批次质量不合格扣 5 分（含某一品种不合格）			
	使用质量	15	有 1 品种出现质量问题扣 2 分			
交货能力	准时交货	10	有 1 品种未按订单要求时间到货扣 5 分			
	订单增减变化接受能力	10	强 10 分，一般 5 分，差 0 分			
价格水平	降价	5	随市场变化或自身降价能力提高能自觉得 5 分，否则 0 分			
	涨价	5	在市场涨价达不到 5% 或时常要求 0 分，否则得 5 分			
售后服务	事故处理	10	发生质量事故能及时、妥善处理 10 分，有 1 次处理不及时扣 5 分，影响生产得 0 分			
	售后沟通	5	能经常询问产品使用情况，对反映的技术问题能及时给予答复 5 分，否则 0 分			
生产技术能力		10	强 10 分，一般 5 分，差 2 分			
产品地位		5	省级以上名优产品 5 分，一般产品 2 分			
产品来源		10	生产厂商或省市级以上总代理商 10 分，一般经销商 5 分			
合计						
评价人员：						

说明：A 级得分≥90 分；B 级≥75 分；C 级≥60 分；D 级≤60 分。

（四）具体采供流程

1. 火工用品

火工用品是需要经过国家许可才能应当购买的危险品，需要通过并且公安部门审批进行专项采购。煤炭企业作为合法的爆炸物品使用单位，具备爆炸物品使用证，拥有经过验收的雷管仓库和爆炸仓库以及经过公安机关培训合格的相关工作人员。在日常采购时持当地派出所下发的爆破物品审批表到派出所审批，派出所辖区民警和分管所领导根据检查情况对申请作批准，再经过公安局治安大队、分管局领导层层审批才能进行限量购买（见图 3－4）。

对于这类物资，不能实现随用随买，也不能实现卖方代储或买方代储。公安部门对于每次的采购数量具有限制规定，C 煤矿通常半个月进行一次定量采购，采购量也是按照公安部门的规定严格执行。且采购回来的物资需要专门的库房进行存储保管，这部分物资不适用于“零库存”管理。

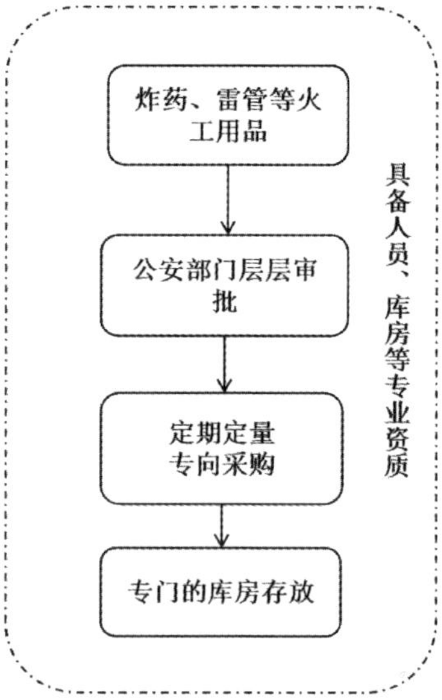

图 3－4　火工用品采供流程

2. 常规物资材料

除了特殊的火工用品以外，其他常规物资材料都是在正常交易市场上进行采购，主要为生产过程所需设备、配件、材料等物资以及日常办公用品。满足集中采购条件的物资由 C 二级公司进行集中采购，集中采购以外的由 C 煤矿进行自主采购。

以生产系统为例，采供流程如下：

（1）生产计划的制定与分解。C 煤矿在编制年度生产计划时应围绕矿井发展目标和总体规划，结合目前采掘现状：一是矿井现采 3#煤层储量渐近枯竭；二是六、七、八采区地质条件较为复杂，受断层、陷落柱影响，工作面正常布置受到制约；三是北翼采区现仅剩余边角工作面，巷道围岩应力显现明显，顶板管理问题凸显；四是矿井池里采区受水患因素影响，本着安全可靠、科学合理、切实可行的原则进行编制采掘衔接计划。

以 2022 年为例，2022 年的主生产计划包含九大项内容，分别是：①矿井“三量”，指的是 2021 年末的开拓煤量、准备煤量、回采煤量以及可采期；②2022 年原煤产量、掘进总进尺计划；③生产格局及队伍安排；④采掘衔接，包括回采工作面接替计划以及掘进工作面接替计划，分别计划了哪个生产队在什么时间段里在哪个工作面的工作量；⑤机电设备衔接计划，详细计划了哪个工作面需要什么机电设备；⑥安装项目计划，上述工作计划所需设备的安装及回撤时间；⑦矿井生产存在困难，主要包括矿井储量方面以及矿井地质构造两个方面存在的生产困难；⑧保障措施，包括与周围村庄进行沟通协商、优化采区设计以及整体保障措施；⑨智能化建设，根据《集团关于加强 2022 年安全生产工作的决定》和《关于明确 2021 年结转及 2022 年新增智能化采掘工作面建设任务的函》文件要求，在常规采掘工作的基础上增加一个智能化建设的计划，包括整体部署和工期安排。

除了文字说明外，还有 2022 年原煤产量进尺计划表、2022 年采掘衔接表、2022 年回采工作面接替计划基础表、2022 年掘进工作面接替计划基础表、2022 年掘进进尺与掘进产量汇总表、2022 年原煤产量汇总表以及 2022 年原煤产量、掘进进尺月度分解表。

围绕年度矿井发展目标和《矿井采掘计划》，结合矿井实际生产情况，在确保井下各环节安全生产的前提下，制定月度生产计划，月度生产计划会在年度生产计划月度分解表的基础上做一定的改动。该计划包括原煤产量、掘进进尺、零星工程、安装工程、探放水进尺计划、瓦斯抽采计划。

（2）采购计划的编制及前期资料准备。一是年度采购计划。在每年度终了，生产系统编制年度预算期间，各生产队组根据矿井全年原煤产量、掘进进尺等计划指标确定了材料使用计划后，分类别上报本部门全年材料使用计划明细表（总额控制在年度原煤产量与吨煤单价之积之内）。在编制年度采购计划时，各单位、队组要根据设备运行情况及高消耗物资使用数量、高强度工作环境配件磨损情况和使用年限、设备及配件的总需求量及其他物资预计使用量综合制定年度采购计划。经本单位负责人签字后报至专业部室。

各专业部室汇总队组所报计划时，按类别将物料编码、物资名称、规格型号、计量单位、需求数量、计划单价、计划金额、主机型号、费用属性及使用部门填写清楚，认真审核各队组申报的年度采购计划，计算其申报金额是否超出全年预算划分情况。要紧紧围绕C煤矿精益化管理“提质增效，降本降耗”理念，控制计划金额，减少资金占用。经部门负责人审核及分管领导签字批准后报至物资采供部。

物资采供部认真审核各单位上报的年度采购计划，计划中各项指标填写错误，或未填写清楚的，责令相关部室限期内核实，确认无误后汇总编制年度采购计划，由部门负责人审核、采委会对年度《集中采购目录清单》编制资料进行审核，分管领导批准及董事长签字确认后上报至C二级公司物资采购管理部。

二是月度采购计划。在集中采购以外的物资都需要C煤矿进行自主采购，自主采购通常根据月度采购计划进行。编制月度采购计划由物资采供部牵头完成。以生产技术部为例，每月18日前生产队组根据井上下材料实际库存和消耗情况编制本单位次月材料使用计划（月度计划总额原则上不得高于材料消耗指标），经本队队长签字确认后，上报生产技术部审核。生产技术部根据生产队组上报的次月材料使用计划，并结合各队组材料库存情况，形成本部门次月材料使用计划，经部长、分管领导签字批准后，报送至物资采供部，形成月材料使用计划。

各单位编制物资需求计划时要按照采购计划管理制度的要求，全面考虑、认真计算、规范填写，分类将物料编码、物资名称、规格型号、计量单位、需求数量、库存数量、采购数量、计划单价、计划金额、主机型号、费用属性及使用部门填写清楚，所报物资属于主机配件类的，必须填写其所属正确完整的主机型号。

不按照规定要求编制计划的，物资采供部不予采购。物资采供部根据各专业部室及管理部室上报的月度需求计划汇总编制月度需求计划，对照月度需求计划利库后，准确填写库存数量，精确计算采购数量，编制月度物资（配件/材料）采购计划明细表及汇总表（见表3－2），并将各项采购计划按照投资类或成本类进行分类汇总。

三是前期资料准备。除采购计划外，各专业部室需要在每月26日前编制前期资料，包括：招标项目说明及投标人要求；技术要求；市场调研；专项资金计划或成本说明，并且需要向计划企管部门提供前期资料的扫描版，填写招标计划表，分管领导签字后上报计划企管部审核。

表3-2　　C煤矿20××年××月份物资采购计划明细表　　单位：元

序号	物料编码	物资名称	规格型号	主机型号	计量单位	需求数量	库存数量	采购数量	计划单价	计划金额	费用属性	使用部门	备注
一、	木材												
1	01020010	落叶松原木	Φ14-16*400cm		m^3	100	0	100	1400	140000.00	投资预算类	生产技术部	
2	×××××××												
二、	支护材料												
3	02010024	锚杆	Φ22*2400		根	2000	0	2000	40	80000.00	投资预算类	生产技术部	
三、	大型材料												
四、	配件												
五、	专用工具												
六、	外购燃料												
七、	劳保用品												
八、	建工材料												
九、	油脂及乳化油												
十、	火工用品												
十一、	其他												
十二、	办公用品及低值易耗品												

（3）采购项目的实施过程。首先，C二级公司集中采购。集中采购由C二级公司采购部门负责，集中采购主要以公开招标的形式进行，通过比价议价及公告后，确认最终入围的包次及供应商，确定每个包次的单价限价。若经过几次公告后，最终递交投标文件的只有一家供应商，则不满足竞争条件，即不在本次集采中进行采购。这个过程一般从每年年末持续到次年年初，年初将入围供应商及一次议价结果下达给各煤矿。

其次，C煤矿自主采购。C煤矿的自主采购流程分为招标采购以及非招标采购。

C煤矿所有工程建设项目的主要材料和设备采购都属于招标采购的范围。招标采购需委托招标代理机构进行。计划企管部审核完前期资料和招标计划表后，向C二级公司招标管理部门上报次月招标计划，由采购需求部门填制招标申请表，签字盖章后上报计划企管部；计划企管部将资料上报给C二级公司专业部室审批，在这个过程中采购需求部门要对前期资料进行完善并移交计划企管部；批复完成后，计划企管部根据计划在C二级公司招标代理机构平台随机抽取三家及以上代理公司，选取结果确定后签订招标代理合同；代理公司确定后，由采购需求部门和代理公司对接协助编制招标文件，采购需求部门负责审核招标文件中的技术部分内容，并确定采购文件中的合同模板；招标文件编制结束后，由采购需求部门签订招标内审表，签字盖章后上报计划企管部，计划企管部上报项目资料至C二级公司，并在完成审核后1日内告知采购需求部门；计划企管部负责确定内部评标专家和开标时间，并将招标代理公司发布的项目公告转发至项目部门负责人；开标后，计划企管部于7日内将中标通知书扫描版发至采购需求部门、法律处以及物资采供部；采购需求部门于收到通知后5日内签订技术协议，移交至物资采供部，物资采供部将签订合同需要的资料上报浪潮系统并通知法律处；签订合同结束后，采购需求部门将后期资料移交计划企管部。

C煤矿自主采购的最高限额是30万元，各部门根据全面预算项目及经批准的物资采购计划，通过比选采购、直接采购或者网上采购的方式签订合同获取货物的形式。按照项目金额的不同，分为3万元以下、3万—10万元、10万—30万元三个层级，不同层级的采购审批流程不同，但都需要上报采委会进行比价议价，具体流程在这里不再展开，如图3－5所示。

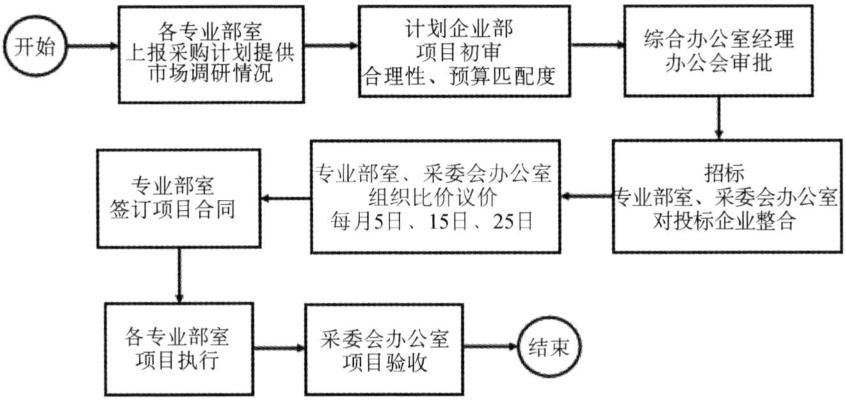

图3－5　C煤矿自主采购流程

非招标采购包括直接采购、应急采购。

因特殊情形直接采购的项目，由采购部门提出申请并编制直接采购说明，计划企管部在OA填制直接采购项目审批表，经C煤矿采委会及C二级公司审批后实施。

应急采购实施当日，采购需求部门向采委会书面报备，采委会办公室在OA填制C二级公司《应急采购报备表》，采购完成后，采购需求部门需在一定时限内将原因说明等资料报采委会办公室备案，采委会办公室要进行核实。

除此之外，对于集中采购的公司以及自主采购的平台，集团和C二级公司分别作相关部署和要求。集团授权采购中心对各子分公司所需的钢材、钢丝绳统一采购；授权集团公司控股子公司集团油品公司对各子分公司所需的油品统一采购。此外，对于自主采购的平台也有明确要求，为了简化自主采购的过程，实现规模效益，集团要求下属子分公司原则上尽量在集团物资采购电商平台进行采购，目前明确指定办公用品和劳保用品必须要在该易购平台上进行采购，随着平台的不断完善，在该易购平台上进行采购的物资种类也在不断增加。对于非集采的设备要在C二级公司的电子招采平台上进行招标采购。

（4）采购订单的下达

对于集中采购的物资，C二级公司提供了入围供应商及一次议价结果，在具体签订采购合同时，C煤矿还需自行对入围供应商进行二次议价，通常二次议价都会在一次议价的基础上再下降一些。为了能及时、高效的采购到合格物资，二次议价后，尽量选择本地或距离相对较近的供应商进行供货，确保供货的及时性，降低仓库的储存量。

对于采购量大、通用性强、占用资金多的配件材料，C 煤矿的采购订单采取年度框架协议 + 日常订单的形式进行，框架协议将供应商选择结果契约化，可有效提高采购订单执行效率。框架协议分为固定价格和非固定价格两种形式：固定价格框架协议物资属于代储代销物资的，物资采供部门下达补货通知单，领用物资经该领用部门分管领导签字以及财务部门审批后办理出库，凭出库领用单生成结算订单；属于非代储代销物资的，直接生成采购订单；非固定价格框架协议物资：计划企管部门按照框架协议约定的竞价时点，组织入围供应商进行竞价，物资采供部门根据竞价结果生成补货通知单或采购订单。

实际上，C 煤矿现阶段签订的合同大多属于“代储代销”合同，具体分为两种类型：一是“卖方代储”，需方要求供应厂商按合同要求把需方将用于生产的物资暂时存放于供应厂商的存货处或供应厂商能即时生产的物资，在需方要求供货时及时按量直供，货用后付款。二是“买方代储”，需方根据市场供求状况，考虑生产实际运行周期以及库容情况将供应厂商按合同要求生产或拥有的生产物资存放于需方储存地，根据物资实际消耗状况将货款承付给供应厂商。

“卖方代储”合同要求供应商会在下订单的最短时间内将物资送达，并提供装卸、安装等服务，一方面降低了 C 煤矿物资装卸人员的工资费用，另一方面节省了库存空间和库存管理的成本费用；“买方代储”合同要求供应商先将一部分物资储存在 C 煤矿仓库中，这部分物资不计入 C 煤矿的账面，且不占用大量库存空间，一般是一些流动性大的物品，例如：劳保用品。若需求部门领料出库，库管人员办理出库结算，若一直没有被领用，供应商每隔一段时间来更新物资。

无论是买方还是卖方代储，代储代销合同都是以“乙方为主、甲方为辅”，最大程度上降低了 C 煤矿的库存。

（5）入库及出库管理

为了减少库存积压，物资到货后，按照规定，计划申报单位在 7 日内按照流程办理出库手续，必须遵循先进先出的原则，及时登记台账定期盘点，做到账、卡、物相符。超出规定时间造成库存积压的，每次处罚申报部门负责人 100—1000 元。在实际工作中，物资采供部坚持即入即领的原则，对采购到位的物资，验收合格后，第一时间通知使用部门领用，对预期未领用的部门进行通报，避免占用库存。

材料使用单位未按规定上报材料使用计划，未经专业部室审批（紧急情况除外），直接从库房领取物资的，每次处罚库管员 200—500 元；物资采供部负责人 100—300 元。

各部门领料出库的时候填制领料单，发料人和领料人都要在单据上签字。领料部门分管领导及财务部门审批后，库存管理人员办理出库结算，计入领用部门的成本。

（6）采购计划与实际耗用情况考核

为追踪计划申报单位的实际耗材情况，提高计划编制的准确率，C 煤矿制定相应的考核及奖惩制度形成完整的闭环管理。计划申报单位考核按照“计划管控、定额消耗、节约奖励、超耗处罚”的原则，由各部门按月统计使用单位材料消耗及超节情况，计划企管部根据实际情况对相关部室考核。

对于未按规定填制采购计划的、未准确编制采购计划的以及未及时领用物料的，计划企管部均采取相应的惩罚措施。计划申报单位上报需求计划时存在超报或应付了事情况的，每次处罚申报部门负责人 500—1000 元。计划申报单位在申报需求计划时，未按要求和正确格式上报计划的，物资采供部不予采购，并视情况每次处罚申报部门计划管理员 200—500 元；申报部门负责人 100—300 元。计划申报单位未在每月 20 日前报送需求计划至物资采供部的，处罚申报部门负责人 100—300 元。各单位在领用当月申报物资后，需确保物资实际使用消耗情况与所报计划相符合（制造周期除外），达标率低于 90%，报至计划企管部对申报单位通报，并扣除相关部室当月绩效分 5—20 分。因矿井生产及其他不可抗力原因追加的补充计划不得超过当月计划总额的 10%，超过 10% 的，每次处罚申报部室计划管理员 100—500 元；申报部门负责人 300—800 元。

其他物资采供全过程的流程如图 3-6 所示。

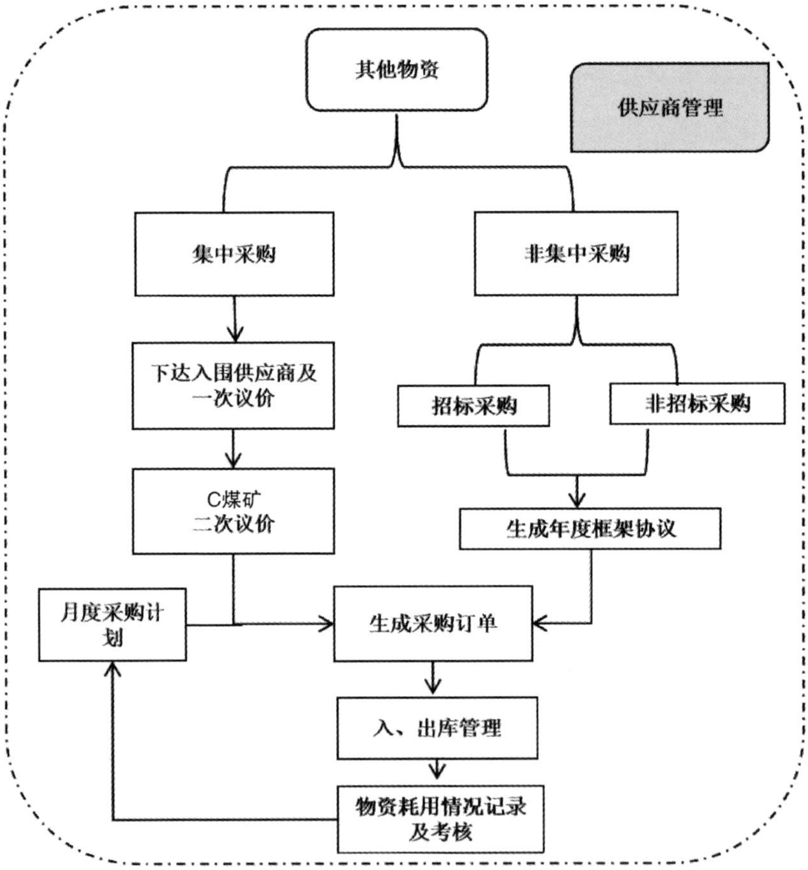

图 3-6 常规物资采供流程

（五）实施过程中的主要问题及解决方案

1. 主要问题

C 煤矿在实现“零库存”的道路上最大的瓶颈就是闲置库存的再利用，由于这部分库存是长期积压导致，已经有几年的历史，难以被再利用。随着正常库存的逐年下降，总库存成本也在下降，但是闲置的部分物资成本基本不变，在总库存成本中占比逐年升高，且比例在 90% 以上。

2. 解决方案

（1）作为职工福利发放。对于库存长期闲置的办公生活物资，用于职工趣味活动等奖励，避免了重复购置，例如在三八妇女节趣味活动中，充分利用物资供应超市的现有物资，为女职工颁发了微波炉、空气净化机等奖品，既避免了二次采购，又为 C 煤矿节约了采购资金。

（2）向 C 二级公司请示。对于 C 煤矿范围内无法解决的库存，计划企管部门于 2022 年 8 月按规定程序向 C 二级公司请示批准报废。首先 C 煤矿内部机电装备部及生产技术部门对积压物资进行鉴定判断是否可以维修再利用，一致认定无法再利用后上报 C 煤矿委员会，经由党委会审议通过后，报 C 二级公司审批。其次计划企管部门填写物资报废鉴定表，表内信息包括物资名称及规格型号、报废原因，经由使用部门生产技术部、专业部门机电装备部、计划企管部门、具体执行部门物资采供部盖章以及各部门负责人（部长）签字后上报 C 二级公司进行报废批准请示。

四、取得成效

（一）经济效益

1. 正常库存成本下降显著

自推行“零库存”管理以来，C 煤矿总库存成本大幅下降，2015 年库存金额为 1174. 362万元，2020 年库存金额下降为 382 万元，截至 2021 年年底，库存金额仅剩 251 万余元，截至 2022 年 6 月，财务报表显示库存成本中原材料约为 230 万元，而正常材料仅为 8 万元左右，占总成本份额不到 4%，其中还包括一些必须储存的火工用品，也就是说正常材料库存基本可以忽略不计，趋近实现“零库存”。

2. 库存管理费用支出减少

目前 C 煤矿对库存进行管理的工作人员仅有 7 名，库存管理费用即为库管人员的工资、日常水电以及库房折旧，而库房内不进行生产活动，消耗水电费较少，基本可以忽略不计，与以前数名库管人员、装卸人员及清扫人员的工资比起来，现阶段 C 煤矿的库存管理费用大大减少。

（二）管理效益

1. 采购准确率提高

采购计划是各队组、专业部室汇总得出，物资采供部按照采购计划进行采购，所采物资除因井下生产情况变化而需要调换的物资外，基本都能与采购计划对照上，采购准确率基本在90%以上。

2. 加强各部门密切合作

从采供的全过程来说，要实现“零库存”管理，需要供应链上所有的部门协同作业，从上级部门下达生产计划开始，涉及生产技术部等专业部室、供应部门、机电装备部、计划企管部门、财务部等部门，这其中每一个环节都需要实现精益，才能最终实现“零库存”的目标。此过程各部门之间加强的沟通合作，减少各部门间的信息壁垒，有利于提高企业的经营管理效益。

五、经验总结

（一）关键成功因素

1. 准确编制采购计划

采购计划的准确编制是连接采购和供应环节至关重要的纽扣，只有准确地编制采购计划，才能使采购量与需求量相契合，以最低成本保证生产需要，实现精准供应来达到“零库存”。

2. 签订“代储代销”合同

代储代销合同是降低库存的第二大关键法宝，C煤矿能借助其快速领用最新物资，并且不以库存成本的形式占用资金成本。但是签订“代储代销”合同有两个前提条件，一是相对宽广的卖方市场，二是良好的供应商关系。

3. 实现“计采分离”

计采分离指的是计划编制人员和采购人员职责分离，一方面是为了实现专人专责，各个岗位有专门的人负责，不仅能明确各个岗位的职责所在，也能更方便追究责任以及清晰地对各个员工进行责任考核；另一方面是为了实现分权制衡，如果从计划到采购全都是一个部门一条龙，那么就在很大程度上给了计采人员行职权之便的机会，不利于透明公开的管理。

（二）优缺点分析

1. 降库存成效显著

在推行“零库存”管理以来，C煤矿严格按照有关规章制度实行采供管理工作，始终如一地贯彻集团的工作精神和工作目标，因此能够取得有效成效，在可下降的范围内，将正常库存成本降到最低，基本实现“零库存”。

2. 信息化技术应用不足

在整个采供管理改进的过程中，对信息化技术手段应用不足，在编制采购计划及利库环节都是人工进行，工作效率较低。单个板块难以实现突破式进展，各板块之间没有实现联动，存在信息孤岛现象，信息化、数字化、智能化技术的应用有待发掘。

（三）后续改进建议

1. 建设精益管理人才队伍

在精益化管理工作中，目前主要存在的问题是人才短缺，随着精益管理的不断深入，在精益管理人才方面尚不能很好满足精益化发展的需求。

关于精益人才短缺的问题，C煤矿可以从两个方面着手解决，一方面进行内部人才培训，响应集团有关精益人才培养的要求，建立人才培养体系，培养一批精益人才队伍；另一方面，向集团请示，提出人才需求，从集团范围内进行人才调拨或者从社会面进行人才招聘，经过内外部的共同努力改善人才短缺方面的问题。

2. 完善信息化技术手段

信息化建设必须与业务流程的重组相结合，信息化建设本身不是目的，目的是通过被信息化加强的、重组后的业务流程，提高运营的效率和水平。C煤矿不具备自主研发信息技术的能力，可以在集团的支持下，从外部引进成熟的信息系统，学习并对标行业内信息化技术先进的企业，结合自身情况加强信息化建设。

（1）完善数字化模块，在企业数字化模块应用管理建设中，仓储管理的单独存在并无意义，要与OMS（订单管理系统）、TMS（运输管理系统）、BMS（结算管理系统）及SRM（含供应商的分类、评估、选择、管理及集成）等统一结合，才能更好地根据实际业务需求与变化对仓储进行智能管理。

（2）增加数据可视化模块建设，可视化可分两个部分，一方面是业务流程关键节点可视化，另一方面是库存管理监控可视化管理模块。可视化管理是业务流程贯通的呈现，可实现业务流程节点一目了然，同时实现存库管理实时监控和库存预警等内容。

现代化供应链一体化信息平台的建设应当以数据驱动为最新的建设理念，以数据为核心，对之进行集成、共享、挖掘，从而发现问题，驱动创新。

3. 解决一线"小仓库"问题

导致采购计划编制不准确的原因之一是生产部门需要大库存保生产，因此为了应对紧急时刻的物资需求，生产队组会保留小部分物资作为安全保障。实际上，本质原因是临时性物资需求的应急系统不够完善，因此，要解决生产一线"小仓库"的问题，要从解决生产一线的实际需求入手，提高临时性物资需求采购时效性，这是需要进一步解决的问题。

4. 完善库存管理

提高库存管理精益化水平，可从以下几个方面进行：①完善物资储备定额管理，为保证生产顺利进行且降低库存占据的流动资金，需要建立经济合理的物资储备数量标准，该标准是编制采购计划、控制物资库存、核定企业储备定额的重要依据，是对物资进行科学管理的基础。物资储备定额按其构成和作用不同，分为经常储备定额、保险储备定额和季节储备定额。定额要结合C煤矿内部和外部的各种因素（包括企业生产特点、物资消耗情况、管理水平和采购物资的生产周期等因素）综合考虑；主要依据集团年度采购计划、主要物资消耗定额指标和历史消耗数量、供应间隔期及物资使用周期、采购订货的难易程度及运输条件来制定。②完善库存指标管理，要提高精准供应水平，对库房进行精益化管理必不可少，重要的指标包括收发货及时准确率、破损率、账务相符率、库存周转率、长库存物料占比、库位利用率、库位周转率等指标。完善库存指标管理需要以完善的信息系统为基础来提供数据支撑。

第四章　D煤矿作业成本管理案例

摘　要

随着供给侧结构性改革的加速推进，煤炭行业的市场竞争日趋激烈，降低自身运营成本成为煤炭企业提升市场竞争力的重要手段。特别是能源消费结构的转变，在一定程度上增加了煤炭行业未来发展的不确定性，给煤炭行业发展带来极大挑战，同时也对煤炭企业成本控制提出了更高要求。本案例以集团D二级公司D煤矿为例，对其在成本控制中的先进管理工具、方法和经验进行总结提炼，为煤炭企业提升成本管控水平提供参考和经验。

D煤矿井田面积60.731平方千米。矿井于2003年由D二级公司并购，设计能力300万吨/年，目前生产规模扩建为1000万吨/年。2021年之前，D煤矿在产品成本管理过程中发现了成本核算信息不准确、成本控制深度不足、预算的准确性和执行力较差以及绩效考评未达预期等问题，为此，矿井积极开展了一系列降本、提质、增效等方面的工作，重点在降本方面实施了作业成本法，搭建了作业成本管理体系，并取得了一定成效。

作业成本法以“作业消耗资源，产品消耗作业”为核心，将企业的生产经营过程视作一系列作业的集合体，并将直接成本和间接成本一并作为产品所消耗作业的成本。本案例结合矿井实际情况，应用作业成本法和相关的作业成本管理理论，分别从成本数据来源、使用成本数据两个方面展开论述，梳理煤矿成本费用的发生与归集链条，并通过深入剖析各项成本费用产生的动因，实现对作业及作业成本的精准管理。管理过程包括确定产能目标、利用定额编制预算、进行作业成本分析，同时以作业中心为责任主体，通过纵向对比和横向对标分别开展绩效考评。在此基础上，D煤矿构建了事前综合平衡、事中监督管控、事后总结分析、期末绩效考核的系统化、规范化的闭环型作业成本管理模式，基本实现了从业务源头控制成本的目标。

D煤矿在推行作业成本法时，主要借助作业成本定额管理系统实现各作业环节信息在组织内部的实时共享。各部门依托“两会”（即作业计划会和作业成本运行分析会）相互协调，相关成本数据以队组为最小单位自下而上层层汇总，在矿井内部形成了“横向到边，纵向到底”的全面管控局面。与此同时，在该矿应用作业成本法能够实现矿井成本数据的作业链条式运作，并由系统的自动化处理为实时数据采集汇总、加工处理提供便捷，进而为各级领导的决策提供有力支撑。

该矿成本管控收效显著，实现了持续平稳健康发展。在成本核算方面，克服了传统成本计算方法导致的成本信息失真问题，能够提供相对准确的成本信息。在成本管理方面，以作业成本法为核心，围绕细化预算编制、精益成本核算、强化过程监督、严格考核评价的管控流程实现了全流程的成本管控。

关键词： 作业成本法；煤矿；成本管理；定额管理

一、案例背景

（一）单位基本情况

集团是具有国际影响力的炼焦煤集团生产加工企业和市场供应商之一，主营业务为煤炭、电力热力、焦炭等，D煤矿是集团下属三级子公司，上级单位为D二级公司。D煤矿设计能力300万吨/年，目前生产规模扩建为1000万吨/年，井田总体向西倾斜单斜构造，开拓方式斜、立井混合，机械抽出式通风，主采煤层为5#、9#煤，水文地质类型中等，属低瓦斯矿井，煤层易自燃，煤尘有爆炸危险性。全矿在册职工2299人，现有职能部室12个，区队25个。

该矿以原煤作为主营产品，其生产工艺流程如图4-1所示。

（二）成本管理的环境背景

首先，D煤矿积极响应号召，率先推行精益化管理。2020年6月，国务院国资委发布了《关于开展对标世界一流管理提升行动的通知》，并于同年11月，国资委将全面精益化管理纳入该项活动，要求各中央企业和地方国有重点企业将推动各重点领域的精益化管理提升作为对标行动的重要内容，不断优化有利于提高效率的要素，剔除低效无效环节，推动企业管理持续迈向精益化。集团积极响应号召，于2021年4月制定并下发了《集团深入开展对标世界一流管理提升行动实施方案》，集中力量推进管理体系和治企能力建设，引进了精益化管理，严格把控“精、准、细、严”的核心理念，打造“消除浪费、创造价值、持续改善、精益求精”的精益成本管理体系。该矿积极响应集团的号召，并在思想和行动上与集团保持高度一致，紧扣集团的工作部署，在全矿范围内实行精益化管理。

其次，D煤矿试点先行，实施作业成本管理。为响应省委省政府提出的“全面开展成本管理，着力提高经营运行水平”的决策部署，进一步加强管理能力建设，强化成本管控，增强核心竞争力。集团以成本管理为重点在加快推进精益化管理过程中，为应对传统原煤成本管控模式所反映出的成本信息滞后、缺乏有效的过程控制、效能低下等问题，

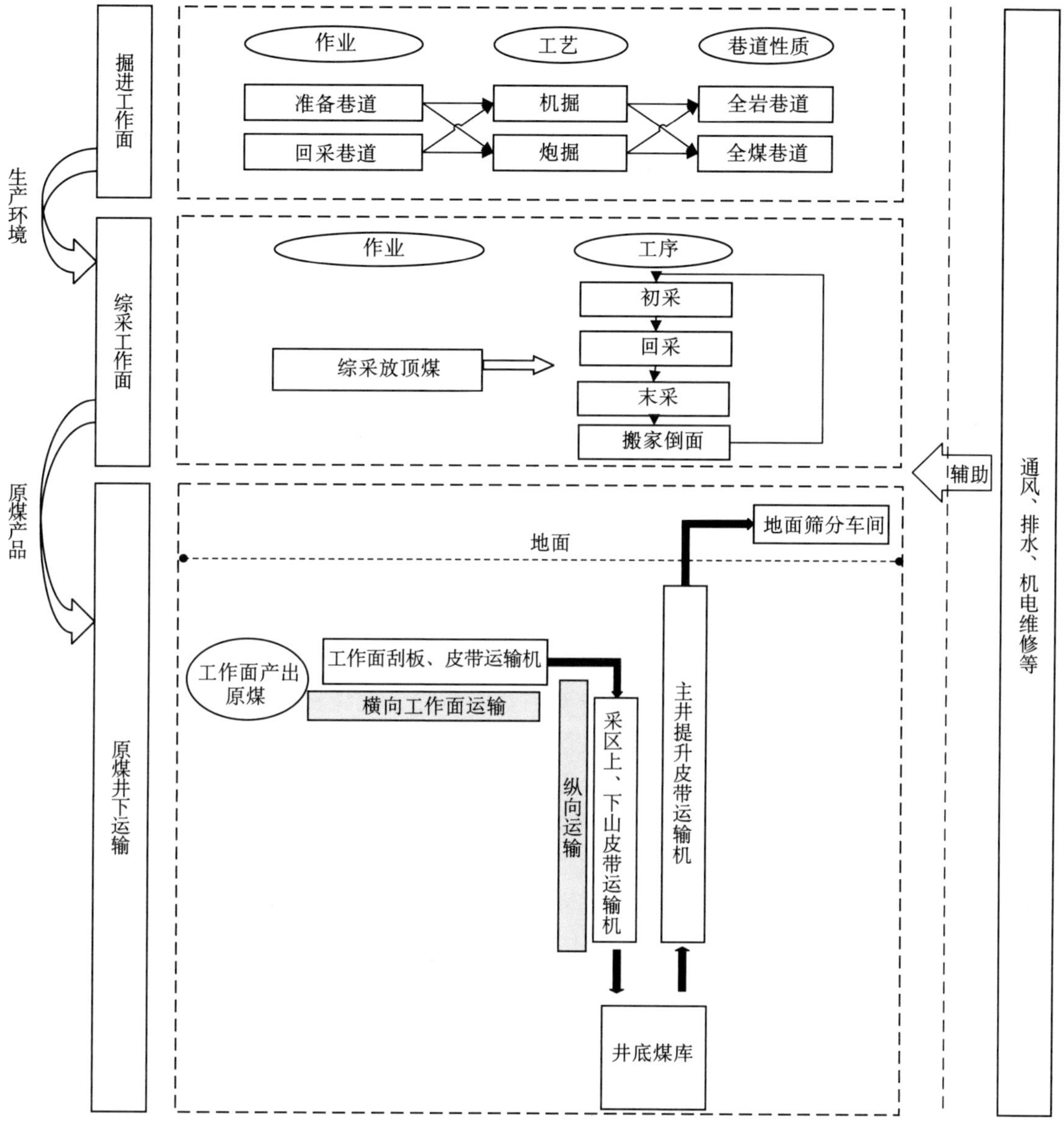

图4-1　D煤矿原煤生产工艺流程

该集团及时查找原因，聚焦集团战略目标，适时变更成本管理手段，紧紧围绕集团精益管理理念建设作业成本定额体系。2021年，该集团选取10座产量300万吨以上具备条件的原煤矿井，以信息化、作业成本法为手段，全面梳理、细化原煤生产各环节作业流程和内容，初建成本管控模型，D煤矿作为原煤产量1000万吨的井工矿井，被集团选为首批开展作业成本定额体系建设的10座试点矿之一，构建了全方位的作业成本管理体系，成为作业成本法实施的标杆单位。

最后，D煤矿结合自身特点，开展5G智能矿山建设。该矿于2019年与中国联通就开展5G智能矿山应用合作签订了战略合作协议，随后完成并开通了井下5G环网建设，环网设备并联连接，单节点带宽达到50G，满足5G及煤矿井下业务的需要，这对定额管理系统的有效运转提供了重要的技术支撑作用。该矿智能化系统分为设备感知层、基础设施层、数据服务层和应用层四层架构，由万兆IPRAN环网、网管服务器、数据服务器、调度系统、接入层网络、网关及相关配套设备组成，实现了设备数据的全面快速采集与传输，并强化了相关煤矿设备的智能化远程控制及智能化安全保护。

（三）成本管理存在的问题分析

D煤矿在2021年以前采用的是传统的品种法核算成本，以目标成本为基础进行成本管控，在该方法下，该矿的成本管理主要存在以下四个方面的问题：

（1）成本核算信息不准确，动因不清晰。一方面，D煤矿在成本核算中以煤炭产品作为成本核算的对象，选取产量或进尺等少数几个因素作为成本分配标准，成本动因过于简单化，不能准确反映各生产环节成本，且成本费用的改进环节以及降低和消除作业情况也不清晰。另一方面，当前，该矿的机械化程度较高，机器设备的维修费、折旧费大幅增加，使得间接费用占总成本的比重较大，成本项目构成发生了根本性变化，传统的成本计算方法已不能从源头找出成本动因，也难以为管理者提供具体的成本信息，甚至可能提供不实的成本信息，因此不能满足企业全面成本管理的要求。

（2）成本控制深度不足。传统成本核算方法没有深入到煤炭生产的具体操作流程，笼统地将各种辅助生产费用直接归入间接生产费用，将销售、管理环节的资源消耗直接计入期间费用，导致成本费用的控制、管理仅停留在煤炭产品这一层级，只能从整体上强调成本费用节约而无法深入到作业环节进行管控，产品成本无法完全体现实际资源耗费情况。这使得成本核算对象与成本责任主体相脱节，实际作业中发生的成本与责任划分不清，难以落实到具体的部门和个人，无法为管理者正确决策、控制成本提供有效的信息。

（3）预算的准确性和执行力差。历史数据的大量缺失导致矿井在制定成本预算时阻力较大，预算偏离实际导致了成本管控与实际生产经营情况相脱节，无法制定有效的成本管控措施。并且，成本预算目标的设置并不以实际作业量为基础，而是以科室为单位、以成本项目为对象，导致预算的精确度低，人员责任不够明确。另外，成本核算体系的空白也导致了矿井在施工前缺乏对成本的测算，使用设备、投入材料不加限制，造成材料浪费、重复施工等现象。

（4）绩效考评未达预期。矿井的各项成本费用直接计入当期生产成本，难以划分到各个责任中心，且考核结果基本是平均分配，起不到应有的激励约束作用，使得绩效考评结果不能满足管理的要求，需要一种新的思想将员工行为与组织战略和目标直接联系起来。

（四）选择应用作业成本法的原因

1. 实施作业成本法的必要性

作业成本法（Activity-Based Costing，ABC）是以作业为基础，通过确认和计量作业量及作业成本，最终得到相对准确的产品成本的成本计算方法。实施作业成本法所得到的成本信息之所以更加真实，是因为该方法强调从确定作业的成本动因开始，科学地揭示成本发生的原因，找到问题的根源，并将工作的重点放在如何改进生产经营过程上，而非盲目地调整生产、改进设备来调整成本费用结构。作业成本动因分析有助于企业在产品制造阶段有效地控制产品成本。

实施作业成本法的主要目的在于，通过追踪分析所有与产品相关联的作业活动，尽可能发现并消除非增值作业、提升增值作业的运行效率，最大限度地减少损失和浪费，优化作业链条，提高计划、决策、控制、考核的科学性和有效性，提升顾客价值，并最终实现提升企业的盈利能力和市场竞争力、增加企业价值的目标。

（1）作业成本法优点。与传统成本法相比，作业成本法的优点主要表现在以下几个方面：

其一，作业成本法能够提供更加准确的成本信息。对生产成本进行计算时，传统的成本计算方法大多偏重于对直接成本的计算和控制，而对间接费用大多忽略其成本特征，仅考虑对产量一个因素进行分配。作业成本法则是从成本费用产生原因的角度切入，综合考虑多种因素，进而制定出更贴合企业实际的成本分配标准。在成本分配上，作业成本法更加强调成本的可追溯性，利用动因体系以直接追溯或者动因追溯的方式核算产品成本。在该动因体系的指引下，企业也往往更能明确地找到成本控制的关键，方便实施成本决策。

其二，作业成本管理的核算和管理范围更加全面。传统成本法认为在收入一定的条件下，要想提升企业的经济效益，就必须节约支出，且传统的成本管理模式主要从产品层面进行生产成本管理，按照成本项目对产品生产过程中产生的成本进行核算和分析，在成本绩效考核指标的设置方面多趋向于引导全员降低成本。作业成本法从识别和衡量成本产生的原因出发，从产品生命周期视角将成本管理责任体系深入到作业层级，将作业管理深入到企业生产经营过程的各个环节，提高成本核算、管理范围与企业经营管理业务范围的匹配程度，从而推动企业整体管理水平的提升。

其三，作业成本法的成本分配方式更加具体。传统成本法针对直接成本直接归集到对应产品，针对间接成本先追溯到部门，然后再由部门以各自的标准分摊至各类产品。作业成本法则科学划分出作业中心，强调成本计算须严格遵循两个阶段：第一个阶段是将执行作业所耗费的资源追溯到作业得到作业成本；第二阶段是利用作业动因计算得到作业成本动因分配率，并根据该分配率和产品所消耗作业的数量，将作业成本追溯到有关产品。相较之下，作业成本法计算产品成本的过程更加清晰、立体。

其四，作业成本法有利于绩效考核。传统成本法主要针对过程中所发生的成本、费用进行严格管控，采用财务指标的方式评价各部门及相关人员的工作业绩，成本绩效评价的客观性有所欠缺。作业成本法则将生产过程划分为众多的作业，并将类似的作业结合为一个作业中心，各作业中心人员的绩效考核直接和本中心实际发生的成本和分解得到的目标成本相挂钩，实现了责任成本制度与作业管理的有机结合，有助于形成一套涵盖了预算、核算、分析、考核的科学的管理体系。

（2）作业成本法计算。作业成本法计算以“产品消耗作业，作业消耗资源”为核心，以作业作为资源和产品的中介，依据企业的生产流程，将耗费的全部物料、人工、电力等资源通过资源动因准确分配到各项作业，将相同或相似的作业合并成为一个作业中心，作业中心成本又按照作业动因最终分配给企业生产的产品。进行作业成本计算之前，必须明确与作业成本法相关的几个基本概念。

一是资源：资源是企业成本耗费的最初形态，是成本产生的根源。企业的生产活动就是耗费资源并产出产品的过程，企业在生产活动中所消耗的材料、人工、电力、财力等都属于资源范畴。作业成本法下的资源是指为执行作业活动而耗费的材料、电力、燃料、人工等。

二是作业：作业可理解为产品制造过程中为达到特定目的而发生的一系列资源耗费活动，是作业成本核算系统中最小的成本核算单元。企业的产品设计、物资采购、生产加工、对外销售、售后服务等环节均是由众多作业构成。能被称之为作业的活动必须具备三个属性：一是该活动的投入与产出有明确的因果关联性；二是该活动以作业链条的形式与其他活动一起构成贯穿于企业动态经营全过程的价值链；三是该活动可在一定的客观基准下量化为具体指标，进而参与成本计算。

三是作业中心：作业中心是一系列相互联系、功能类似的作业集合，建立作业中心主要是为了归集各类作业的成本信息，向信息使用者提供有关各项作业所消耗资源的信息、作业相关的成本信息以及作业执行情况的信息，达到简化成本计算的目的，同时也为最终成本计算结果的准确性提供保证。

四是成本动因：成本动因是引起成本的因素，是连接资源、作业和产品的桥梁。成本动因并非均可量化，但需要作为触发因素解释企业执行作业的原因以及耗费资源的多少，对于资源动因和作业动因的选择具有重要影响。作业成本法下的成本动因共分为两类，分别为资源动因和作业动因。其中，耗费资源的原因被称之为资源动因，决定单项作业对资源的耗用量，并将总分类账上的资源成本分配给相应作业；而作业动因则作为将作业成本分配给产品或服务的标准，计量产品所消耗作业的多少及成本金额，反映产品耗费作业的逻辑关系，并经过分析可帮助企业揭示哪些作业是低效率的、应消除的。

（3）作业成本法的应用

作业成本法因具备可以准确核算各作业环节成本、帮助企业减少生产流程各环节的浪费、帮助优化业务流程等优点，引得国内外企业广泛采纳。企业应用作业成本法主要解决两个方面的问题：一是精简作业成本的核算过程，二是强化成本的控制过程。

提升成本核算信息的精准性：作业成本法强调以直接追溯或动因追溯的方式计入各作业环节成本，解决成本信息的扭曲问题，为企业编制年度预算奠定清晰、明确的基础，建立各作业中心的目标责任体系。

改进成本控制：通过作业成本法建立事前综合平衡、事中监督管控、事后总结分析、期末绩效考核的系统化、规范化的闭环管理模式，打破原有成本管理模式的滞后性。从成本动因上改进成本控制，强化前瞻性成本管控，可以消除非增值作业、提高增值作业的效率，有助于持续降低成本和不断消除浪费。便于整体统筹组织生产，减少生产流程中各环节的消耗，有效提高资源的利用率，实现从业务源头控制成本的目标。

2. 实施作业成本法的可行性

我国煤炭企业的成本构成具有以下几个方面的特性：原材料并不构成产品实体，辅助材料成本费用较高；人工成本比重较大；生产活动受地质构造、储存等条件限制；生产组织成本管理复杂，导致制造费用构成的特殊性；不存在规模经济。具体到D煤矿而言，其采用作业成本法的适用性如下：

（1）生产过程清晰化，可以按照生产工序划分作业成本中心。煤炭企业的生产过程可以分为采煤、掘进、机电、运输、通风、其他等若干个环节，每一个环节又可细分为多道工序。可以按照生产工序划分作业成本中心，归集、确认和计量各作业中心成本，以确保成本核算准确，也有助于实现作业成本业绩的考核和评价。

（2）成本结构稳定，变动因素较少，便于分作业进行成本核算。煤炭企业主要成本项目包括材料、职工薪酬、电力、折旧、修理费等，项目比较固定，并且各作业环节主要成本项目一致；安全费、井巷工程费、维简费等专项储备费用计提标准确定后一般不发生变化；财产保险费、试验检验费、绿化费等其他成本费用占比相对较小，而且变动因素不大，为各作业环节的成本统计分析提供了有利条件。

（3）成本管理基础良好，精益成本管理模式为作业成本法的有效实施提供了便捷。集团针对当前煤炭行业成本管控存在的问题，强调坚持以精益化思想为指引，以精益化管理为抓手，以价值创造为导向，积极构建全方位的成本管控模型。精益成本管理本质是利用成本信息所实施的管理，以实现供应链成本最小的目的。在精益成本管理背景下实施作业成本法，将先进的核算方法引入成本管理系统，弥补了传统成本核算方法中成本信息不准确的缺陷，从而实现预算、核算、控制、分析、考核全流程更加完整高效。二者的完美结合不仅保证了成本信息的准确性，还实现了对产品生产过程成本耗费实施精细化控制的目标，为矿井成本管理水平的持续提升提供了依据。

（4）生产技术日益进步，工艺流程标准化，有利于提高成本核算的准确性。目前，D煤矿不断进行技术升级改造，应用新设备、新技术、新工艺，企业的机械化及信息化水平不断提高，基于5G网络的该矿智能矿山建设促使煤炭生产自动化、标准化水平进一步提升，更有利于成本数据的收集和量化，为实施作业成本法核算奠定了良好基础。

（5）人才队伍不断壮大，先进管理理念持续接收与内化。随着市场经济的发展及大量专业人才的加入，D煤矿正逐步摒弃传统的成本管理思想，广大干部职工文化水平不断提升，给企业发展注入了强大活力，管理者愿意主动学习和接受先进的管理理念，能够深刻认识到传统成本管控模式的不足，基层职工也具备了使用先进管理工具的能力和素质，这些为作业成本法的实施提供了良好的内外部环境和机遇。

（6）管理信息系统的建立和完善。作业成本法的分析和计算需要有大量的数据做支撑。近年来，集团积极推动财务共享建设，D煤矿也加大了推进信息化建设的工作力度，在企业内部生产管理系统、物资供应系统和浪潮财务软件管理系统的基础上，应用以作业成本管理为中心的作业成本定额管理系统，逐步实现信息收集自动化，为各作业环节的成本数据归集和核算创造了良好条件。

综合考虑我国煤炭企业生产工艺特征和该矿当前成本管理现状，作业成本法的引入和使用是切实可行的，并且在当前成本管理模式下引入作业成本法对于解决D煤矿在煤炭生产过程中成本预算、成本核算、成本控制、绩效考评等方面存在的问题具有重要作用。

二、总体设计

（一）作业成本管理总体思路

D煤矿紧扣集团2022年各项工作安排部署，紧紧围绕矿井“13335”工作思路，苦练内功，提质增效。为持续提升成本管控精益化水平，该矿基于矿井实际，围绕集团的部署安排，构建了以作业成本法为核心的全方位成本管控体系。

该矿应用作业成本法进行成本管理的总体思路为：依托集团作业成本定额管理系统，利用作业成本体系进行成本预算、核算，使预算目标分解到各级作业中心，实现预算管理和作业管理的协调控制。

该矿的成本管理过程分为作业成本核算和作业成本管理两大阶段。第一阶段，通过成本核算收集并分配成本，该阶段首先从成本分配观的角度说明“耗费了什么”，然后从流程观的视角对各环节作业进行分解，解释“为什么形成耗费”；第二阶段，依托第一阶段产生的成本数据，依次经过成本计划、控制和评价三个环节管理各项作业。成本管理思路如图4－2所示。

该矿的作业成本核算过程可划分为两个链条：一条是从成本分配的角度，以“产品消耗作业，作业消耗资源”为原则，将作业贯穿经营管理全过程。如图4－3所示，煤矿首先按照资源动因将人力、电力等资源费用追溯或分配至采煤、掘进等各项作业，计算出作业成本，然后再根据作业动因，将作业成本追溯或分配至各成本对象，最后完成原煤产品成本的计算；另一条是从流程的角度，按照时间发生的先后顺序排列各工作作业，从一个业务流程的开始到结束归集作业成本，并依据“流程→作业→任务→步骤”的逻辑将作业成本层层分解。关于该矿成本核算的详细内容，将在本章第4节“作业成本核算过程”中详细展开。

该矿的作业成本管理过程，其实就是在成本核算所提供数据的基础上使用成本数据的过程。该矿的成本核算数据共有三大方面用途，分别是计划、控制和评估评价。首先，在计划过程，一方面，该矿基于现有产能和资源耗用情况，结合煤矿当前的发展规划预计未来可用的合适产能水平，压缩闲置产能；另一方面，结合预计的产能情况，利用定额体系编制作业成本预算。其次，在控制过程，矿井通过将作业成本预算与通过成本核算得到的预算执行情况进行对比，得到两者之间的差异，通过分析差异得到各项作业的实际运行情况以及成本费用偏离预算的原因，为考核环节提供支持。最后，该矿的评估评价过程，在横向和纵向两个方向上同时分别展开，且两个方向上的评价工作均是通过作业管理评价和成本绩效考评完成的，实现消除无价值的作业、改善作业流程、提升整体经济价值的目的。纵向是根据上述差异分析结果、结合历史经营经验进行成本管理结果考评；横向则是

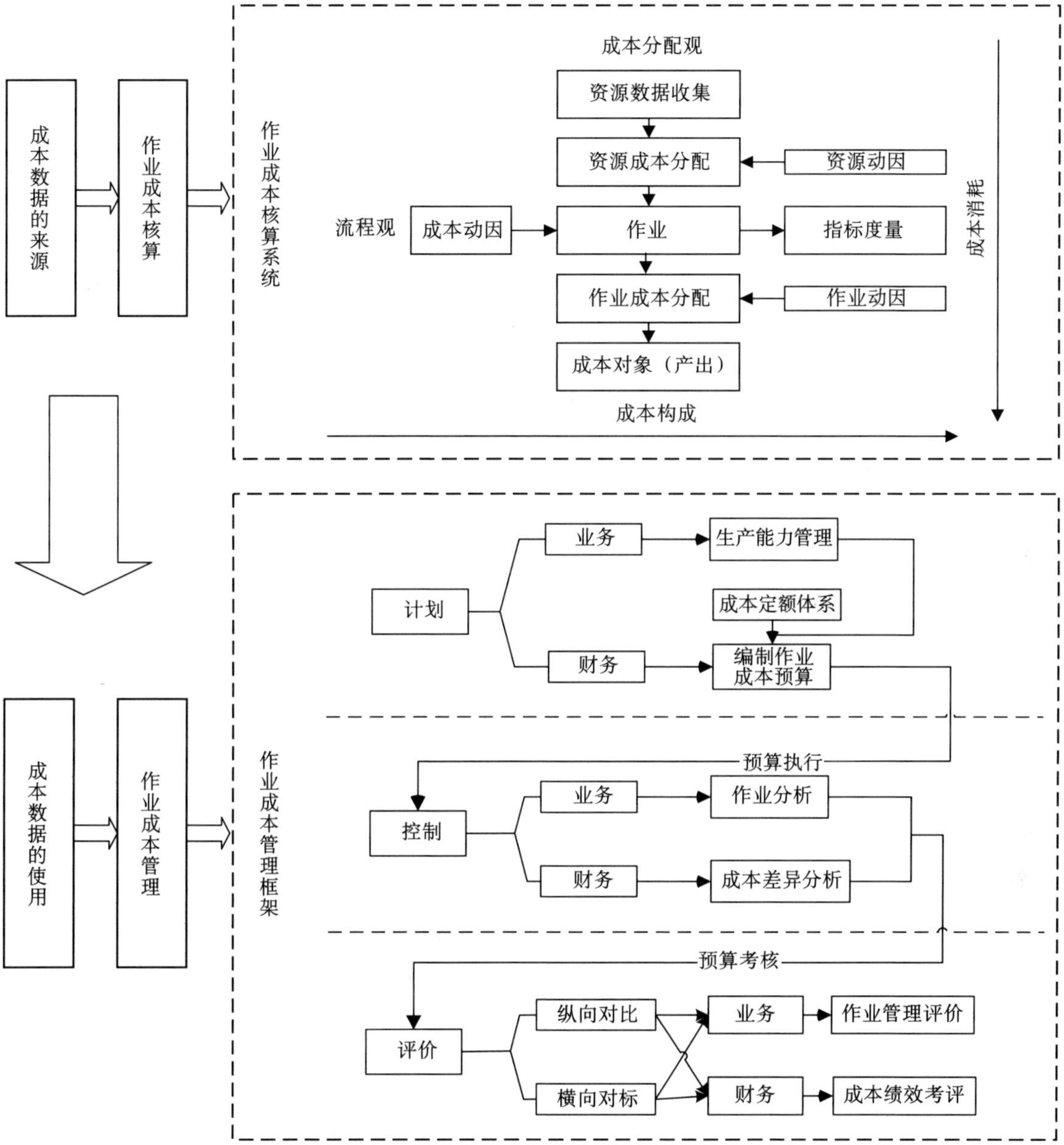

图 4－2　D 煤矿作业成本管理总体设计

通过和 D 煤矿进行对标，找出自身的问题和短板，并通过借鉴先进经验达到提升自身管理水平的目的。关于该矿具体如何实施作业成本管理的内容将在本章第 4 节“作业成本管理过程”中详细讨论。

（二）作业成本管理预期目标

D 煤矿紧扣集团和 D 二级公司“提升成本管控精益化水平，构建全方位成本管控

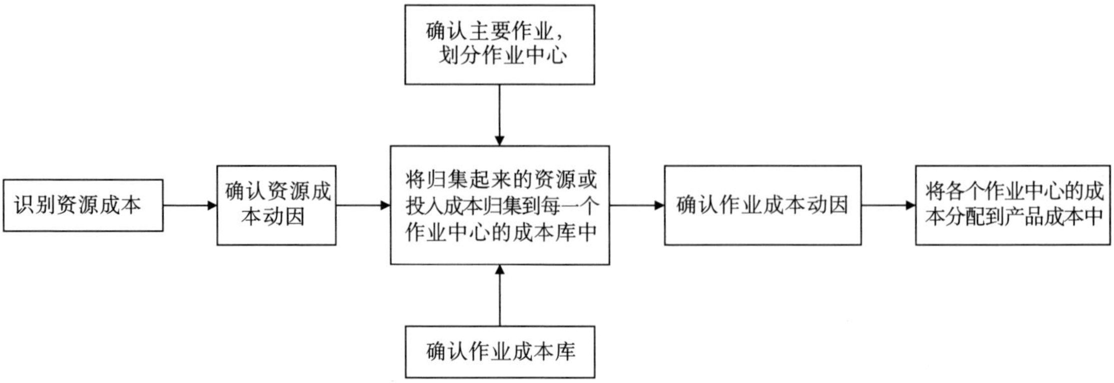

图 4－3　D 煤矿作业成本计算基本流程

注：成本分配形式主要使用追溯和动因分配，尽可能少使用分摊。

体系，开创高质量发展新局面”的总体要求，以该二级公司“11661”目标路径为指引，结合矿井实际设定该矿的作业成本管理目标。

1. 决策层面

选择科学的方法计算有关评价指标，发挥管理会计在生产经营方面的决策职能。一方面，将“三全”管理与作业成本法相结合，通过作业流程实现全面预算、全面计划、全面考核，同时明确“成本定额—耗用水平—责任主体”之间的逻辑关系，及时为领导提供涉及生产经营全流程的决策信息，提高决策依据的准确性；另一方面，采用预警机制、绩效考评等管理手段，责成各业务部室规范管理流程，实现计划管理的严肃性、预算管理的精准性、考核管理的导向性，提升决策的质量。

2. 管控层面

（1）通过加强生产过程管控，消除无效管理环节，实现资源优化配置。首先，全面梳理生产环节作业流程和内容，通过对各环节历史成本数据进行系统性梳理、分析，建立覆盖生产全过程的作业成本动因定额体系，并通过执行情况反馈分析，不断优化和修正定额。然后，以作业成本动因定额体系为基础，建立成本管控模型，发现并消除无效作业，降低非增值作业投入，改进作业方式，优化作业流程，实现对生产全过程的成本管控。

（2）构建全方位成本管控体系，实现成本管控水平提升。建立事前综合平衡、事中监督管控、事后总结分析、期末绩效考核的系统化、规范化的闭环管理模式，打破原有成本管理模式的滞后性，实现管理转型升级。

（三）作业成本管理对象

D 煤矿依据作业成本法将作业作为成本核算对象，并结合集团五级作业中心体系及矿井生产作业的实际情况，划分作业中心进行管理，因此，对作业及作业中心的管理是该矿实施作业成本管理的关键。该集团的作业中心体系是以生产工艺和作业工序为原则，对煤矿的生产经营全环节自上而下进行的作业划分，作业中心划分至最小作业单元，并结合具体成本动因归集分配成本费用。该体系基本涵盖了矿井单位所有作业环节。该矿作业及作业中心划分情况如表4－1所示。

表4－1　　　　D煤矿作业及作业中心划分表

一级作业	二级作业	三级作业	四级作业	五级作业
生产系统	采煤作业	综采放顶煤	传统方式	初采
				回采
				末采
				搬家倒面
	掘进作业	准备巷道	机掘	全岩巷道
				全煤巷道
			炮掘	全岩巷道
				全煤巷道
		回采巷道	机掘	全岩巷道
				全煤巷道
			炮掘	全岩巷道
				全煤巷道
	机电作业	机电安装运行回收	大型固定设备	
			监测监控系统	
			压风、给排水管路系统	
			井上供电系统	
			井下供电系统	
			水暖系统	
		机电维修	供配电设备维修	
			机械设备维修	
			专业工器具维修	
			机电设备维护保养	
		机加工	非标件材料加工	
			支护材料加工	
			风水管路加工	
	运输作业	主运	原煤运输	
			矸石排放	
			设施设备安装、维保及回收	
			强力皮带修补更换	
		辅运	人员运输	
			物料运输	
			设施设备安装、维保及回收	
		巷道维护	巷道质量标准化	

续表

一级作业	二级作业	三级作业	四级作业	五级作业
生产系统	通风作业	通风	通风系统巡检维护	
			永久设施构筑	
			临时设施构筑	
			局部通风、设备安拆	
			通风监测、监控	
		防瓦斯	瓦斯监测巡检维护	
			瓦斯抽采系统	
		防煤尘	防尘巡检维护	
			喷雾设施	
			防尘管路	
			隔爆设施	
			自救设施	
			煤层注水设施	
		防灭火	防灭火监测	
			束管监测	
			阻化剂喷洒	
			密闭	
			注氮	
			灌浆	
			防火设施	
		一通三防设计支出		
	其他作业	地测防治水	测量	
			防治水	
		后勤服务	职工澡堂运行	
			卫生保洁	
		环保	污水处理	
		零星工程	井下零星工程	
			地面零星工程	
		生产管理服务	安全管理	
			生产调度	
			生产技术管理	
非生产系统	管理费用			
	财务费用			

由于煤炭生产环节所耗用的资源较多，该环节成本支出占吨煤成本的比重较高，在整个作业环节属于成本的核心控制阶段，因此需要根据生产流程细化采、掘、机、运、通等

作业环节。其中，各生产作业的相关作业范围如表4－2所示。

表4－2　D煤矿生产作业相关作业范围划分

作业	作业范围
采煤作业	煤矿生产的基本作业，D煤矿目前采用一次采全高综采放顶煤走向长壁采煤法工艺，作业范围包括采用双滚筒采煤机割煤、装煤，液压支架支护，刮板运输机、转载机、胶带输送机运煤，自然垮落法处理采空区的方式来完成工作面的回采
掘进作业	煤矿生产的基本作业，由于矿井三年生产衔接计划不涉及开拓巷道，所以作业范围主要包括回采巷道和准备巷道
机电作业	煤矿生产的基本辅助环节，作业范围包括供配电系统、供排水管道及设备、设施的周期性检修维护，出井设备的清洗、拆检、损坏部件修复更换、零散部件组装、缺陷部件完善、设备检修完成后的车间调试运转，井下采掘开队组日常的机加工件设计图纸进行下料、制作
运输作业	煤矿生产的基本辅助环节，作业范围包括原煤运输、人员运输、物料运输和运输设备的日常保养。原煤运输主要依靠强力皮带运输；人员运输主要为架空乘人装置运输；物料运输作业主要为主提升机、齿轨车、电机车运输；运输设备的日常保养，对运输设备进行周期性维护，井下附属系统巷道及辅助运输设施则采用定期维护的方式
通风作业	煤矿生产的基本辅助环节，作业范围为与通风、防瓦斯、防煤尘、防灭火一通三防设计相关的作业
其他作业	煤矿生产的基本辅助环节，作业范围为与地测防治水、后勤服务、环保、零星工程、生产管理服务相关的作业

三、应用部署

（一）整体架构设计

D煤矿按照“作业链—价值链—责任链—管理链”的思路进行的整体架构设计如图4－4所示。

（二）制度体系构建

D煤矿基于成本效益、简单易行、系统柔性和稳定性相结合的原则，结合矿井的实际情况，构建了以1个“专项工作实施方案”为主体，以1个“对标工作方案”为指引，×个管理办法有机融合的“1＋1＋×”全过程作业成本法管理体系。其中，1个“专项工作实施方案”是指《关于加快推进作业成本法推广应用专项工作的实施方案》，1个“对标工作方案”是指《D煤矿全方位成本管控模型对标工作方案》，×个管理办法是指为了保障该矿作业成本法的顺利实施所构建的若干制度、标准、办法等文件（见图4－5）。

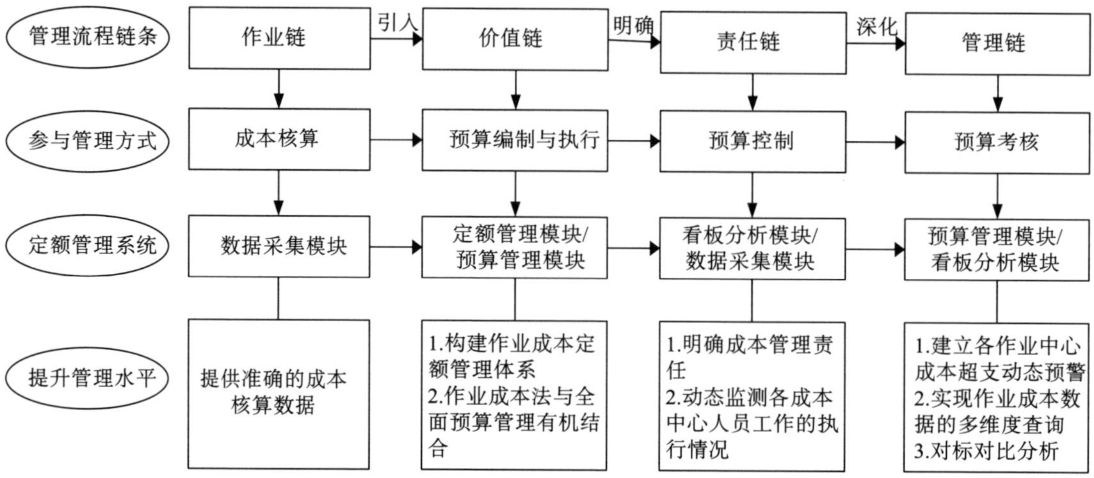

图 4－4　D 煤矿作业成本管理总体架构

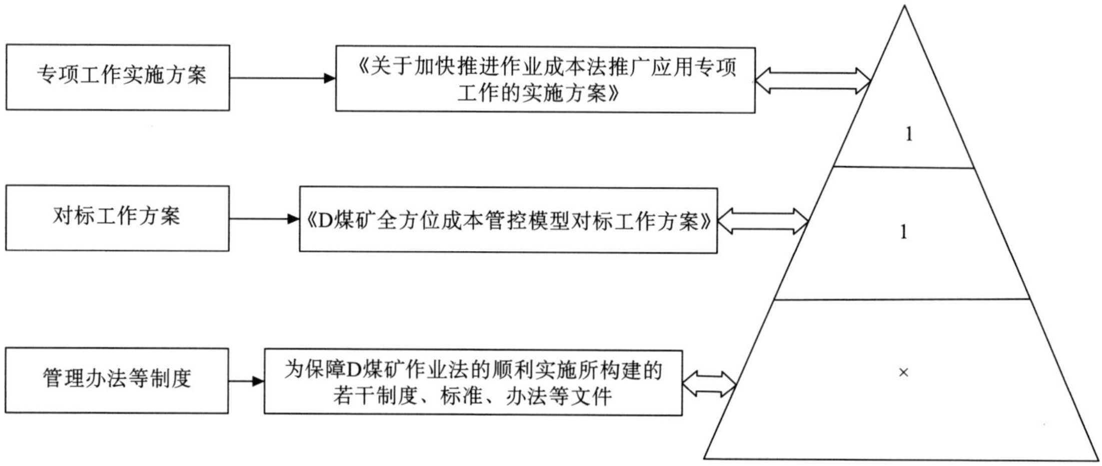

图 4－5　"1＋1＋×" D 煤矿全过程作业成本法管理体系

（三）管理机构设置

为加快推进作业成本法推广应用、落地见效，矿井成立了作业成本管控专项工作领导组（见图 4－6），全面领导专项工作。组长为矿长、党委书记，常务副组长为各经营矿长，副组长为各分管领导。领导组成员由矿属各部室、公司机关各部室（中心）矿井组负责人组成。

领导组办公室设在精益化部，办公室主任由精益化部部长兼任。领导组负责统一领导矿井作业成本管控工作，拟定实施方案，健全完善工作机制，统筹安排各项工作，督导各项工作有序推进，跟踪监测各单位成本指标完成情况。

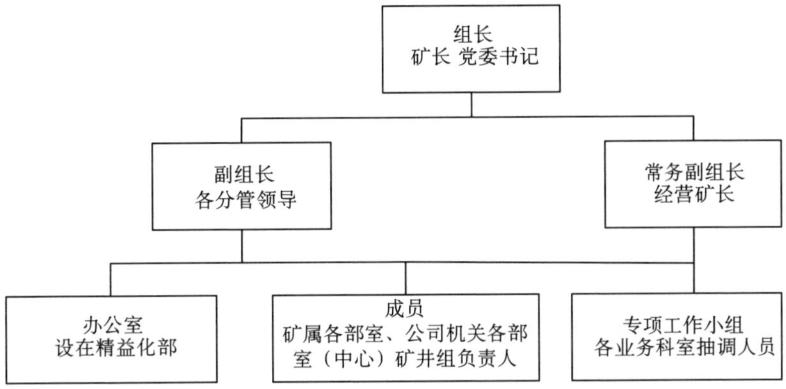

图4-6 D煤矿作业成本管理专项工作领导组

（四）岗位责任分工

在人员及岗位设置上，该矿实现了“横向到边、纵向到底、全员覆盖”，横向上由各作业中心统管业务部室，纵向上各作业中心再分解，形成网格化管理。

首先，在业务部室设置方面，该矿明确并优化了组织架构，对12个直接相关的职能部门和25个区队的岗位职责进行了明确分工和界定，具体如图4-7所示。

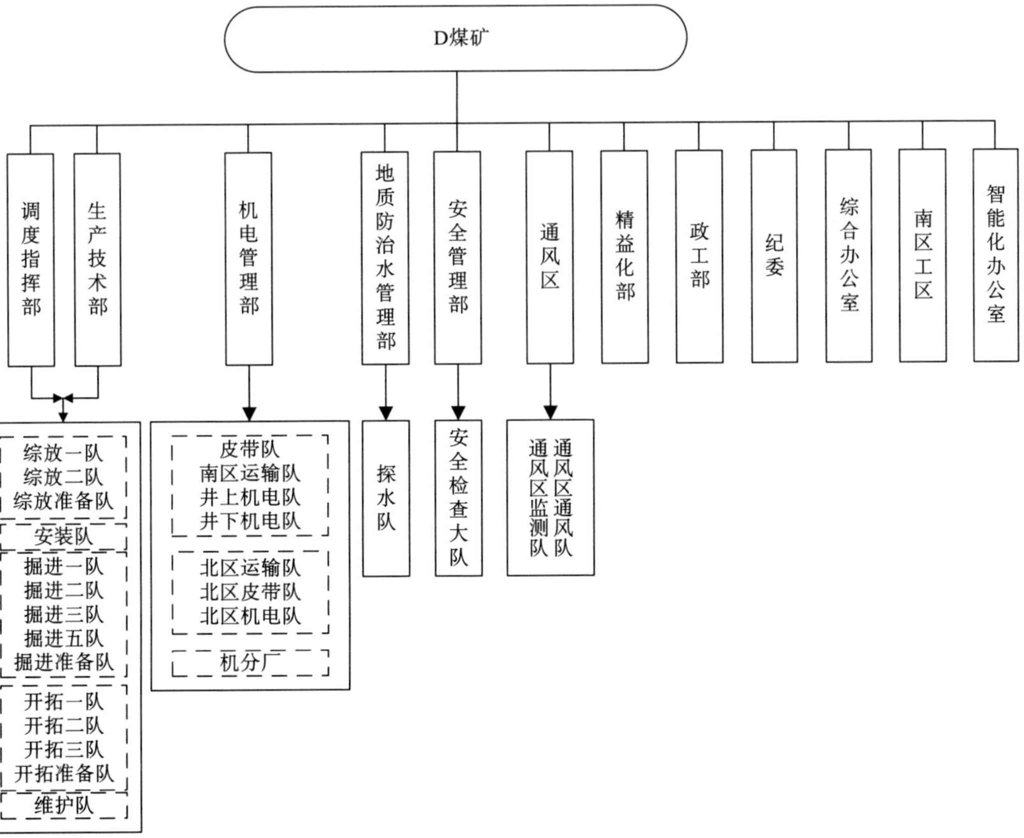

图4-7 D煤矿组织架构

其次，针对作业成本运行，该矿设立了8个工作专班，分管8个二级作业中心，班长由各部室负责人兼任，另从各专业技术人员中选定固定成员18名、协助成员26名，负责专项工作推进，并由专项工作领导组统一管理和考核。具体如表4－3所示。

表4－3　　D煤矿各作业中心岗位分工情况汇总

一级作业	二级作业	工作专班	成员安排	工作范围
生产系统	采煤作业	采煤专班	生产技术部、调度指挥部部长担任班长，生产矿长为分管领导，成员由负责采煤作业管理部门专业人员组成，固定成员1人，协助成员2—3人	负责科学合理编制生产衔接；优化采煤工艺及主要流程；精益划分采煤作业中心；合理编制成本动因；准确编制采煤作业中心定额。全面负责做好采煤作业成本定额体系建设工作
	掘进作业	掘进专班	生产技术部部长担任班长，生产矿长为分管领导，成员由负责掘进作业管理部门专业人员组成，固定成员1人，协助成员2—3人	负责科学编制矿井生产衔接；优化掘进工艺及主要流程；精益划分掘进作业中心；合理编制成本动因；准确编制掘进作业中心定额。全面负责做好掘进作业成本定额体系建设工作
	机电作业	机电专班	机电管理部部长担任班长，分管领导为机电矿长，成员由负责机电作业管理部门专业人员组成，固定成员1人，协助成员2—3人	负责科学筹划矿井机电系统排布；精益划分机电作业中心；合理编制成本动因；准确编制机电作业中心定额。全面负责做好机电作业成本定额体系建设工作
	运输作业	运输专班	机电管理部部长担任班长，分管领导为机电矿长，成员由负责井下运输作业管理部门专业人员组成，固定成员1人，协助成员2—3人	负责科学筹划矿井运输系统排布；精益划分运输作业中心；合理编制成本动因；准确编制运输作业中心定额。全面负责做好运输作业成本定额体系建设工作
	通风作业	通风专班	通风区长担任班长，分管领导为总工程师，成员由负责通风作业管理部门专业人员组成，固定成员1人，协助成员2—3人	负责科学筹划矿井单位通风系统排布；科学划分通风作业中心；合理编制成本动因；准确编制通风作业中心定额。全面负责做好通风作业成本定额体系建设工作
	其他作业	其他专班	各部室负责人担任班长，分管领导为各相关领导，成员由地测防治水、后勤服务、环保、安全管理、生产管理服务等相关作业管理部门负责人全面负责，同时各部室抽调1名人员协助	负责科学划分矿井其他相关作业中心；合理编制作业动因；准确编制其他作业中心定额。全面负责矿井其他作业中心定额体系建设工作

续表

一级作业	二级作业	工作专班	成员安排	工作范围
非生产系统	管理费用、财务费用	非生产系统专班	精益化部部长担任班长，分管领导为经营矿长，成员由精益化部指定 1 名专人负责，各作业管理部门人员抽调 1 名人员协助。作业计划方面由计划组安排 1 名专人，各专班人员协助	负责牵头组织审核矿井单位作业成本定额及成本预算情况；协调处理工作专班与各单位之间的各项工作；合理划分非生产系统作业中心、准确归集成本费用；收集分析各矿井单位在作业成本法推行过程中存在的问题及经验推广；牵头组织召开月度作业成本运行分析会，收集整理各作业成本中心月度分析会成果，并严格考核；负责月度、年度作业成本计划的审核、制定下发；负责矿井组织召开作业计划会
		财务管理专班	财务部长担任班长，分管领导为经营矿长，成员由财务部安排 1 名专人负责，各专班人员、财务部成本会计协助	负责矿井成本费用的核算，矿井经营成果分析，并提出管理建议及整改措施；负责与 D 二级公司、集团等上级管理部门做好工作对接，做好上传下达

（五）具体实施步骤

（1）设立推广应用工作专班（见图 4－8）：为了建立完善作业成本运行体系，该矿设立 8 个工作专班，分别为采煤专班、掘进专班、机电专班、运输专班、通风专班、其他专班、非生产系统专班和财务专班，由各部室、中心安排专人具体负责各专业方向作业成本数据的审定分析工作，并由领导组办公室统一管理和考核。

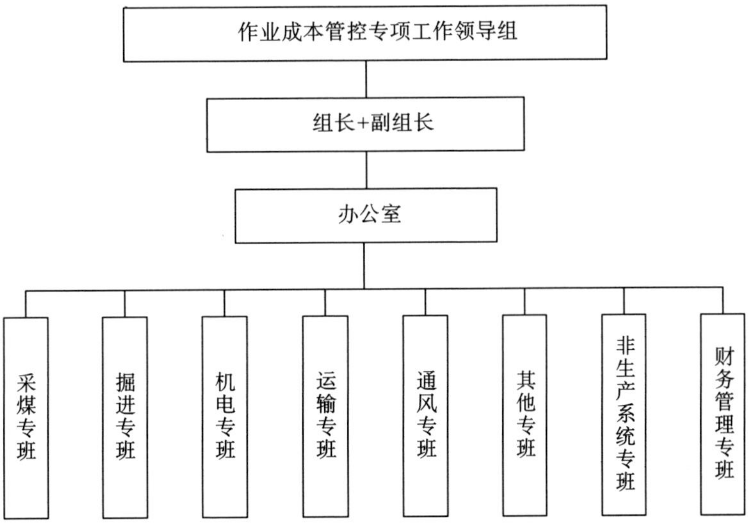

图 4－8　D 煤矿作业成本管控专项领导组织结构

（2）分级划分作业中心：作业成本中心是作业成本法整体工作开展的首要环节，关系着整体工作的推进。集团通过前期的数据还原，梳理各项作业环节、作业内容，构建了作业成本中心划分框架。2021 年 9 月，该矿结合集团五级作业中心体系及矿井生产作业实际情况，确定了矿井作业中心的划分，将矿井的生产经营各环节均纳入了作业成本管理体系范围。

（3）测算作业环节定额：该矿的成本定额指在矿井当前的地质条件、开采工艺、劳动组织条件下，生产单位煤炭产品或完成单位任务（工作量）合理消耗的料、工、费的成本标准。煤矿成本定额的确定是在对开采作业环节划分的基础上，确定各项资源的消耗动因，运用科学的编制方法测算各项成本的消耗标准。关于该矿定额体系建设相关的详细内容，将在本章第 4 节“作业成本管理过程”中进行讨论。

（4）成本归集：该矿资源成本的归集均采用追溯的方式，尽量避免动因分配和分摊的方法。资源动因主要是根据作业的类型和资源成本的性质来确定。

（5）分配资源明细、建立作业成本库：把与矿井生产经营相关的一系列作业消耗的资源费用归集到作业中心，就构成了该矿某一作业中心的作业成本库。作业成本库是作业中心的货币化表现形式。

（6）运行分析：在建立该矿作业成本核算体系的基础上，输入作业量和定额数据等具体数据，生成作业成本，并针对作业成本的计算结果进行分析。

四、作业成本管控实践过程

D 煤矿实施作业成本管控，主要依托于集团作业成本定额管理系统。该系统以作业成本定额体系理念作为研发核心，以建立覆盖全作业链、全价值链、全成本要素的定额体系，实现各作业中心成本数据归集、不同成本动因定额自动调取、各级作业中心预算自动生成、预算与实际实时对比分析，通过数据监测、数据预警为企业成本管控提供决策依据为基本建设目标，助推集团公司加快构建成本管控模型，进一步消除非增值作业，改进作业方式，优化作业流程，不断提升企业成本管控能力。矿井作业成本管控过程按照成本数据的来源和成本数据的使用，共分为两个方面：

一方面，按照集团公司的统一安排，D 煤矿作为第一批作业成本法试点矿井，从 2021 年 12 月开始，引入了作业成本法核算体系。另一方面，为保证作业成本法的顺利应用，该矿依托集团和 D 二级公司作业成本管理办法，配套下发了相关文件，依据该矿的实际情况，构建了全方位作业成本管理体系，由各专班负责跟踪监控，建立各个作业台账，分析各环节成本动因，利用对标等方式挖潜，提出改进意见，进而改善各作业环节成本耗费情况。

（一）作业成本核算过程

该矿的作业成本核算，显示了与原煤产品相关的资源和作业，提高了成本数据的颗粒度，并通过利用作业分析过程将每一项作业详细展开，最终通过作业管理的方式，实现流程优化和对流程相关当事人的业绩考核，具体流程如图 4－9 所示。该矿在成本分配观下的作业成本计算，主要是满足流程观下作业分解的信息需要。

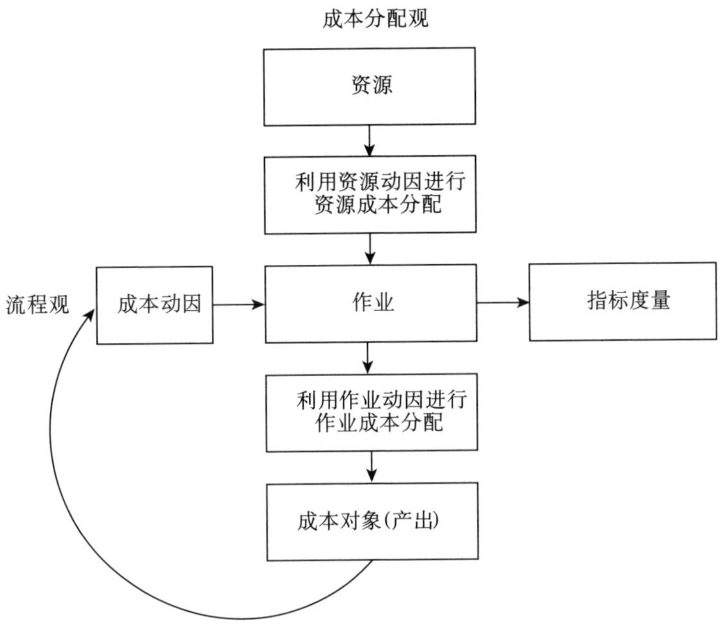

图 4－9　D 煤矿作业成本核算流程

1. 成本分配观

在纵向作业成本计算过程中，资源代表着该矿借以开展作业的全部产能，并通过资源动因传导给作业，随后作业成本经由作业动因分配给成本对象。该矿的作业成本计算总体上分为两个阶段：第一阶段是利用资源动因将资源成本费用分配到同质的作业成本库，而非生产部门；第二阶段是将作业成本库汇总结果通过作业动因归集得到产品成本。

（1）资源成本归集。D 煤矿按成本过程归集成本耗费，其原煤生产过程划分为 9 个环节：掘进、回采、运输、通风、排水、井巷维修、设备装修、筛选加工以及其他生产过程；各生产过程的费用内容统一规定按经济内容分为 11 类：材料、职工薪酬、电费、折旧费、修理费、井巷工程费、维简费、安全费用、环境恢复治理基金、资源费用、其他支出。

材料及低值易耗品：指煤炭生产领用的各种材料，包括木材、支护用品、火工用品、大型材料、配件、专用工具、自用煤、劳保用品、建工材料、油脂及乳化液、其他材料、材料成本差异和低值易耗品。

职工薪酬：包括工资、社保、福利费等。

电力：煤炭生产过程耗用的电力，根据各个作业环节和部门的耗电量，按照生产经营流程进行归集和分配。

其他支出：包括办公费、水费、取暖费、租赁费、财产保险费、试验检验费、运输费、差旅费、会议费、出国人员经费、劳动保护费、班中餐、造育林费、长期待摊费用摊销、警卫消防费、劳务费、采准剥离费、脱硫脱硝费用、成本工程、村庄搬迁款、矸石治理费、财务费用和其他支出。

（2）分配资源明细、建立成本库。D煤矿依托定额管理系统，通过选定成本动因将各项成本费用归集到作业的各动因条件下，形成不同动因条件下的总成本和单位成本。然后按照作业的角度，将每一个作业中发生的所有资源耗费归类为一个成本库，相同的成本库是由同质的成本动因构成的。

由上述过程可知，成本动因对于该矿成本库的构建至关重要。成本动因是诱导成本发生的原因，也是资源费用归集、分配的前提和基础，因此在确定各作业中心的成本动因时，应坚持重要性和准确性原则，必须尽可能地将成本动因清晰、明确、规范，对作业环境“精准定位”。以该矿掘进作业为例，其成本动因情况如表4－4所示。

表4－4　　D煤矿掘进作业中心成本动因库

作业环节	作业内容	动因
掘进作业	机掘作业	（1）煤岩性质（石灰岩、砂质泥岩、砂质页岩、白砂岩、煤）
		（2）断面形式（4.5米×3.6米、5.2米×3.6米、5米×3.7米、5.4米×3.7米、4.7米×3.95米、5.9米×3.7米）
		（3）支护形式（锚网梁、锚索）
		（4）巷道坡度（±15°）
		（5）地质构造（断层落差小于1米时，不影响工作面正常生产）
		（6）主运条件（1000米皮带）
		（7）辅运条件（单轨吊、履带运输车）
		（8）巷道淋水（10立方米/时）
	炮掘作业	（1）煤岩性质（石灰岩、砂质泥岩、砂质页岩、白砂岩、煤）
		（2）断面形式（4.5米×3.4米、4.5米×3.6米、5.2米×3.6米、5.2米×3.3米、5.9米×3.7米、5.8米×4.0米）
		（3）支护形式（锚网梁、锚索）
		（4）巷道坡度（±20°）
		（5）地质构造（断层落差小于1米时，不影响工作面正常生产）
		（6）主运条件（1000米皮带）
		（7）辅运条件（单轨吊、履带运输车）
		（8）巷道淋水（10立方米/时）

（3）汇总各级作业中心成本。将该矿掘进作业各五级作业中心不同动因条件下的成本以明细的形式列于定额管理系统，将全煤巷道等五级作业总成本汇总至机掘作业（四级作业）对应项目，再加上五级作业的共同成本，形成机掘作业的总成本，除以作业量，形成机掘作业的单位成本（见表4－5）。

将机掘等四级作业总成本汇总至回采巷道作业（三级作业）对应项目，再加上四级作业的共同成本，形成回采巷道作业的总成本，除以作业量，形成回采巷道作业的单位成本（见表4－6）。

表4-5　　D煤矿生产系统掘进—回采巷道—机掘作业（四级作业）2022年××月成本汇总　　单位：元

项目	共同成本	机掘		
		全岩巷道	半煤岩巷道	全煤巷道
一、材料及低值易耗品				2883115.26
二、职工薪酬				2799738.39
三、电力				91812.19
四、折旧费				1783178.8
五、修理费				
六、井巷工程费				
七、维简费				
八、安全费用				
九、环境恢复治理基金				
十、资源费用				
十一、其他支出				221644.48

表4-6　D煤矿生产系统掘进—回采巷道作业（三级作业）2022年××月成本汇总　单位：元

项目	共同成本	回采巷道	
		机掘	炮掘
一、材料及低值易耗品		2883115.26	261321.03
二、职工薪酬		2799738.39	1490276.35
三、电力		91812.19	19726.95
四、折旧费		1783178.8	59850.7
五、修理费			
六、井巷工程费			
七、维简费			
八、安全费用			
九、环境恢复治理基金			
十、资源费用			
十一、其他支出		221644.48	69219.15

将回采巷道和准备巷道两个三级作业总成本汇总至掘进作业（二级作业）对应项目，再加上三级作业的共同成本，形成掘进作业的总成本，除以作业量形成掘进作业的单位成本（见表4-7）。

将掘进作业与其他二级作业总成本汇总至生产系统（一级作业）对应项目，再加上二级作业的共同成本，形成生产系统的总成本，除以作业量，形成生产系统的单位成本（见

表4－8）。

表4－7　D煤矿生产系统掘进作业（二级作业）2022年××月成本汇总　单位：元

项目	共同成本	掘进作业		
		开拓巷道	准备巷道	回采巷道
一、材料及低值易耗品			1329438.77	3144436.30
二、职工薪酬			1551463.08	4290014.74
三、电力			53410.92	111539.14
四、折旧费			171535	1843029.5
五、修理费				
六、井巷工程费				
七、维简费				
八、安全费用				
九、环境恢复治理基金				
十、资源费用				
十一、其他支出			113184.18	290863.63

将生产系统和非生产系统各项成本费用汇总至矿井作业成本汇总表，即形成该矿总成本，除以作业量形成矿井的原煤单位完全成本。表4－9为该矿2022年××月实际作业成本情况。

2. 业务流程观

在作业成本计算结果的基础上，D煤矿依据业务流程这种由一般到具体的树状结构，将作业化繁为简，对各项作业进行水平分解，明确各项作业“为什么会发生成本”，从而理解、度量作业，其中包括作业追踪和梳理作业间关系两大环节。

（1）作业追踪。在矿井既定的生产经营流程基础上，该矿利用作业成本定额管理系统的看板分析模块，按照作业发生时间的先后梳理各项作业的发生原因、资源耗费、产出指标等属性，计量作业量水平，通过对各作业中心成本数据的动态监测和对作业相关人员行为的监控，为管理者提供预警信息。

（2）梳理作业间关系。在业务流程观下，流程和子流程的连续作业之间的关联是该矿对作业成本法进行拓展、实现五级作业划分的关键之一。为实现更加公平地分配管理人员的职责，该矿将作业的中间阶段进行拓展，即应用多阶段的成本分配方法。为保证这种成本结构的稳定性，就必须明确各连续作业间的关联性，进而实现业务流程成本的计算。在具体业务方面，该矿对各项作业间关系的梳理主要体现在并行作业间的沟通、协作以及先后作业间的有效链接上，作业间的冲突则是通过生产协调会进行协调处理。生产协调会管理流程如图4－10所示。

3. 运行分析

2021年以前，D煤矿的突出矛盾主要表现为人员配置不合理、高技能人才短缺、可控成本比例低、制度体系不健全、基础管理薄弱、职工成本意识不强等。2021年12月，该矿试运行作业成本法，随着五级作业中心的细化分解，核算单元分解到最小单元，分析数

表4-8 D煤矿生产系统（一级作业）2022年××月成本汇总

单位：元

项目	生产系统共同成本	生产系统作业					
		采煤作业	掘进作业	机电作业	运输作业	通风作业	其他作业
合计	22648462.32	24674037.10	12898915.24	10696451.00	13269594.26	3556111.25	9792388.63
一、材料及低值易耗品		8460292.07	4473875.07	5419194.77	3789722.07	1421484.45	1486245.87
二、职工薪酬		5904073.66	5841477.81	1191191.53	4220047.67	1849947.32	5880602.14
三、电力		687597.33	164950.06	1250526.56	905572.35		100919.34
四、折旧费		3107000.05	2014564.50	2095948.45	1908655.45	256726.89	2267506.44
五、修理费					2395969.55		
六、井巷工程费	1402399.38						
七、维简费	3365758.50						
八、安全费用	8414396.25						
九、环境恢复治理基金							
十、资源费用	9353716.24						
十一、其他支出	112191.95	6515073.98	404047.80	739589.69	49627.18	27952.60	57114.85

表 4－9

D 煤矿 2022 年 × × 月实际作业成本汇总表

单位：元

项目	合计	生产系统								非生产系统				
		生产系统小计	生产系统共同成本	采煤作业	掘进作业	机电作业	运输作业	通风作业	其他作业	非生产系统小计	非生产系统共同成本	管理费用	销营费用	财务费用
合计	137290923. 20	97535959. 79	22648462. 32	24674037. 10	12898915. 24	10696451. 00	13269594. 26	3556111. 25	9792388. 63	25840726. 22		24842005. 36		14912958. 05
一、材料及低值易耗品	25050822. 59	25050814. 30		8460292. 07	4473875. 07	5419194. 77	3789722. 07	1421484. 45	1486245. 87	8. 29		8. 29		
二、职工薪酬	26553774. 37	24887340. 12		5904073. 66	5841477. 81	1191191. 53	4220047. 67	1849947. 32	5880602. 14	1666434. 25		1666434. 25		
三、电力	3360893. 63	3109565. 63		687597. 33	164950. 06	1250526. 56	905572. 35		100919. 34	251327. 99		251327. 99		
四、折旧费	12386514. 82	11650401. 78		3107000. 05	2014564. 50	2095948. 45	1908655. 45	256726. 89	2267506. 44	736113. 04		736113. 04		
五、修理费	2395969. 55	2395969. 55					2395969. 55							
六、井巷工程费	2. 157537. 50	1402399. 38	1402399. 38											
七、维简费	3365758. 50	3365758. 5	3365758. 50											
八、安全费用	8414396. 25	8414396. 25	8414396. 25											
九、环境恢复治理基金														
十、资源费用	9353716. 24	9353716. 24	9353716. 24											
十一、其他支出	45006677. 89	7905598. 04	112191. 95	6515073. 98	404047. 80	739589. 69	49627. 18	27952. 60	57114. 85	37101079. 84		22188121. 79		14912958. 05

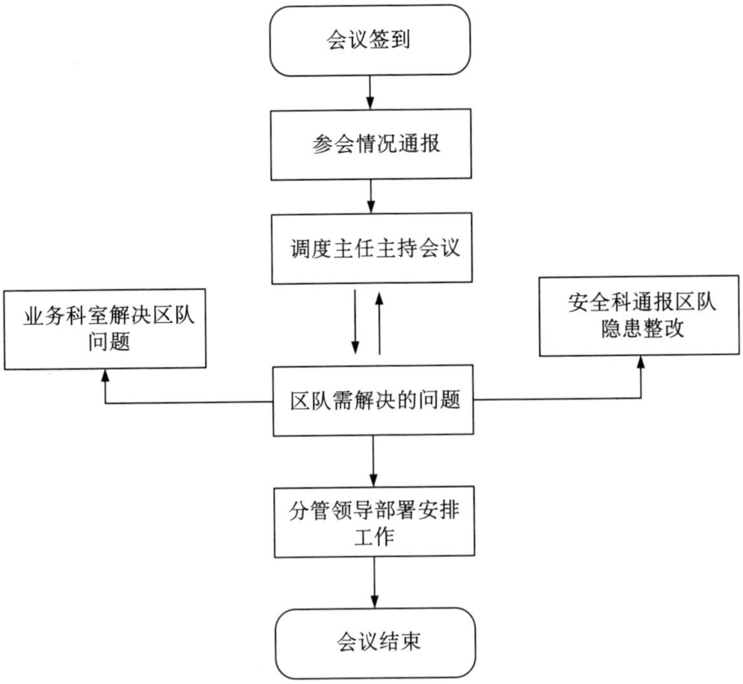

图 4－10　D 煤矿生产协调会管理流程

据更加精细，同时，该矿结合成本管控目标对成本指标进行分解，责任落实更加明确，积极有效地提高了成本核算的精度，夯实了预算基础，为决策层提供更加科学的数据支撑。根据集团的发展规划，该矿 2021 年、2022 年的考核重点在对矿井作业成本体系的建立和完善上，并将其纳入 KPI 考核指标，从 2023 年开始，矿井的考核重点将转移到利用作业成本定额体系实施成本过程控制的运用情况上。针对当前阶段，下文选取了掘进作业 2022 年××月的数据进行深入分析。

首先，该矿通过构建包含全部生产经营环节的作业成本系统，以增加成本数据挖潜的深度，满足成本的准确性。如图 4－11 所示，由 2022 年××月采煤作业→综采放顶煤→传统方式→机掘五级作业中心的实际成本情况可见各项成本责任均已落实到各末级队组，同时，该明细也便于解释各项作业的发生、发生的作业数量以及相关的成本耗费情况。

其次，成本信息更具逻辑性。一方面，该矿利用成本动因显示了资源耗费的原因、作业发生的原因以及所耗费资源、实施的作业行为与原煤产品之间的因果效应；另一方面，各项作业完整的作业成本信息为矿井识别出低价值作业、改进作业环节奠定了坚实的基础。

最后，成本数据的汇总流程更加清晰。该矿利用作业成本体系完整地揭示矿井的成本结构，且成本分配路径本身能够保证不应承担成本费用的成本对象无须承担成本，尽量避免了核算过程中的成本交叉问题。另外，明确的成本归集流程有利于作业成本系统的维护，进而提升成本管理的效率（见图 4－12）。

查看 查询 列表配置

	序号	作业中心	作业单位	年月	费用总额	创建用户	数据来源
○	1	采煤作业→综采放顶煤→传统……	D煤矿综放二队	2022-08-01	63 402.16	侯宇航	租赁费数据采集
○	2	采煤作业→综采放顶煤→传统……	D煤矿综放准备队	2022-08-01	2 446 013.28	蒋冬生	职工薪酬数据采集
○	3	采煤作业→综采放顶煤→传统……	D煤矿综放二队	2022-08-01	3 148 827.51	侯宇航	材料数据采集
○	4	采煤作业→综采放顶煤→传统……	D煤矿综放二队	2022-08-01	170 339.14	侯宇航	电力数据采集
○	5	采煤作业→综采放顶煤→传统……	D煤矿综放准备队	2022-08-01	1 041 765.72	蒋冬生	材料数据采集
○	6	采煤作业→综采放顶煤→传统……	D煤矿综放二队	2022-08-01	2 668 350.23	侯宇航	职工薪酬数据采集
○	7	采煤作业→综采放顶煤→传统……	D煤矿综放准备队	2022-08-01	20 838	蒋冬生	班中餐数据采集
○	8	采煤作业→综采放顶煤→传统……	D煤矿综放二队	2022-08-01	22 477	侯宇航	班中餐数据采集
○	9	采煤作业→综采放顶煤→传统……	D煤矿综放二队	2022-08-01	2 390 000.04	侯宇航	折旧费数据采集
○	10	采煤作业→综采放顶煤→传统……	D煤矿综放准备队	2022-08-01	219 521.57	蒋冬生	电力数据采集
○	11	采煤作业→综采放顶煤→传统……	D煤矿综放一队	2022-08-31	2 235 488.26	杨凯	职工薪酬数据采集
○	12	采煤作业→综采放顶煤→传统……	D煤矿综放一队	2022-08-31	2 040 054.77	杨凯	材料数据采集
○	13	采煤作业→综采放顶煤→传统……	D煤矿综放一队	2022-08-31	22 419	杨凯	班中餐数据采集
○	14	采煤作业→综采放顶煤→传统……	D煤矿综放一队	2022-08-31	2 167 202.08	杨凯	租赁费数据采集
○	15	采煤作业→综采放顶煤→传统……	D煤矿综放一队	2022-08-31	434 964.59	杨凯	电力数据采集
○	16	采煤作业→综采放顶煤→传统……	D煤矿综放一队	2022-08-31	2 390 000.04	杨凯	折旧费数据采集

图 4－11 D 煤矿 2022 年 ×× 月采煤作业各末级作业中心实际成本明细

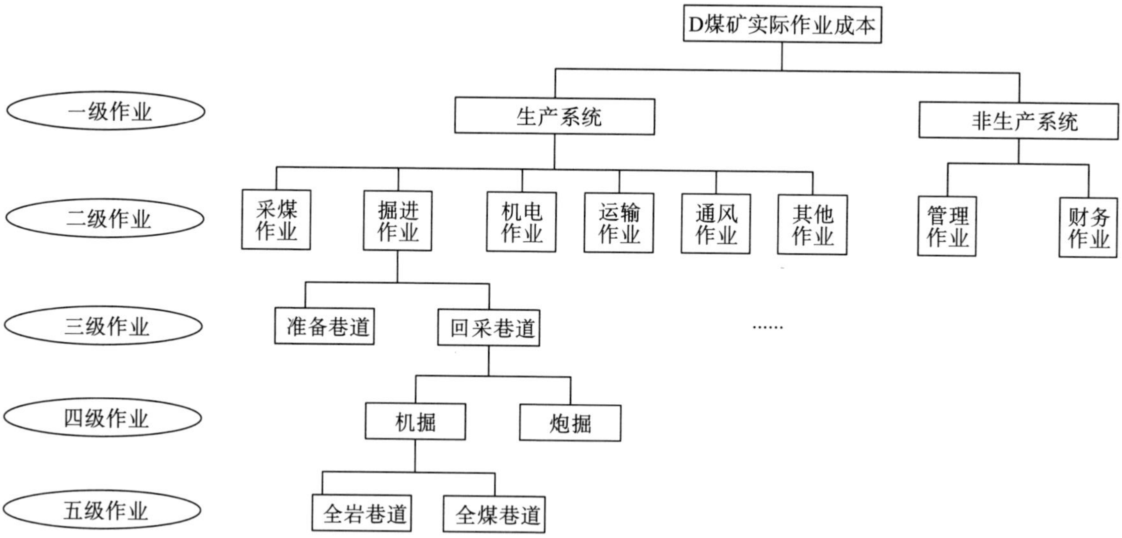

图 4－12 D 煤矿作业成本数据汇总流程

（二）作业成本管理过程

该矿利用成本动因对作业进行管理的过程，实际上就是使用成本数据，从而为决策提供支持的过程，主要涉及计划、评估和反馈三个方面，如图 4－13 所示，本节也将围绕该流程展开。

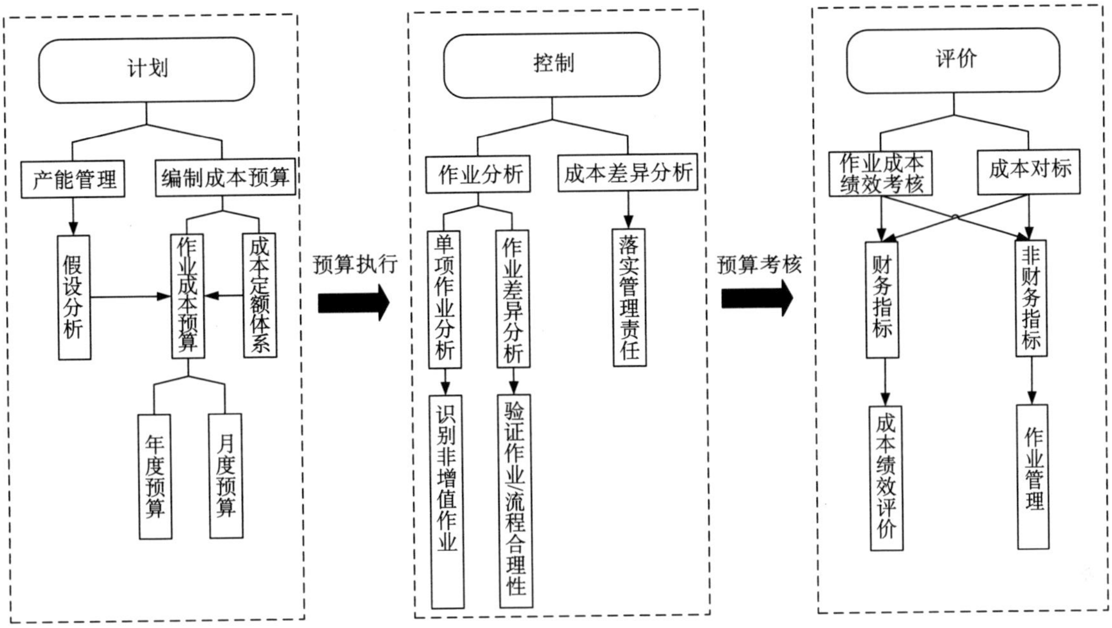

图 4－13　D 煤矿作业成本管理流程

1. 计划过程

该矿的计划过程以历史成本数据为基础，主要是估计未来资源的费用支出水平的过程。而在制定成本预算之前，首先需要确定各台设备、矿井等在未来一年内计划利用的生产能力，在最初决策期间压缩闲置产能，确保浪费的最小化。在此基础上，该矿制定成本预算时必须以矿井的生产定额作为各项成本的消耗标准。随后，基于定额体系下的作业成本预算数据分别作用于控制及评价阶段，帮助实现对作业及作业链条的持续优化。

（1）确定年预算生产能力。如图 4－14 所示，该矿以生产能力成本最小化为目标，在假设生产经营过程及内、外部经营环境保持不变的前提下，结合近三年历史原煤产量数据，估算得出 2022 年预计生产能力为 1000 万吨。

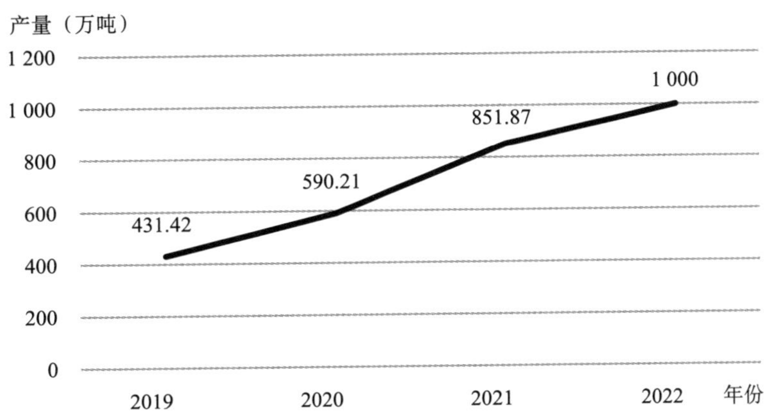

图 4－14　D 煤矿 2022 年原煤产量预估情况

（2）成本定额体系建设。该矿根据集团公司《集团作业成本定额体系实施细则》，结合实际生产条件，采取技术测定、统计分析、经验估计等方法，认真讨论分析后，编制了《基于作业成本法的 D 煤矿生产定额手册》。该矿生产定额为成本预算、成本分析提供了数据基础，指导该矿采取针对性措施，以加强对各项成本费用的管控。该矿作业成本定额体系以及在该体系指导下的成本运行流程如图 4－15 所示。

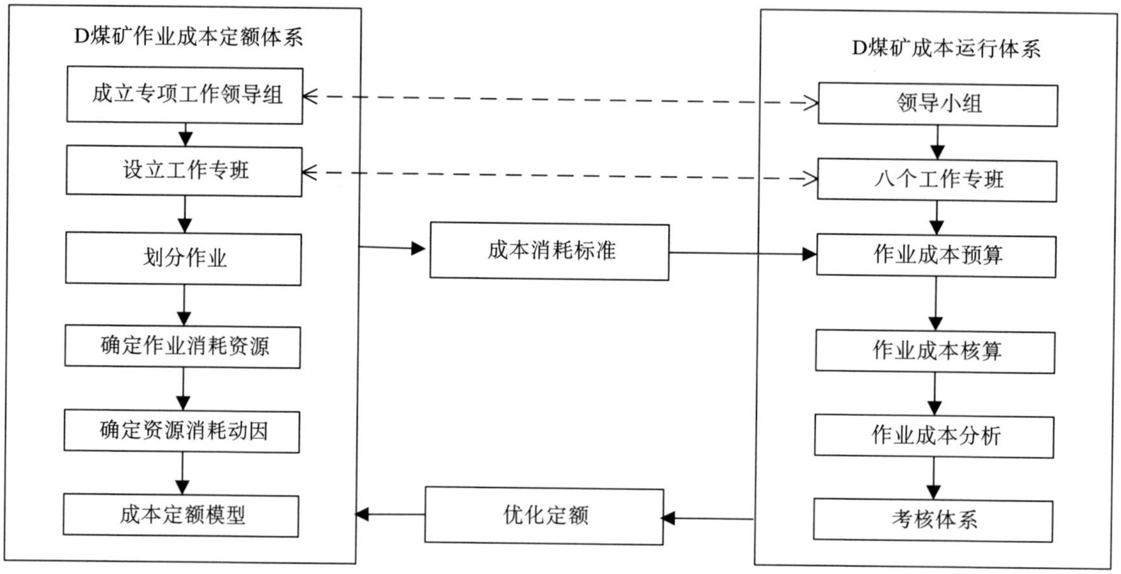

图 4－15　D 煤矿作业成本定额体系及其运行流程

该矿在成立专项工作领导组、设立作业成本法推广应用工作专班、划定作业中心的基础上，以作业中心为单位将整理得到的实际成本与生产作业内容相对应，剔除非正常性因素产生的成本后，结合各作业环节具体情况，测算各作业环节的成本费用消耗定额，并在汇总后形成各作业中心成本费用消耗定额。具体步骤如下。

一是追溯历史成本：该过程主要由财务部门对矿井 2019 年、2020 年两年的历史成本数据进行梳理、统计并分析。以掘进作业环节为例，其作业消耗的资源主要包括材料、设备、人力、矿物工程等，该作业中心的数据还原过程先由财务部统一罗列 2019—2020 年的成本数据，并按照财务报表项目分类提供给各作业中心具体责任人员，然后由责任人员根据集团定额操作手册编制。掘进—准备巷道—机掘—全煤巷道作业中心还原职工薪酬的流程如图 4－16 所示。

二是划分作业，确定作业中心实际成本：该矿在测算作业中心实际成本的过程中，按照保证成本数据真实、核算口径统一的原则，将 2019 年、2020 年两年的历史成本数据与各级作业中心一一对应，得到各作业中心实际成本。

三是编制各作业中心成本费用消耗定额：该矿各作业中心将整理得到的实际成本与生产作业内容相对应，首先以末级作业不同成本动因条件下的实际工作量为作业量，然后根据还原到各动因条件下的资源费用以及选取的作业量，按照不同成本要素逐项进行测算，测算公式如下。

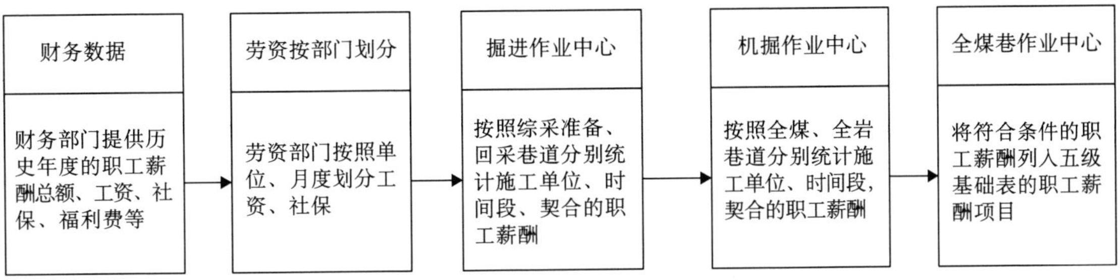

图 4－16　掘进—准备巷道—机掘—全煤巷道作业中心职工薪酬还原流程

材料定额：

材料消耗量定额＝消耗材料数量/作业量（单位：个/吨、根/吨、公斤/吨、米/吨）

材料费用定额＝材料费用总额/作业量（单位：元/吨）

职工薪酬定额：

职工薪酬定额＝职工薪酬总额/作业量（单位：元/吨）

其他费用按照同样原理进行测算。在上述基础上剔除非正常性因素下所产生的成本后，结合各作业环节具体情况，便测算得到了各作业环节的成本费用消耗定额，并在汇总后形成各作业中心成本费用消耗定额。以该矿掘进作业定额为例，通过统计 2019 年、2020 年全年所消耗的材料、人工工资、电费等数据，结合实际情况反复测算并与年度预算进行比较，最终得出标准材料成本定额、能耗成本定额，人工成本定额（2－2－1－1 掘进—回采—机掘—全岩巷道定额表见附件 1）。测算公式如下：

作业标准定额＝$\sum$作业定额物料消耗量×物料单价/作业量（单位：元/吨）

四是编制 D 煤矿生产定额：汇总整理所有作业中心定额数据，综合考虑企业内部生产技术条件及外部经济形势等客观因素的变化，按照与财务核算口径一致的原则，完善各专业环节的定额消耗成本，自下而上逐步汇总，最终形成 D 煤矿生产成本定额。

五是成本定额数据验证：定额数据的确定在很大程度上要依赖于对历史数据的分析，而历史数据的不完整、不准确给定额数据的确定增加了难度，因此在确定定额数据的过程中需要经过反复的测算和模拟。该矿主要采用参照安全生产规程和借鉴历史经验相结合的方法保障定额数据的恰当性。

六是持续改进、优化定额：为保证定额的准确性，须将成本定额与实际消耗不断进行对比，认真分析产生偏离的因素，确定成本定额的改进方向和措施，持续优化定额。当实际消耗与作业定额有出入时，各作业中心应根据实际情况对《D 煤矿作业成本定额》动因系数进行调整，进一步完善成本定额体系，经部室负责人及分管领导签字后执行新定额。目前集团下属各煤矿定额修订频率均为一年一次。

鉴于 D 煤矿目前正处于产能提升阶段，在产量规模达到千万吨后才可能形成固化定额，因此持续优化是必要的。比如 2022 年度，由于初步预算指标偏高，经过 D 二级公司财务部及矿井反复测算、核减，并根据该二级公司关于下达 2022 年度财务预算指标的通知及《2022 年经营管理办法》，最终确定 2022 年度原煤完全成本为 143.21 元/吨。该矿 2022 年结合固定性费用升高因素和六定改革后机构优化后的人员布置，将定额优化为 149.41 元/吨。明细如表 4－10 所示。

表 4-10　　D 煤矿 2022 年原煤定额成本汇总表　　单位：元/吨

项目	历史加权平均值	优化前定额	优化后定额
总定额	116.16	119.48	149.41
材料	9.55	12.68	12.68
职工薪酬	40.20	42.65	29.65
电力	1.87	2.36	4.49
修理	2.09	2.89	2.60
租赁	7.22	6.49	6.44
折旧	4.26	3.39	15.68
计提费用	26.53	30.36	30.36
其他费用	24.45	18.68	47.53

2022 年，该矿定额优化的内容包括：由于回采工作面由 2 个增至 3 个、相应进尺数量增加、万吨掘进率升高，材料费暂定保持不变；公司内部机构变动（矿井取消后勤、环保、财务、劳资、计划等职能部室，原公司机关生产部室合并到矿井）导致职工薪酬降低；由于原基建负担的电费转至生产核算，电力成本上升；千万吨转生产固定资产增加的影响使得折旧费升高；其他费用升高主要由于 D 公司管理费由 3.25 元/吨上调至 13 元/吨、财务费用由 2.54 元/吨上调至 28.40 元/吨，以及无形资产摊销由 8.71 元/吨上调至 11.10 元/吨。

（3）编制作业成本预算。作业成本定额数据为集团预算编制方法的准确性提供了保障，该集团各单位的费用计算基础、标准得到了统一。D 煤矿在此基础上，依托该集团作业成本定额管理系统开展预算编制工作。作业成本预算编制的基础理论为"标准定额×作业量+非正常动因条件下产生的成本"，从末级作业中心在不同成本动因条件下开始编制预算，并采取"自下而上"的层层汇总方式形成各级作业中心和矿井整体成本预算。

①年度预算。D 煤矿年度预算编制流程：先由该矿基于作业成本定额和生产衔接计划，科学编制本单位下一年成本预算，采煤作业中心回采工作面的部分材料预计消耗情况如表 4-11 所示，其是在生产衔接计划的基础上，结合回采作业定额得到的。自下而上汇总得到矿井年度预算后，报送至 D 二级公司；该二级公司对该矿上报预算审核后，汇总形成本级单位预算上报集团公司；该集团对该二级公司上报的预算进行审定后下发执行。在产量目标预期能够实现的前提下，矿井内部年度财务预算编制流程如图 4-17 所示，该矿 2022 年年度预算情况见附件 2。

表 4-11　　采煤作业中心回采工作面材料测算

工作面名称	产量（万吨）	名称	单位	定额用量	调整用量	预算用量	单价（元）	费用（元）
9-801 工作面（回采）	152	木材	立方米	276.64	-44.71	231.93	2130	494000
		菱形网	平方米	31843.24	2823.42	34666.66	17	592800
9-701 工作面（回采）	120	木材	立方米	218.40	-35.30	183.10	2130	390000
		菱形网	平方米	25139.40	2229.02	27368.42	17	468000

续表

工作面名称	产量（万吨）	名称	单位	定额用量	调整用量	预算用量	单价（元）	费用（元）
9－803 工作面（回采）	30	木材	立方米	54.60	－8.83	45.77	2130	97500
		菱形网	平方米	6284.85	557.26	6842.11	17	117000
9－806 工作面（回采）	60	木材	立方米	109.20	－17.65	91.55	2130	195000
		菱形网	平方米	12569.70	1114.51	13684.21	17	234000
5－111 工作面（回采）	100	木材	立方米	78.00	70.40	148.40	2190	325000
		菱形网	平方米	27345.50	11432.91	38778.41	18	682500
5－503 工作面（回采）	140	木材	立方米	109.20	98.56	207.76	2190	455000
		菱形网	平方米	38283.70	16006.07	54289.77	18	955500
5－106 工作面（回采）	98	木材	立方米	76.44	68.99	145.43	2190	318500
		菱形网	平方米	26798.59	11204.25	38002.84	18	668850

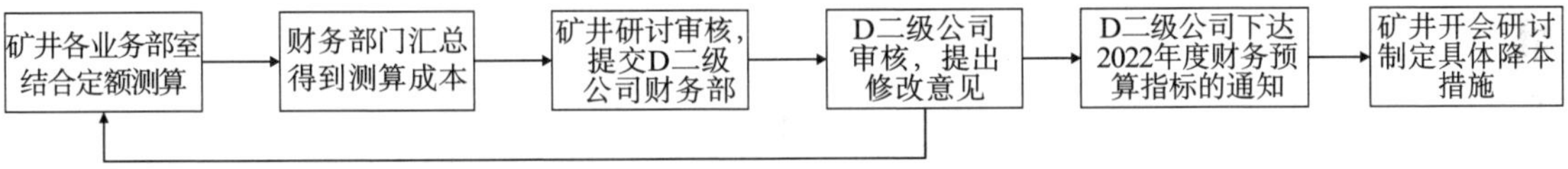

图 4－17　D 煤矿年度财务预算编制流程

②月度预算。D 煤矿以作业计划会为起点，深入开展“全面预算”工作。2022 年，矿井作业计划会引入作业成本法，每月末由各部室按照五级作业中心编制生产衔接计划，根据月度生产衔接安排，明确各作业中心的施工队伍，并将每月生产作业计划结合标准分解至各个队组，各区队根据生产计划与相应定额制定预算。各业务部室参照矿井定额体系、生产衔接计划审核各区队预算指标，以末级作业中心预算为基础，层层汇总到财务部，形成月度成本预算（见表 4－12）。经作业计划会讨论后，次月月初发布预算，沟通频率固定为 1 个月 2 次。各末级作业中心预算编制公式如下：

作业中心月度预算金额＝对应作业成本消耗定额×当月分配的任务计划＋定额之外的动因影响

表 4－12　　D 煤矿各作业中心月度预算编制流程汇总

作业中心	月度预算编制流程
采煤、掘进作业	先按照动因找到定额，然后再按照进尺或采煤作业量结合定额得到相应预算。作业中心预计作业量是由生产部门考虑队组、工作环境、作业性质等实际情况，结合标准和经验将 D 二级公司下达的生产计划分配给各个队组
机电作业	机电作业参照定额，同时结合月度检修计划确定预算金额。机电部门会根据检修计划提前申请配件，相关材料耗费情况由相关人员结合以往经验确定
通风作业	通风作业预算采取“定额＋例外”的形式，预算数据每年相对稳定，通风作业定额以固定的周期为基准，针对定额之外的情况比如××工作面的瓦斯涌出量超出以往，相应的预计支出就需要相关部门商讨确定

续表

作业中心	月度预算编制流程
运输作业	运输设备的磨损情况是与运输作业量紧密相关，针对周期性维护性质部分的预算按照定额测算出来，临时性质部分的预算则需再结合实际情况适当增加。运输设备的折旧主要按照年限平均法确定
其他作业	地测防治水、后勤服务、生产管理服务作业预算结合定额确定。环保作业相关基础性费用是由集团公司负担。零星工程作业预计工作量由生产、调度、机电、通风等各业务部室根据业务的循环情况预估，并在作业计划会上讨论确定零星工程部分的预算金额
管理费用	D煤矿管理费用主要涉及人员工资、管理用房屋设备折旧、电力消耗、差旅费等，其中，针对差旅费、办公费、会议费、业务招待费四项可控费用每年根据集团公司下达的指标设定相应的成本缩减目标，并结合以前年度管理费用情况测算得到的月度定额将该成本缩减目标分解到各月
财务费用	由于矿井对财务费用的管理权限有限，财务费用定额对预算编制的指导性不强。D煤矿年度财务费用预算主要根据集团下达的计划确定，各月度预算需结合各项借款的周期并参考以往经验加以确定

以2022年××月掘进作业中心预算为例，首先各队组分别针对全煤巷道、全岩巷道作业，结合定额水平和生产计划形成全煤巷道/全岩巷道（五级作业）对应项目的预算。将全煤巷道/全岩巷道（五级作业）预算汇总至机掘作业（四级作业），再加上五级作业的共同成本预算，形成机掘作业的总成本预算（见表4－13）。

表4－13　D煤矿掘进—回采巷道—机掘作业（四级作业）2022年××月成本预算汇总

单位：元

项目	共同成本	机掘		
		全岩巷道	半煤岩巷道	全煤巷道
一、材料及低值易耗品				2357944.73
二、职工薪酬				2526837.95
三、电力				121030.00
四、折旧费				1640766.40
五、修理费				
六、井巷工程费				
七、维简费				
八、安全费用				
九、环境恢复治理基金				
十、资源费用				
十一、其他支出				294989.50

将机掘等四级作业成本预算汇总至回采巷道作业（三级作业）对应项目，再加上四级作业的共同成本预算，形成回采巷道作业的总成本预算（见表4－14）。

将回采巷道等三级作业成本预算汇总至掘进作业（二级作业）对应项目，再加上三级作业的共同成本预算，形成掘进作业的总成本预算（见表4－15）。

表 4-14 D煤矿掘进—回采巷道作业（三级作业）2022年××月成本预算汇总表 单位：元

项目	共同成本	回采巷道	
		机掘	炮掘
一、材料及低值易耗品		2357944.73	596245.00
二、职工薪酬		2526837.95	1238835.00
三、电力		121030.00	16770.00
四、折旧费		1640766.40	101205.00
五、修理费			
六、井巷工程费			
七、维简费			
八、安全费用			
九、环境恢复治理基金			
十、资源费用			
十一、其他支出		294989.50	82550.00

表 4-15 D煤矿掘进作业（二级作业）2022年××月成本预算汇总表 单位：元

项目	共同成本	掘进作业		
		开拓巷道	准备巷道	回采巷道
一、材料及低值易耗品			1146808.90	2954189.73
二、职工薪酬			1448460.00	3765672.95
三、电力			52065.00	137800.00
四、折旧费			196430.00	1741971.40
五、修理费				
六、井巷工程费				
七、维简费				
八、安全费用				
九、环境恢复治理基金				
十、资源费用				
十一、其他支出			210925.00	377539.50

2. 控制过程

D煤矿作业成本分析以预算数据和实际成本核算数据为主要分析对象，并将各生产队组、费用单位全部纳入分析体系。实施作业成本分析主要是为了发现成本管控中存在的问题，帮助制定整改建议、措施，指导后续期间的作业成本管控工作。D煤矿该项控制过程共分为两条路径：一条是各级作业中心结合生产计划、月度预算及本月实际作业情况进行自行分析；另一条是由财务部门在矿井层面，针对成本项目进行总体性、指标性分析。最终将分析结果汇总到精益化部，并在作业成本运行分析会上讨论。矿井实施作业及成本控制的业务流程如图4-18所示。

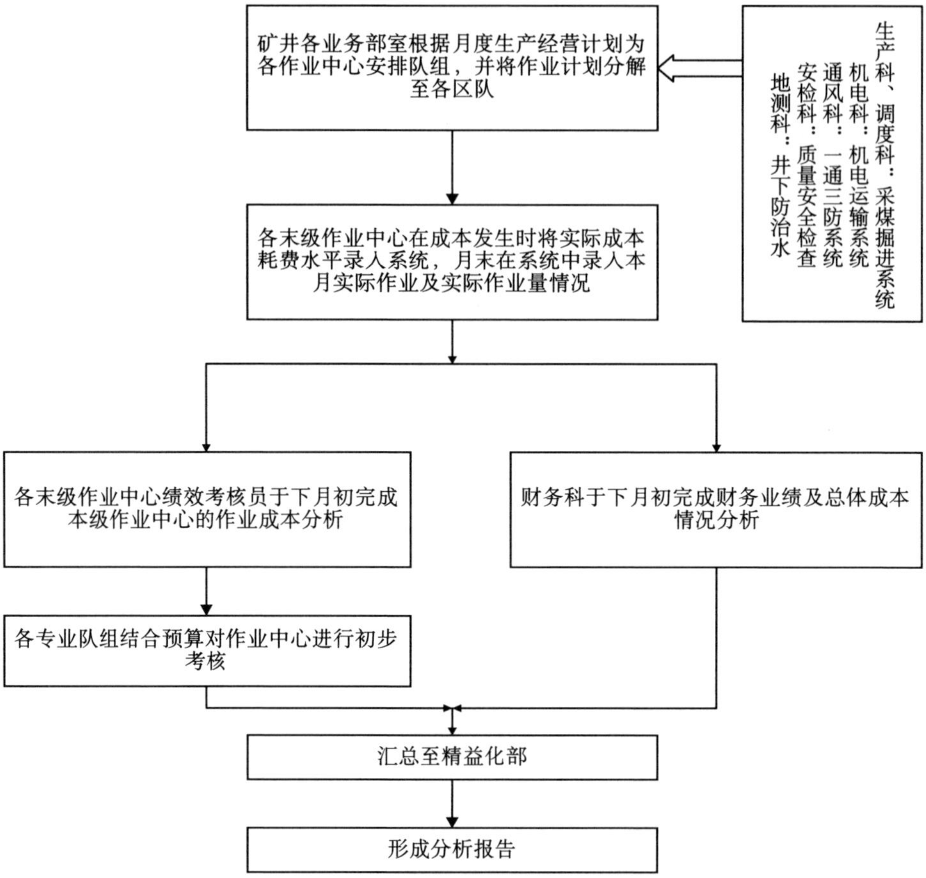

图 4－18　D 煤矿作业成本管理业务流程

关于分析内容，应集团要求，该矿明确规定每月 10 号召开全矿范围的作业成本运行分析会，各生产队组、费用单位全部纳入分析体系。

一方面，矿井对期间内各项作业的发生情况进行分析，进而区分增值作业与非增值作业（见图 4－19），并通过分析本期实际发生作业与预计作业之间的差异，验证作业及流程的合理性。该矿针对作业所采取的控制措施可总结为以下四点：

①提高单项作业效率。在作业链中，如果每个环节都能高效运转，每项作业都能高效执行，那么所耗用的资源相对就会更少，产品的成本就会更低。优化途径包括采取合理的方式配置资源、协调作业链中每项作业所需资源、培训员工的作业技能、提高员工的积极性等。

②消除不需要的作业。不需要的作业是非增值作业的一种，而且是可以从作业链中移除，但不会中断作业链的作业。

③选择低成本作业。在保证安全生产目标的情况下，尽量选择低成本的作业。

④作业分享。作业分享实质是增加动因的数量但不增加作业成本，以达到降低产品单位作业成本的目的，比如利用规模经营效应、充分利用公司产能和设备、消除产能闲置等。

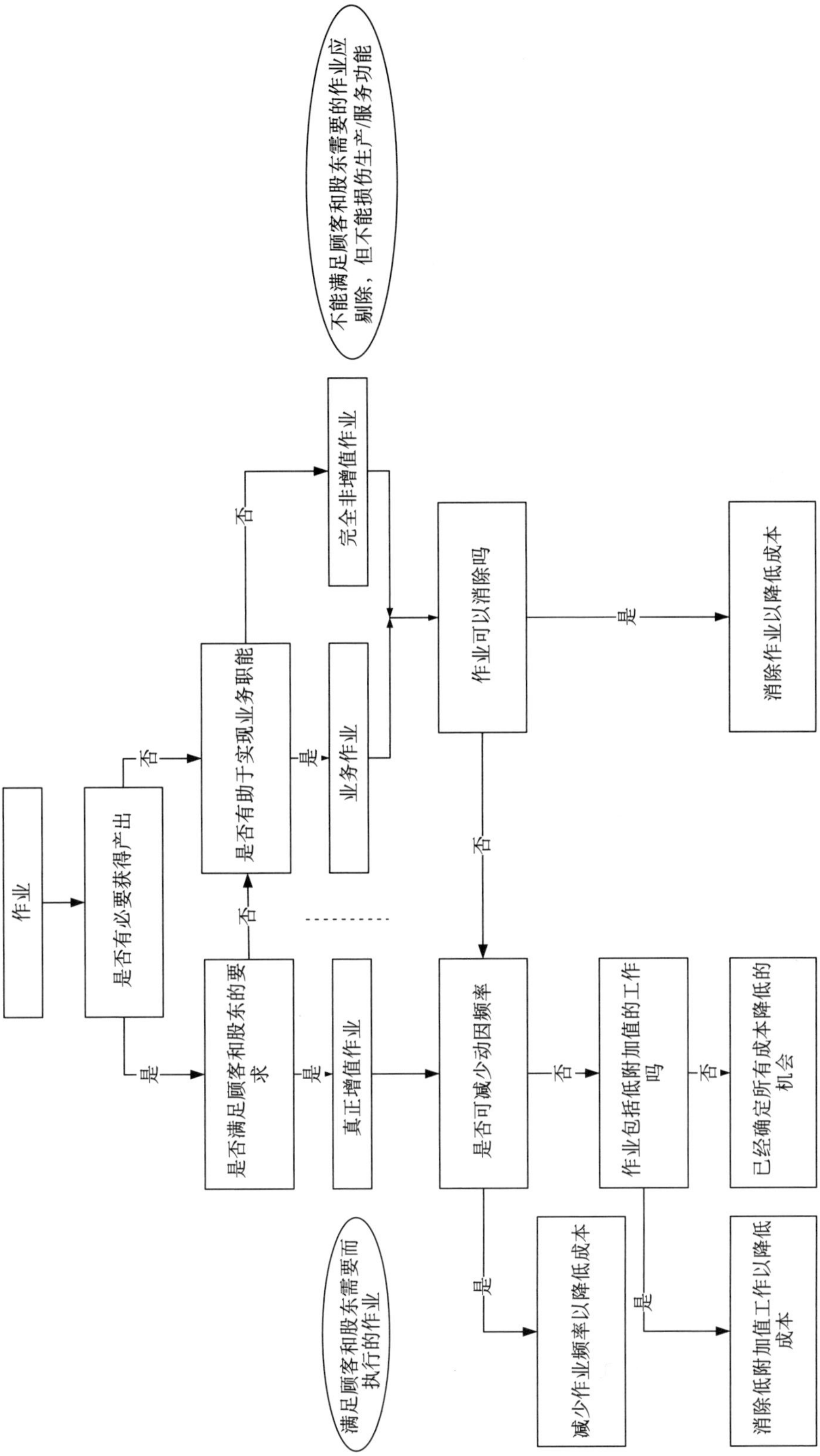

图4－19　D煤矿作业分析流程

另一方面，通过将实际发生成本费用情况与计划相比较，精准计算各项成本消耗的节超情况，并对各项成本项目变动作出分析，进而发现影响成本管控的费用项目，并按照五级作业中心体系分析各项费用的节超情况，找出费用节超的作业中心、作业队伍、作业人员。

①针对资源成本差异，矿井采用标准成本差异的分析方法，通过将每种资源成本的价值与历史标准或行业标准成本对比，分析资源耗用量和资源价格情况，公式如下：

资源成本差异 = 实际资源成本 − 标准资源成本

= 实际资源数量 × 实际资源价格 − 标准资源数量 × 标准资源价格

= （实际资源数量 − 标准资源数量） × 标准资源价格 + 实际资源数量 × （实际资源价格 − 标准资源价格）

= 数量差异 + 价格差异

②针对作业成本差异，每种作业成本的价值都由产品对象耗用的作业量和作业价格决定，即作业动因数和作业动因率乘积。该矿通过与历史标准成本或行业标准对比分析作业用量和作业价格情况。公式如下：

作业成本差异 = 实际作业成本 − 标准作业成本

= 实际作业数量 × 实际作业价格 − 标准作业数量 × 标准作业价格

= （实际作业数量 − 标准作业数量） × 标准作业价格 + 实际作业数量 × （实际作业价格 − 标准作业价格）

= 数量差异 + 价格差异

D 煤矿 2022 年 × ×月关于掘进作业中心—准备巷道作业的部分成本分析情况如图 4 − 20 所示。

掘进作业中心—准备巷道				
项目	机掘(开拓一队、开拓准备队):××月实际发生费用 3 399 484.39 元，掘进进尺 124.15m，延米单价 27 382 元。			
	机掘预算	机掘实际	节超	原因分析(分队)
合计	2 918 007.06	3 399 484.39	481 477.32	
一、材料及低值易耗品	1 132 782.06	1 509 891.22	377 109.16	
(一)木材	0.000	1 882.92	1 882.92	开拓一队一采区 9#煤轨道上山：临时安排加快水沟浇灌进度投入木板，小计超耗 0.19 万元。
(二)支护用品	404 824.46	288 320.83	-116 503.64	开拓一队一采区 9#煤轨道上山：一是工作面 10 排底角未支护(0.25 万元)；二是工作面顶煤变薄锚索由 14.3m 变为 10.3m，差额 1.01 万元；三是使用 6 月超耗的库存支护材料 4.1 万元，小计结余 3.65 万元。开拓准备队一采区 9#煤胶带上山及三联巷：一是计划 140m，实际完成 106m，少完成 34m，费用 10.05 万元(少投入费用)；二是使用上月工作面超耗的库存支护材料，结余 4.6 万元；小计结余 14.65 万元，合计结余 18.3 万元。

图 4 − 20　D 煤矿掘进作业中心—准备巷道成本分析报告（示例）

3. 评价过程

该矿在作业成本分析结果的基础上开展绩效考核，矿井与作业成本绩效评价相关的管理活动大致分为两个方面，分别是矿井内部以《D 煤矿作业成本管理考核办法》为核心的作业成本绩效考核体系和围绕《D 煤矿全方位成本管控模型对标工作方案》实施的 D 煤矿作业成本对标管理活动。

（1）作业成本绩效考核。鉴于成本管理能力在矿井战略目标实现中的重要地位，该矿特制定《D 煤矿作业成本管理考核办法》，将成本管理工作细化到活动层面，将成本管理能力成熟度予以阶段化并引入量化评价指标。该矿绩效考核的目的是实现煤矿经营目标，核心是促进煤矿获利能力的提高及综合实力的增强，做到人尽其才，使人力资源作用发挥到极致。考核依据上，各作业中心全年指标定额及月度预算下达后，原则上不再调整，根据定额和预算进行考核。

D 煤矿为实现全面成本绩效考核所实施的四个步骤如下：

①建立成本责任中心：该矿以作业中心为成本责任中心。作业中心是产品成本的汇集中心，又是责任考核中心。该矿的作业中心依据作业链划分，是资源的集散地，将作业中心划分为责任中心，符合责任中心划分规则，可以将责任中心与作业链、价值链协调统一，使绩效考核更直接、更相关。

②构建评价考核组织框架：该矿围绕五级作业中心，完善了成本绩效评价考核机制，设立生产专业组、机电专业组、通防专业组、其他专业组四个专业组以及一个办公室。各专业组组长由对应部长兼任，并设一名专职作业成本管理员。办公室设在精益化工作室，办公室主任由精益化部副部长兼任，组员为精益化部三名科员。各专业组及办公室职责如下：

生产专业组负责矿井综采放顶煤、开拓巷道、准备巷道及回采巷道定额审核，回收复用、修旧利废、现场管理工作。根据《D 煤矿作业成本定额》及矿井实际情况，调整消耗定额系数，下达当月消耗定额。负责生产五项材料的消耗分析和考核工作；

机电专业组负责矿井机电安装运行回收、机电维修、机械加工、主运、辅运及巷道维护定额审核、回收复用、修旧利废、现场管理工作。根据《D 煤矿作业成本定额》及矿井实际情况，调整消耗定额系数，下达当月消耗定额。负责机电五项材料的消耗分析和考核工作；

通防专业组负责矿井通风、防瓦斯、防煤尘、防灭火及一通三防设计定额审核、回收复用、修旧利废、现场管理工作。根据《D 煤矿作业成本定额》及矿井实际情况，调整消耗定额系数，下达当月消耗定额。负责一通三防材料的消耗分析和考核工作；

其他专业组负责地测防治水、后勤服务、环保、零星工程及生产管理服务定额审核，消耗分析和考核工作；

办公室负责制定作业成本法管理考核办法并组织实施；负责初审汇总各专业组考核并兑现落实；负责各单位精益化管理工作的督导检查、落实考核制度等工作；负责推进落实精益化经营管控项目，监督材料费用计划工作的实施和落实，进一步规范内部经营费用运行秩序，仲裁内部经营费用计划出现的纠纷，及时分析、监控和掌握矿井安全生产过程中出现的新情况、新问题，跟踪指导，纠正偏差，保证经营管控工作有序运行；负责经营管控各项制度和考核办法的修订、完善；负责定期组织召开月度经营分析会，分析各项经济指标完成情况和材料成本节超情况，表彰先进，剖析管理差的队组，查找运行过程中存在的不足及所要采取的应对措施；负责完成领导交办的其他工作。

③确定考核指标及权重：关于各作业中心的考核指标，就是基于作业分解和作业分析的信息所得出的作业的效率等级划分及差异分析结果。关于财务指标，数量差异的责任一般归咎于各相应的作业中心，并由承担实施作业责任的相关人员接受奖惩，而价格差异一般是归咎于供应中心。关于非财务指标，则主要用于确定对不同作业或同一不同环节如何进行决策、提升员工优化作业流程的积极性。该矿各部门主要参照《D 煤矿目标责任契约考评办法》相关指标，并依据本部门制定的管理标准、技术标准、工作标准，对相关部室

及下辖区队进行考核。该矿以矿井年度工作任务目标和月度作业计划为基础，对区队、部室和分管矿领导实行百分制考评，其中在对区队和部室的考评中，基本业绩方面的成本指标占比均高达40%（见表4－16）。

表4－16　　D煤矿目标责任契约管理考评成本指标汇总

考核指标类型	考核对象	基本分	考评标准	牵头部门
工作业绩—基本指标—成本指标	生产区队	40	实行加减分考评，以矿井下达的二级作业中心考评指标为基础进行累计考评。成本指标考核由精益化部牵头负责，其他各部室配合提供考评资料	精益化部
	辅助区队	40	实行加减分考评，以矿井下达的二级作业中心考评指标为基础进行累计考评。成本指标考核由精益化部牵头负责，其他各部室配合提供考评资料	精益化部
	部室	40	以矿井下达的末级作业中心成本指标为基础进行累计考评。成本指标考评由精益化部牵头负责，其他部室配合提供考评相关资料。加减分区间为±20分	精益化部

④完善绩效考核流程：该矿的成本绩效考核工作是自下而上进行的。首先，各末级作业中心绩效考核员统计相关数据。数据考核员由技术员兼任，负责根据职能及领导组安排组织实施单位及员工绩效考核，在熟悉煤矿绩效考核相关流程的建立及执行、了解各类绩效考核相关工具的使用基础上，完成指标下达、业务指导、协调服务、整理分析考核数据、建立数据业绩档案、考核评价及各项工作任务目标完成情况上报等工作，及时提供绩效数据支持，协助各单位开展评价工作。其次，由各专业组负责接收并整理数据考核员上报的数据。各指标责任部室（专业组）每月须及时与上级公司对口部门沟通，核实相关指标考核情况，并于每月5日前将专项考核结果报精益化部汇总。再次，4个专业组每月对末级作业中心节超情况进行考核，考核标准为超一罚一、节二奖一。最后，精益化部每季度根据二级作业中心的节超情况，对中心负责人及相关人员进行考核，考核标准：节支奖励500—1000元/人，超耗处罚300—500元/人；全矿作业成本节支，奖励考核办公室及相关工作人员500—1000元/人。每月选取成本管控较好的末级单位进行成本管控经验交流，并对成本管控工作人员给予300元奖励。

（2）作业成本对标工作方案。为实现精益化成本管控、全面提升企业的管理水平，D煤矿根据集团及D二级公司对标内容，结合矿井自身实际情况，制定并下发了《D煤矿全方位成本管控模型对标工作方案》，推进与集团其他相似煤矿的对标工作，并重点围绕本作业中心的成本指标、专班运行、作业内容、作业工艺、作业组织、作业成果、过程管控、费用归集、成本考核等进行全方位对标。对标工作由办公室（设在财务部）负责研究制定对标工作方案，做好对标工作方案的上传下达，并牵头组织评估对标工作成效，负责对所属各单位对标工作进行考核。

D煤矿的成本对标管理工作大致分为以下三个步骤：首先，由各级单位对照要求，将22项对标指标上月累计数据填报至集团公司全方位成本管控模型对标汇总表，围绕年初计划，根据每一项指标同比、环比数据进行对比分析，每月5日前将存在的问题及下一步改进措施纸质版材料上报财务部。其次，各作业中心参照附表建立矿井内部对标表，作业中心内部分作业队伍、作业班组开展内部对标工作。同时，参照集团标杆作业中心，合理选择标杆值，向该集团标杆作业中心看齐。最后，财务部对各单位上报的相关数据进行统计、核实，并按照作业中心划分，对各作业中心进行排名，对各对标单位每月上报的指标数进行深入剖析，寻找各单位存在的问题及下一步需改进措施并进行通报，根据各单位存在的问题进行督导，并根据督导情况，每月月底下发督查通报。

在对标指标方面，D煤矿遵循求真务实的原则，围绕影响完全成本的22个指标选定标杆值，结合企业发展及市场需求变化，调整标杆值，形成多维度、立体化的指标体系。其中，生产矿井22项指标分别为：单产、单进、吨煤成本、材料、支护、配件、大型材料、油脂、电力消耗、修理费、低值易耗品、四项可控费用、租赁费、折旧、研发投入比率、原煤生产人员效率、全员劳动生产率、全员效率、回采工作面工人效率、掘进工作面工人效率、平均工资和回采率。该矿详细的对标指标计算参考公式见附件3。

在对标工作结果方面，通过实施作业成本管理，该矿总体呈现出产量增长、效率提升、稳定发展的良好态势。2022年前三季度，该矿单产、单进、材料、油脂、修理费、低值易耗品、四项可控费用和人员工效的完成情况均超过了集团最好水平；另在对标的13座生产矿井中，D煤矿的单产水平一直处于领先地位（见图4－21），且该矿是对标矿井中唯一一个四项可控费用与年初相比呈降低趋势的生产矿井（见图4－22）；最后，在180万吨以上的生产矿井对标指标排名中取得了第一名的好成绩。与此同时，此次对标也反映出该矿的成本控制力度有待进一步加强。与年初相比，矿井的吨煤完全成本水平呈现出上升趋势，并且配件、大型材料、油脂、修理费、低值易耗品等的成本也有所上升。

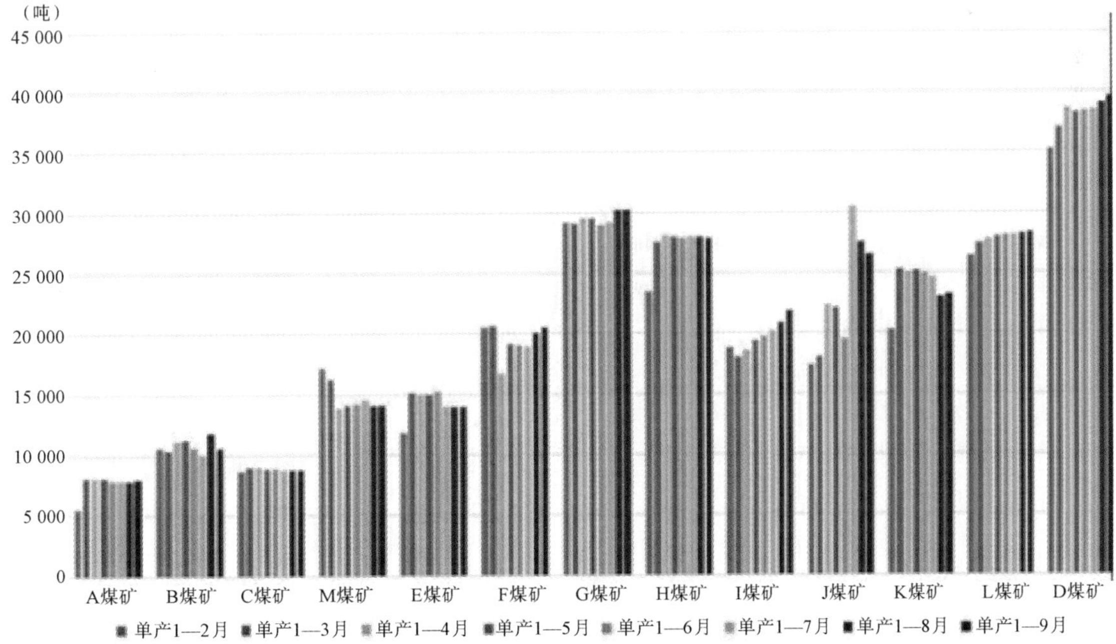

图4－21 2022年1—9月13个对标矿井单产完成情况

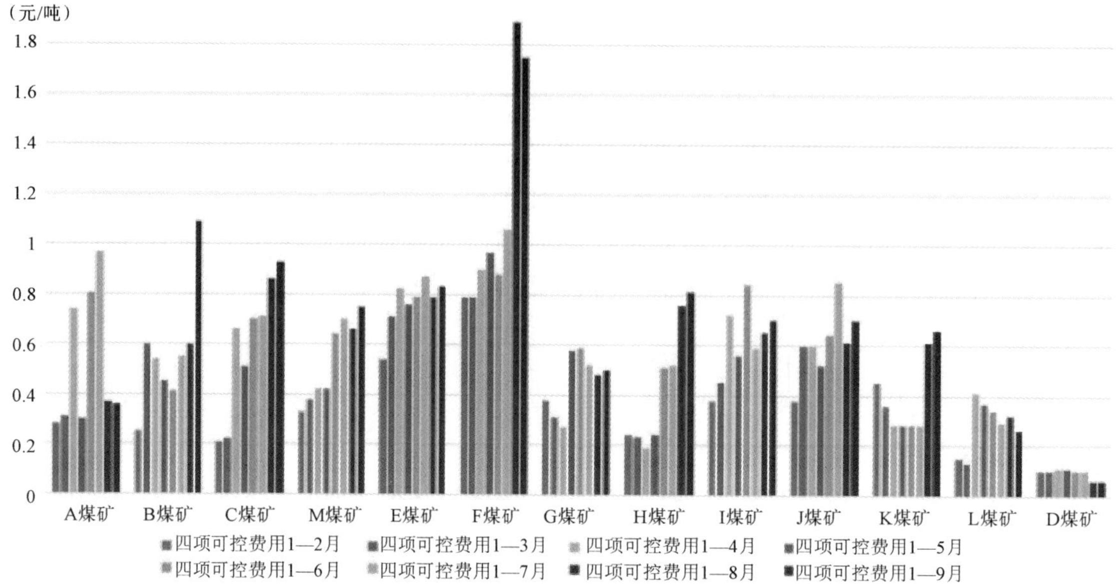

图 4－22　2022 年 1—9 月 13 个对标矿井四项可控费用完成情况

针对对标报告中所反映出的问题，D 煤矿在对指标进行深入剖析的基础上制定了专项整改举措，在强化作业成本管理成效的同时通过吸收其他单位的优秀经验进行优化改进，形成闭环管理。

（三）实践过程总结

1. 实施过程中遇到的困难及解决方法

目前，由于 D 煤矿正处于产能提升阶段，在推广过程中发现存在许多客观性问题，需要进一步优化解决。

（1）定额有待优化，依据定额编制的预算与实际偏离较大。该矿正在从 800 万吨向 1000万吨矿井提升，以历史数据为基础制定的定额不能直接反映矿井真实的生产需求，需要更加精准、更加科学合理的优化，提高对实际工作的指导意义。预计年产量平稳后，该矿的作业成本定额方能固化。

针对该问题，首先，建议缩短矿井定额修订的时间间隔，以提升定额与矿井实际的匹配程度。其次，建议矿井把更精准的作业分析工作下沉到基层区队，各环节深入总结分析各成本要素偏离定额的原因，通过提高作业效率、改变作业执行方式等手段，优化作业流程，消除无价值作业。另外，目前，集团正在进一步开发作业成本法定额软件，该矿可在此基础上，利用配套软件开展作业成本法定额优化工作。最后，可有效利用兄弟单位相似作业的定额标准，优化该矿自身的定额水平，提升整体的成本管控水平。

（2）作业中心管控效果不明显。一方面，当前各部室要承担部室和作业中心双重职能，由于作业成本法实施时间较短，目前作业成本法的运行存在不够流畅的问题，这也导致了部门的工作量比较大，可能在某些环节会存在不够完善的情况。另一方面，基层人员普遍对作业成本法认识不够深刻，对作业成本定额管理系统的具体操作与应用有待加强，需要集团公司组织相关培训，提高相关人员的工作效率，辅助成本管控。

针对上述问题，一方面，建议矿井持续深入推进作业成本管理，优化作业成本管控流程，提升管理人员工作的熟练度。另一方面，建议加大作业成本管理的宣传力度，让作业的概念深入到全员心中，提升成本管理意识。

（3）定额管理系统待优化。当前集团推行的财务系统和该集团智慧供应管理系统并不关联，期望进一步优化预算管理系统，链接物资管理系统，以实现只要确定各中心施工队伍，便可自动从供应系统获取数据的预期。

2022 年，D 煤矿积极落实应用该集团作业成本定额管理系统，并为各部室、区队设立数据管理员，将作业成本预算、分析、考核工作指定专人负责，完善组织架构，确保数据实时录入系统。与此同时，针对成本核算系统与物料供应系统等脱节问题突出的问题，一方面，建议由智能化办公室牵头以供应系统、预算管理系统为基础，将成本信息直接并入调度指挥系统，由调度值班人员实时监控成本动态；另一方面，建议该矿加快信息化建设步伐，逐步完善作业成本管理系统建设，充分利用信息化手段协助集团打通信息平台，在实现数据实时共享的基础上提升对数据的自动化处理能力。当前，集团有意打通各系统之间的屏障，正在积极推动作业成本定额管理系统的二期建设。关于二期项目的开发实施方案目前已经基本确定，正在着手招投标手续办理工作，预计 2023 年实现物料供应系统与定额管理系统的关联。

2. 优化改进

该矿针对各项作业的运行情况，以精益创新项目的形式进行了优化处理。其中，掘进作业中心通过实施“掘开巷道差异化支护精益管理”精益创新项目，对××巷支护进行优化，在确保支护强度的情况下达到节省材料的目的，截至 2022 年，累计节约材料费用 39.7 万元；机电作业中心实施“精准供电”精益创新项目，通过对现场电能表数据采集、分析，优化供电系统、各区队用电专供，运用三相数字电能表，实现电力数据实时上传监控，杜绝一切私拉乱接、外转供电、设备常开等现象，截至 2022 年，节省电费约 460.4 万元。另外，采煤作业中心实施了“快掘设备整体搬家倒面精益管理”“综放工作面末采支护工艺优化精益管理”“综放工作面切巷顶板弱化技术精益管理”等一系列精益创新项目，通风作业中心实施了“基于优化设备和线路，完全实现机载甲烷断电仪功能的方案”精益创新项目，均收效良好。

五、取得成效

通过实施作业成本管理，D 煤矿成本管控取得了较好的成绩，作业成本法的推行及应用起到了重要作用。

（一）应用作业成本法的创新

D 煤矿在应用作业成本法过程中的创新之处，主要体现在以下 3 个方面：

（1）创新作业成本管理方法。一方面，矿井的成本核算过程并非将间接成本按照资源动因分配到各作业中心，而是将直接材料、直接人工、制造费用均采用追溯的方式归集到各作业中心，最大限度地避免成本分配所导致的成本核算的不准确性。另一方面，该矿结合 D 集团五级作业中心体系及矿井生产作业实际情况，划分多层级作业中心，实现对作业成本法的拓展，在保证成本准确性的同时，利用辅助性作业反映产品或服务的差异性、多样性。

（2）应用新型成本管理系统。应用集团与中矿微星联合开发的作业成本定额管理系统，该集团的作业成本信息化系统是全国煤炭行业的首创，具有极大的原创性和时代性。目前该系统已经搭建起“数据采集、定额管理、预算管理、看板分析、手机 APP”五大主体功能模块，覆盖成本管控全作业链、全价值链、全要素，极大地提升了矿井操作人员的工作效率和质量，为决策层管理工作提供了有力的数据支持。

（3）构建作业成本管理体系。D 煤矿以作业成本法为主线，利用成本动因，围绕细化预算编制、精益成本核算、强化过程监督、严格考核评价的管控流程，依托作业成本框架执行全流程成本管控，形成计划、预算、监督、分析、考核“五位一体”的全方位作业成本管理机制。

（二）作业成本管理成效

D 煤矿以作业成本法为主线，实施全流程成本管控，并通过应用作业成本定额管理系统大幅提升了收集汇总、加工处理数据和信息的效率，在煤矿生产经营各环节为各级领导决策提供了有力支撑。矿井应用作业成本管理的成效主要体现在以下几个方面：

一是成本得到有效控制。据了解，D 煤矿采煤作业发生的成本项目可划分为可控费用和不可控费用。例如，可控费用包括材料、职工薪酬、电力、修理费、班中餐等；不可控费用包括折旧费、租赁费等。截至 2022 年 12 月，该矿可控成本的单位成本耗费中，职工薪酬和修理费均有所减少（见图 4 - 23），这在很大程度上源于作业成本法的有效实施。一方面，作业成本法为成本管理绩效考评提供了坚实的基础，严格了考核标准，并增强了员工个人利益与矿井管理水平的关联性；另一方面，作业成本管理体系将矿井的生产经营流程通过作业链条进行串联，并以作业的形式明确了每一位技术操作人员的工作职责范围，为精益化修理、闲置物资盘活等管理活动的成功实施创造了良好的条件。材料费和电力成本上升主要是由本年度回撤安装任务集中导致平板车等物资紧缺、开展了管路流量检测项目、增加顶板传感器等原因所致，因而并不影响作业成本法对提升成本管控水平的积极效果。

二是在矿井各级管理层形成了成本管控的浓厚氛围，增强了全员成本管控意识。矿井利用微信等网络平台，加大了作业成本定额体系建设的舆论宣传力度，提升了全员认识。

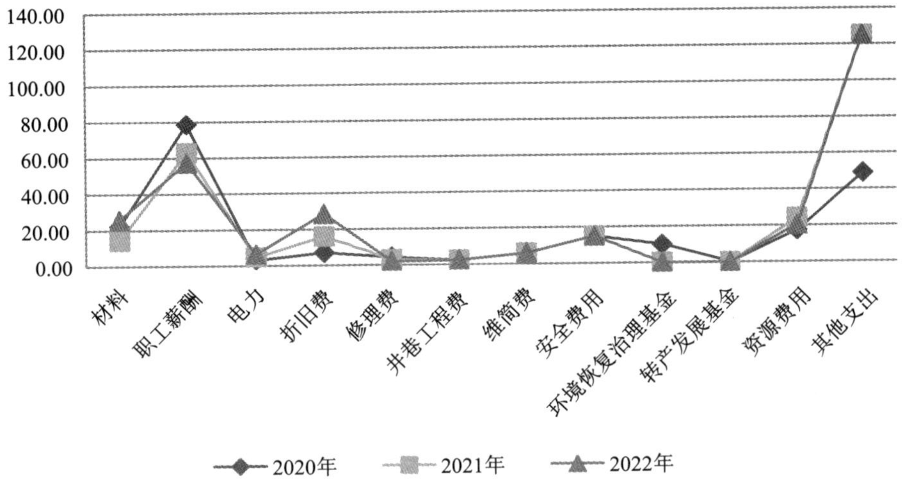

图4－23 D煤矿2020—2022年吨煤成本对比分析

三是丰富了成本管控手段，加快财务会计转型。随着作业成本法的推广，该矿明确了财务会计的转型方向，大量的基础工作实现智能化操作，在细化成本管理内容的同时提高了相关管理工作的效率。

四是成本分析更加明朗。该矿加快了成本分析进度，细化了成本分析单元，形成了更加直观的对照。作业成本运行分析会从主要指标完成情况、作业中心成本分析、物资管理情况分析、作业计划完成情况复盘以及工资测算情况五个方面展开，更加高效地让决策层了解经营过程中的问题，从而更加及时准确地制定措施、方针、政策，为建设“五个一流”矿井保驾护航。

五是为成本决策提供坚实的数据支撑。随着五级作业中心的细化分解，核算单元分解到最小单元，分析数据更加明朗，管理责任更加明确，积极有效地提高了成本核算的精度，夯实了预算基础，为决策提供了更加科学的数据支撑。

六、经验推广

本章对作业成本管理的研究，并不仅局限于介绍和分析一家煤矿企业的经验，更重要的是为集团其他矿井单位以及我国其他能源制造企业创新性运用作业成本管理工具提供借鉴。

（一）应用作业成本管理的基本条件

作业成本计算法的产生背景是产品个性化程度高，间接费用在产品成本中占较大比重，因此，作业成本法早期更多运用于自动化程度较高、多产品的制造业企业。D煤矿相对来说产品品种单一，但从成本管理角度来看，该矿的产品生产分采煤、掘进、机电、运输、通风等若干个环节，每个环节均需消耗一定量的资源，所以可将每一个生产环节确定为一个成本中心归集作业成本，然后再把各环节的作业成本汇集到原煤以计算最终产品成本，并在此基础上实现各个环节作业成本的控制与业绩考核。并且该矿已经具备了应用作业成本法的内在需求与外在技术条件，所以完全可以将作业成本法应用于成本核算和成本控制，从而实现作业成本管理。

从 D 煤矿应用作业成本法的经验和案例来看，具备下列特征的企业，比较适合采用作业成本法：从成本结构看，企业的制造费用在产品成本中占有较大比重；从产品品种看，企业的产品多样性程度高；企业生产经营的作业环节较多，并且企业自动化程度高，设备投资大；企业现有的成本会计系统缺乏应有的灵活性，不能对作业的变化及时做出反应；拥有现代化的计算机信息系统，会计电算化程度相对较高；从外部环境看，企业面临激烈的竞争。

（二）D 煤矿应用作业成本法的关键成功因素

D 煤矿成功应用作业成本法的关键因素总结为以下几点：

（1）矿井成本管控意识高度一致。D 煤矿在各级管理层形成了成本管控的浓厚氛围，全员成本管控意识增强。一方面，矿井管理层高度重视成本管理方法、路径的转型工作，一把手亲自负责，指定专门的业务团队专项攻坚，明确分工、落实责任、协同推进，确保了作业成本管理工作的有效开展。另一方面，矿井利用微信等网络平台，加大了作业成本定额体系建设的舆论宣传力度，提升了全员认识。2021 年 9 月，协同 D 二级公司财务部在该矿召开了《D 二级公司作业成本法交流研讨会》，各兄弟单位同仁针对前期工作提出了宝贵的意见，也进一步推广了作业成本法理念。

（2）确定作业消耗定额。应用作业成本法管理的关键因素之一在于测定作业定额，制定标准作业成本，进而辅助制定作业成本预算。该矿依托生产业务流程，制定了符合企业实际的作业定额，为实施作业成本管理奠定了数据基础。

（3）采用相关的应用系统。作业成本法的实施离不开信息系统的支持，D 煤矿根据实际引入集团作业成本定额管理系统，有效地解决了数据采集、分析的效率问题。该集团的作业成本信息化系统是全国煤炭行业的首创，具有极大的原创性和时代性，该系统的使用为实施作业成本管理奠定了软件基础。

（4）实施精准的作业成本分析。D 煤矿分别从成本项目和各级作业中心两个角度开展作业成本分析，实现成本分析的“网格化”。各作业中心层层分析，从上到下逐层分解，把分析工作的重心下沉到基层区队，通过各区队精准分析提高责任认定的合理性和考核结果的精准性。

（5）严格成本考核标准。D 煤矿构建“人人头上有指标、人人身上有责任”的全方位成本管控模型，充分发挥工资杠杆激励约束作用，将井下区队材料费用与工资收入捆绑考核，调动全员主观能动性和工作积极性，最大限度地激发职工参与材料管理工作的潜力。

（三）应用作业成本法的建议

为保证作业成本法的成功落地，除了要遵循上述基本应用条件，并结合考虑D煤矿成功应用作业成本法成功的关键因素，也要参考以下几条建议：

（1）实行"一把手"工程。全员形成作业成本管理的文化和共识是推行作业成本法的基础，只有拥有单位领导和有关管理部门的高度认可和支持，作业成本管理才能在企业中得以采纳和顺利实施。从该矿自上而下制定并实施作业成本法的过程来看，领导层面的重视、支持与强力贯彻实施是作业成本管理良好成效的关键支撑。

（2）建立并优化定额数据库。定额数据库是作业成本预算、分析的基础。首先，需以实际成本数据为基础建立定额数据库。以近期实际成本数据为依据，结合预算、生产计划和实际产能等情况，分别确定各生产环节的资源消耗，最终得到标准成本定额。其次，需及时将定额体系与矿井实际生产比照，持续优化，从而使定额更贴近矿井实际，为作业成本预算奠定坚实的基础。

（3）做好成本分析工作。在详细预算并准确核算各作业环节成本耗费的基础上精准计算各项成本消耗的节超情况，分析异常、发现问题，制定整改建议、措施，进而改善工艺流程、消除非增值作业，降低成本消耗，改进和提升管理绩效。

（4）制定激励机制。对实行作业成本法的组织或部门，制定恰当的激励机制，激励员工自主参与作业成本管理体系的设计和运行，并最终依据员工业绩表现进行适当奖惩，提升员工参与的积极性。

（5）强化成本对标分析与改进。在准确核算作业环节成本耗费的基础上，采取外部对标和内部对标相结合的方式分析异常、发现问题、改进和提升管理绩效。通过对相同生产条件下各生产单元的实物消耗、工效比较，与近似规模单位之间的成本价值对比，相同作业的资源配置与历史的最优值比较等，吸收标杆的先进理念和做法，改善工艺流程，减少、消除非增值作业，加强生产、经营过程中的成本控制力度，强化各单位、各环节岗位责任制的落实，不断提高自主管理能力，降低成本耗费。

（6）建立内部市场化运行机制。在煤矿内部建立内部市场结算体系，通过划分内部市场主体、制定价格机制、统一内部结算等方式，将企业内部上下工序之间的关系和服务与被服务之间的关系，由行政关系变为等价交换的经济往来关系，将煤矿、部门、个人的利益紧密结合，让每一名工人成为经营者、都有经营指标，让每一种生产要素都有价格，让工人知道每一天的经营效果。并通过合理确定各服务环节的内部价格，以内部结算为基础，形成考核与奖惩机制，传导成本管理压力，实现资源的合理配置，推动人才流动，达到调动员工的积极性、降本增效的目的。

附件1　2-2-1-1掘进—回采—机掘—全岩巷道定额表

序号	材料名称	单价/元	规格型号	单位	消耗量/100m	费用定额/100m
	合计					444194.6
一、	材料					364588.3
（一）	坑木	2130		立方米	2.80	5964.00
（二）	支护用品					207252.05
1	高强左旋螺纹锚杆	42.8	22×2（MG500）〔多经〕	根	1785.00	76398.00
2	压制蝶型托板	13.1	150×150×10	块	1785.00	23383.50
3	钢筋网片	33.9	Φ6.5-100×100	平方米	1280.00	43392.00
4	锚网梁	13	Φ12-54毫米	米	1250.00	16250.00
5	钢绞线	246.51	1×19s-21.8（6.3米）	根	105.00	25883.55
6	锚索蝶形托片	58	300×300×14	套	105.00	6090.00
7	锚具	27.3	Φ21.6	套	105.00	2866.50
8	球头挂环	4.1		个	105.00	430.50
9	树脂锚固剂	4.6	K2360	支	1995.00	9177.00
10	树脂锚固剂	3.1	CK2340	支	875.00	2712.50
11	左旋螺纹锚杆（吊挂）	19.1	Φ22×1米	根	35.00	668.50
（三）	大型材料					25935.40
	无缝管	5500	10-20#108×4.5	吨	3.86	21221.24
	煤矿用轻型橡套软电缆	4.8	MYQ-0.3/0.54×1.5	米	619.47	2973.45
	煤矿用轻型橡套软电缆	7.9	MYQ-0.3/0.54×2.5	米	176.99	1398.23
	松驰钢丝绳	0.86	塑料外套4	米	398.23	342.48
（四）	配件					23992.56
1	U形卡	0.52	φ10-φ25	件	492.96	256.34
2	超温自动洒水装置	660	DFB-20/10	台	1.00	660.00
3	堆煤传感器	380	GUJ30（A）	台	1.00	380.00
4	煤矿用带式输送机保护装置主机	3960	KHP170-Z	台	1.00	3960.00
5	跑偏传感器	405	GEJ30（A）	台	2.00	810.00
6	温度传感器	321	GWD42K（A）	台	2.00	642.00
7	防爆急停拉线开关	620	KHJ	台	2.00	1240.00

续表

序号	材料名称	单价/元	规格型号	单位	消耗量/100m	费用定额/100m
8	钩式滑轮	319	10T	件	1.00	319.00
9	机油过滤器	255		件	2.00	510.00
10	壳牌防冻液	92	8L	桶	2.00	184.00
11	空气滤芯	3320		件	2.00	6640.00
12	连接环	11.9	18×64C/20CrMnTi	件	30.00	357.00
13	球伐	52.32	QJ-10-25	件	46.00	2406.72
14	三通	13.16	KJ3-10-25	件	25.00	329.00
15	直通	9.9	KJ>>2-10-25	件	56.00	554.40
16	中间接头	4.1	KJ>>1-10-19	件	21.00	86.10
17	圆环链	49.6	18×64-15C/25MnV	件	70.00	3472.00
18	专用机油	23.72	15W4018升/桶	升	50.00	1186.00
（五）	专用工具					18050.00
1	矿用风动潜水泵	960	FQW20-50/W	台	1.00	960.00
2	矿用隔爆型组合声光信号器	233	XBH127（36）A/A	台	1.00	233.00
3	矿用隔爆型低压电缆接线盒	101	BHD-45/660（380）-3T	台	1.00	101.00
4	矿用隔爆型低压电缆接线盒	610	BHD30-200/1140(660)-4G	台	1.00	610.00
5	矿用隔爆节能灯	98	127V/13W（景安）	盏	7.00	686.00
6	污水泵	15460	WQN50-140-37	台	1.00	15460.00
（六）	建工材料					3749.94
1	水洗砂	208	中粗砂	立方米	3.60	748.80
2	锚喷石子	205	1-3毫米	立方米	3.60	738.00
3	普通硅酸盐水泥	381	42.5#	吨	5.94	2263.14
（七）	油脂及乳化液					52389.10
1	抗磨液压油	16390	AE68长城	吨	0.16	2683.32
2	锂基脂	11140	3#	吨	0.07	788.67
3	抗磨液压油	19750	68#美孚	吨	2.46	48501.11
4	锂基脂	14690	3#长城通用尚博	吨	0.03	416.00
（八）	其他材料					27255.25
1	GB21六角头螺栓	133	M20×80毫米	百件	1.00	133.00
2	GB52六角螺母	26.75	M16-20毫米	百件	15.00	401.25
3	GB97平垫圈	5.5	M20毫米	百件	1.76	9.68
4	大镐把	6		根	26.50	159.00
5	调和漆	6	各种颜色	公斤	141.59	849.54
6	镀锌铅丝	6220	8#-16#	吨	0.66	4105.20

续表

序号	材料名称	单价/元	规格型号	单位	消耗量/100m	费用定额/100m
7	防爆节能灯炮	15.8	18W－13W/127V（罗口、顶口）	个	35.39	559.16
8	防水绝缘胶带	1	20mm×20m	盘	4.42	4.42
9	风镐钎	17.5	AST－400MM_ G10	支	230.00	4025.00
10	风钻杆	52.95	中空 B22×1.5－2.2米	根	53.10	2811.65
11	风钻头	17.1	∮32 一字型	只	35.40	605.34
12	钢镐	12.3	3kg	个	17.70	217.71
13	高强度皮带扣	331	GK12－14	盒	35.39	11714.09
14	尼龙扎带	7.8	（5－4）×（300－800）	百件	53.10	414.18
15	皮带串条	2.2	6×1000毫米	根	35.40	77.88
16	组合钻杆连接套	6		个	141.60	849.60
17	组合钻杆连接头	6		个	53.10	318.60
二、职工薪酬				元		48530.65
三、电力		0.65		度	1249.89	812.43
四、修理				元		0.00
五、折旧						175.20
六、班中餐		20	20元/人/工	份	1504.40	30088.00

附件2 D煤矿2022年年度预算表

单位：元/吨

项目名称	总成本	生产系统							非生产系统		
	合计	小计	共同成本	采煤	掘进	机电	运输	通风	其他	小计	管理	财务
合计	168.45	124.18	36.41	30.84	17.15	13.57	10.28	3.56	12.38	44.27	20.07	24.20
一、材料	18.39	18.37	0.00	2.43	6.37	3.45	2.87	0.65	2.61	0.02	0.02	0.00
二、职工薪酬	37.58	33.16	0.00	6.69	9.67	2.91	5.06	2.66	6.18	4.43	4.43	0.00
三、电力	5.38	4.89	0.00	0.83	0.57	1.76	1.59	0.00	0.14	0.49	0.49	0.00
四、折旧费	17.26	16.25	0.00	10.46	0.00	4.84	0.37	0.20	0.37	1.01	1.01	0.00
五、修理费	1.77	1.70	0.00	0.99	0.06	0.33	0.29	0.00	0.03	0.08	0.08	0.00
六、固定计提	30.36	17.36	17.36	0.00	0.00	0.00	0.00	0.00	0.00	13.00	13.00	0.00
七、资源费用	18.12	18.12	18.12	0.00	0.00	0.00	0.00	0.00	0.00	0.00	0.00	0.00
八、其他支出	39.59	14.35	0.94	9.44	0.49	0.27	0.10	0.05	3.06	25.24	1.04	24.20

附件 3　D 煤矿对标指标计算参考公式

1. 全员劳动生产率（元/人）=工业增加值/全部从业人员平均人数

2. 全员效率（吨/人）=产品产量/全部从业人员平均人数

3. 原煤生产人员效率（吨/工）=报告期原煤产量（计算效率产量）/报告期参与计算效率的原煤生产人员实际工作工日数

4. 回采工作面工人效率（吨/工）=回采产量/回采工作面工人实际工作工日数

5. 掘进工作面工人效率（米/工）=生产掘进进尺/掘进工作面工人实际工作工日数

6. 平均工资：

（1）从业人员平均工资（元/人）=从业人员工资总额/从业人员平均人数

（2）在岗职工平均工资（元/人）=在岗职工工资总额/在岗职工平均人数

（3）劳务派遣人员平均工资（元/人）=劳务派遣人员工资总额/劳务派遣人员平均人数

（4）其他从业人员平均工资（元/人）=其他从业人员工资总额/其他从业人员平均人数

第五章　E 煤矿安全管理体系案例

摘　要

在国家全面深化供给侧结构性改革，去除过剩产能的情况下，我国煤炭企业的发展面临巨大挑战。安全问题作为煤炭企业可持续发展的重要一环，一直受到社会广泛关注。2021 年 9 月 1 日，新修订的《中华人民共和国安全生产法》正式施行，进一步强化了煤炭生产经营单位的安全生产主体责任，加大了对安全生产违法行为的追责力度。国家对煤矿安全的严管控，给煤炭企业安全生产建设提出了挑战。本章以集团 E 有限责任公司 E 煤矿为例，对其在安全管理中涉及的先进安全管理体系、高效管理工具、方法和经验进行总结提炼，为其他煤炭企业提高安全管理水平提供借鉴和参考。

E 煤矿位于×县城北（直线距离）20 公里处的某河两侧，井田南北长 25 公里，东西宽 3—4.5 公里，总面积 80 多平方公里，矿井设计生产能力为 1500 万吨/年，设计服务年限 71.7 年。在 202×年之前，E 煤矿在安全管理上存在强制性、重结果、不落地的问题，具体表现为安全事故频发、制度浮于表面。因此，E 煤矿在集团的指导下引入杜邦安全管理体系，融入精益安全管理理念，在推进、落地集团安全管理体系的过程中取得了良好成效。

E 煤矿以杜邦安全管理体系为基底，结合实际情况，对标杜邦十大理念，形成十大体系，构建了以十大体系为支撑的安全管理体系。本案例贴合 E 煤矿实际情况，以“11337”为工作路径，描述安全管理体系。通过构建十大体系，对 E 煤矿的安全管理流程和链条进行论述，重点抓实安全责任体系、双预控体系、安全生产标准化管理体系、行为治理体系和“六个保障体系”，实现煤矿本质安全。

通过试行安全管理体系，E 煤矿在安全管理上取得明显成效。在风险隐患管控方面，梳理出全面风险隐患治理清单，嵌入信息平台进行及时有效管控，形成隐患闭环管理，实现隐患动态清零。在人员不安全行为方面，配合行为治理体系和教育培训体系，有效降低人员“三违”操作次数，提高人员安全素质。

关键词：煤炭企业；安全管理；精益管理；杜邦安全管理体系

一、案例背景

（一）单位基本情况

E 煤矿隶属于 E（集团）有限责任公司，属于国有企业，全矿在册职工 3043 人。矿井位于×县城北（直线距离）20 公里处的×河两侧，井田南北长 25 公里，东西宽约 3—4.5 公里，总面积 80 多平方公里，矿井设计生产能力为 1500 万吨/年，设计服务年限 71.7 年。截至 202×年底，剩余可采储量 8.62 亿吨。

矿井采用斜井开拓方式，其供电系统为双回路供电，通风方式为分区式，通风方法为抽出式。瓦斯等级为低瓦斯矿井。煤层为Ⅱ类自燃煤层，水文地质类型中等，煤尘具有爆炸性。

E 煤矿设矿长、党委书记、生产副矿长、安全副矿长、总工程师、机电副矿长等 11 名矿领导；设置采掘、电气、通风、安全、安装准备运输、地测共 6 名副总工程师；设置有调度、生产技术科、机电科、地测科、通风科、安监处、信息中心等 24 个管理职能科室，并配备了相应安全生产管理人员、专业技术人员和岗位操作人员。

（二）内外部环境

在煤炭企业的可持续发展中，煤炭企业的安全问题是煤炭生产中的重要一环，是一个难以拔丁抽楔的难关，而安全管理则扮演着重要的角色，同时也是煤炭企业持之以恒的目标。党的十八大以来，党和国家进一步健全完善了安全生产方针政策和法律法规，并从体制、机制、规划、投入等方面，采取了一系列举措加强安全生产，推动我国在煤炭安全生产规制体系日臻完善。2021 年 9 月 1 日，新修订的《中华人民共和国安全生产法》正式施行，进一步强化了煤炭生产经营单位的安全生产主体责任，加大了对安全生产违法行为的追责力度。“三个明确”更是要求生产经营单位通过安全管理体系建设将安全工作落到实处，实现“以人为本，坚持安全发展”。

集团在 202×年工作会议上进一步强调“管生产必须管安全”和“把安全环保责任体现在行动上”，要求通过加强现场管理和加大技术投入，引深杜邦安全管理体系建设，确保安全管理行之有效。集团在《关于加强 202×年安全工作的决定》中明确了安全工作的指导思想和安全目标，要求对标世界一流，巩固提升安全专项整治三年行动的行动成果，构建完善集团安全管理体系。

E 煤矿是集团首个千万吨级矿井，虽然其年产量大，但面临生产衔接紧张、生产系统复杂、设备人员数量多等问题，给矿井安全管理带来了诸多困难。单岗作业、边远区、薄弱区的安全监管、违章行为的预防和风险隐患管控治理，一直是矿井安全管理的重点和难点。面对安全形势严峻复杂和地方监管的高压态势，矿井多年来一直在尝试探索各种安全管理模式和手段，但效果不明显，究其原因，还是缺乏健全完善的安全管理体系。

（三）主要问题表现

经过访谈交流、深入调查、事故梳理、分析研讨后，E 煤矿将反应强烈、矛盾突出的共性问题进行梳理，具体如下：

1. 安全风险多，管控难度大。E 煤矿在 202×年度的安全风险辨识评估报告中辨识评估出 28 类 551 条风险，其中重大风险 3 条、较大风险 36 条、一般风险 106 条、低风险 406 条，遍及生产经营中的各个环节。安全风险多样，管控措施需要与风险等级相对应，执行难度较大。

2. 人员安全素质低，违章操作多。E 煤矿在 202×年发生 5 起轻伤事故，其中人员安全意识差是 5 起安全事故发生的共同主要原因之一。项目研究发现，我国煤矿事故 88% 是由于"人"的不安全行为造成的，10% 是由于"物"的不安全状态造成，而"物"的不安全状态引起的安全事故也是由"人"的错误所致。因此在多数事故发生过程中，"人"是引发事故的最关键因素，而人员安全素质的高低直接影响人员的安全意识和操作规范性。

3. 安全管理制度浮于表面，停于理论。E 煤矿 202×版《安全生产管理制度》有 49 项，制度繁多，但未成体系。一方面，由于多数制度的应用具有强制性、强迫性，导致无论是管理人员还是生产人员在执行制度规范要求时心理上存在一些抵触情绪。另一方面，多数安全制度在实施时仍是以结果为核心，忽视了管理过程，或是停留于制度表面，未能结合实际，造成制度不精准、不科学，执行展开效果不好。

（四）主要问题分析

1. 自然因素

E 煤矿煤层为Ⅱ类自燃煤层，容易自燃，水文地质类型中等，随着煤矿的开采，顶部岩层遭到破坏。尤其是矿区东部及沟谷中煤层埋藏较浅，会使地表岩层裂隙加大、增多，冒落导水裂隙与强风化裂隙含水层沟通，甚至会有形成地面塌陷的危险。而且区内可采煤层均具有粉尘爆炸性，开采过程中风险和隐患较多。

2. 人员因素

E 煤矿在册员工 3000 余人，职员数量庞大，安全监管任务重。从近年来发生的多起煤矿事故来看，所有事故都有员工不安全行为参与，而因纯粹技术问题导致的事故基本没有，这折射出 E 煤矿对于员工的不安全行为控制和管理还存在较多问题。

一是员工的安全素质问题。安全素质主要包括安全意识、安全知识、安全操作能力以及安全责任意识。在安全意识方面，未把好员工培训关，人员安全教育培训次数较少，导致员工参与积极性低且安全理念未入心入脑，培训后没有及时对员工进行考核反馈，导致员工安全意识较弱，重视程度不足。在安全知识和操作能力方面，未能营造出好的安全学习氛围，未能使员工养成良好的学习习惯；同时，安全理论知识和实际操作考核未能结合，停留于纸面，致使员工未能切身体会并加深记忆，操作不够规范。安全责任意识方面，安全责任体系制度不健全、取权划分不明确、责任落实不到位是存在不负责任行为的主要原因。

二是人员行为治理问题。对于不安全行为的治理，E 煤矿主要依据《煤矿安全生产标准化管理体系基本要求及评分办法（试行）》以及《煤矿安全规程》，对于不安全行为采用了经验型描述。一方面，单纯的行为描述导致不安全行为定义不清晰、不精准、不系统、不完整。由于现行安标标准中规定的不安全行为情形多，风险值未有效量化，按照目前非结构性描述，对不安全行为处理和改进只能一事一议，无法科学、精准和系统地识别不安全行为的发生规律和最优改进方式。另一方面，针对不安全行为的改进举措系统性不强。通过采用教育、罚款、学习等处罚措施来改善和杜绝不安全行为的发生缺少有效的针对性，制约了不安全行为改进的精准性。

3. 管理因素

一是安全管理模式不成体系。过去 E 煤矿在安全管理方面做了大量工作，尝试过多种形式，制定并下发了各类安全管理办法、措施、制度、方案，数量多但未成体系，存在强制性和临时性，在下达执行时员工抵触情绪强、执行效果差，导致安全管理不落地、不到位、不持续。

二是安全管理理念存在偏差。作为传统煤炭企业，E 煤矿粗放式管理未能彻底改善，还存在着安全责任划分不清、制度条例不够细致、监察管理缺乏力度的问题。此外，在很长时间里，E 煤矿对于安全管理的认识还在于排查隐患的层面，忽略了对隐患源头的管理，对风险管控的落实不到位，导致隐患反复出现，无法彻底杜绝。

二、总体设计

（一）安全管理体系的选择与创新

1. 杜邦安全管理体系

杜邦安全管理起源于美国的杜邦公司。1802 年，杜邦公司成立，在第一个 100 年里，杜邦主要是一家火药制造商，特殊的行业性质造就了杜邦对安全的重视。为了减少事故，避免损失和人员伤亡，杜邦开始制定安全管理规章制度，保障安全生产。而后杜邦公司将 200 多年的安全管理经验进行归纳和总结，形成了杜邦安全的十大理念和 22 要素。杜邦安全管理十大理念表述为：所有事故是可以防止的；各级管理层对各自的安全直接负责；所有安全操作隐患是可以控制的；安全是被雇佣的条件；员工必须接受严格的安全培训；各级主管必须进行安全检查；发现安全隐患必须及时消除；工作外的安全工作和工作内容的安全同样重要；良好的安全就是一门好的生意；员工的直接参与是关键。这十大理念是杜邦管理者与员工需严格遵守的准则。

杜邦安全管理体系是由杜邦公司在日常安全生产过程中经过 200 多年积累和沉淀形成的公司管理制度所组成，对领导、结构、流程与行动做出了诠释。而学习杜邦安全管理体系应着重学习杜邦的安全文化、安全管理、安全培训和安全绩效。

2. E 煤矿安全管理体系

202×年年初，集团在安全工作会议上提出要对标学习世界一流体系，深引杜邦安全管理体系，从而形成集团安全管理体系。在学习和运用杜邦安全管理体系时并不是简单地拿来照搬照抄、生搬硬套，而是根据杜邦安全管理理念结合集团多年安全生产管理模式、经验和做法，在既有的安全管理制度的基础上创建出新的、贴合集团特点的安全管理体系。

因此，在集团的指导下，E 煤矿对标杜邦安全管理体系的十大理念，从责任落实、隐患排查、风险管控、员工素质、监督等方面延伸出四个体系：安全责任体系、安全双预控体系、安全教育培训体系、安全监督检查体系。再结合精益安全对于人员管理、绩效管理、现场管理、流程管理的改进，形成了六个体系：安全生产标准化管理体系、安全投入保障体系、安全行为治理体系、科技强安体系、应急管理体系、安全考核评价体系。以杜邦安全管理体系为基底，融入精益安全管理理念，结合 E 煤矿原有安全管理的工作制度和良好的激励方法，形成了贴合 E 煤矿工作实际的十大体系。这十大体系关联安全管理中的十个方面，多点支撑起一个纵向到底、横向到边、立体防御的 E 煤矿安全管理体系，形成了安全管理的全覆盖和闭环。

（二）应用思路

E 煤矿围绕安全生产目标，坚持一个政策，压紧一个责任，抓紧三个关键，严管三个安全，确保七个到位，提升安全生产管理水平，推进安全生产治理体系和治理能力现代化建设，形成“11337”实施路径。

一个政策是指安全重奖重罚重问责；一个责任是全员安全生产责任；三个关键是双重预防机制、安全生产标准化建设、行为治理；三个安全是指井下系统安全、地面专业安全、变化环节安全；七个到位是安全投入到位、培训教育到位、装备提升到位、监督监察到位、应急管理到位、重大灾害治理到位、隐患“双清零”到位（而重大灾害治理到位和隐患双清零到位分别是安全生产标准化建设和双重预防机制的结果）。因此“11337”路径和 E 集团安全管理体系的十大体系相呼应。

十大体系对应“11337”的实施路径，结合生产活动具体内容如下（见图 5－1）：首先通过建设安全责任体系将安全责任层层分解，细化到安全生产的每个环节，落实到安全生产每个岗位，实现安全生产责任全员全岗位全覆盖，安全责任全过程可追溯，将责任意识深入全员内心，用责任约束人员行为。在生产流程前端，双预控系统对生产过程中的安全风险和事故隐患进行评估和排查，将风险隐患进行分级归类，并将信息上传到双预控信息系统进行实时预警。在生产流程中，为改善现场，安全生产标准化管理通过使用“四化”管理具体化、细化员工在生产现场要达到的安全目标，使用“5S”具体规范员工生产行为和安全方法，使得安全生产标准化、生产现场动态达标；与此同时，安全行为治理体系管控和纠正生产人员的安全行为，严防“三违”行为的发生，保证生产安全。在生产活动外，通过安全教育培训对员工进行安全意识和知识强化，确保员工知风险、懂安全、熟操作，对之后的生产活动进行保障；如果突发安全事故，通过标准化、专业化应急系统响应，争取损失最小化；科技强安体系和安全投入保障体系通过信息化技术和安全费用为生产安全提供技术性和费用支持，协同保障生产安全；各级主管对负责的单位和部门实施动态安全监督检查，确保各个环节的制度平稳有效落实。最后，通过考核评价细化考核内容、量化考核结果，突出安全目标和动态过程，正向、反向激励相结合并总结反馈，形成管理闭环。

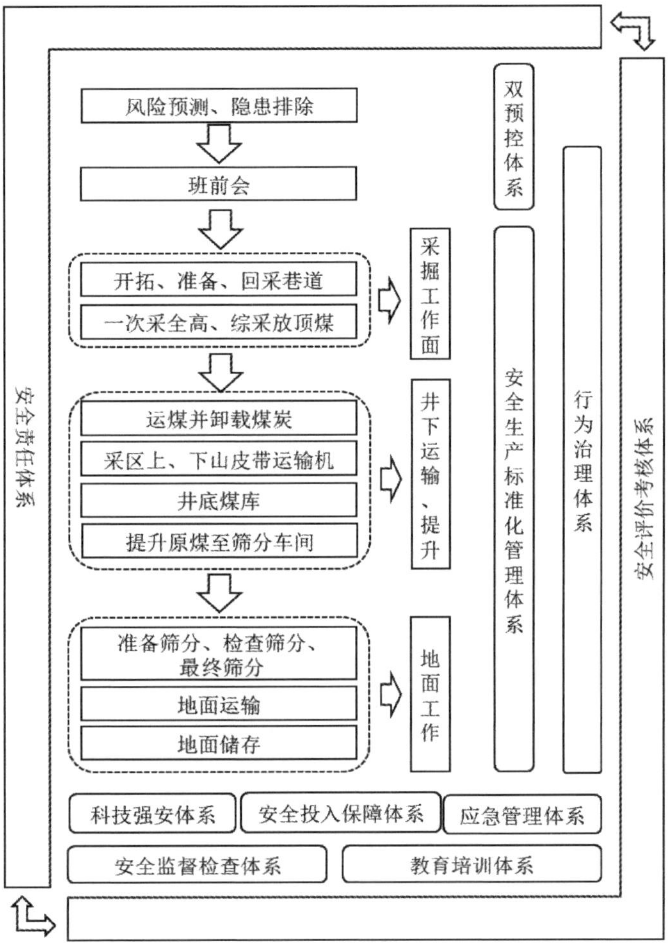

图5-1 生产流程与十大体系结合

（三）预期目标

E煤矿通过推进安全管理“十大体系”建设，将杜邦安全管理理念与精益安全管理深入融合，实现由“被动履职”向“主动作为”转变；由“排查隐患”向“管控风险”转变；由“培训”向“培育”转变；由“动态达标”向“动态达标持续保持”转变；由“严格监管”向“自主约束”转变；由“事后救援”向“超前预防”转变；由“结果考核”向“结果与过程并重考核”转变；由“被动管理”向“自主管理”转变，确保安全生产持续稳定健康发展，实现煤矿本质安全。

三、应用过程

（一）E 煤矿建立安全管理体系的准备工作

1. 参与组织和人员

在推进杜邦安全管理体系的建设中，由于安全工作的全员参与性，涉及的相关组织和人员涵盖E煤矿所有部门和全体人员。从支撑杜邦安全管理体系的十大体系看，对应十大体系的责任部门有安监处、财务科、生产技术科、人力资源科、机电科、职工培训中心。

矿长为E煤矿安全生产第一责任人，对本矿安全生产工作全面负责，组织落实安全生产法律法规明确的企业安全生产主体责任；按照安全生产党政同责要求，党委书记与矿长共同承担并履行本矿主要负责人安全生产责任，对安全生产工作负领导责任；分管安全生产工作的矿领导对安全生产综合管理负具体责任；总工程师对安全生产技术决策和指挥负具体责任；其他矿领导承担分工范围内的安全生产责任。

安监处是安全管理的牵头部门，是推进安全责任体系、双预控体系、安全生产标准化管理体系、安全教育培训体系、安全行为治理体系、应急管理体系、安全监督检查体系和安全考核评价体系等八大体系的责任部门。一是负责本矿安全管理、安全监督，履行安全生产监督管理职责。二是负责贯彻落实党和国家、山西省以及上级部门安全生产方针政策、法律法规、条例规程、规定指令等。三是负责制定年度安全目标、阶段性安全工作安排以及各项安全管理规章制度，并督查执行情况。四是负责编制本矿应急救援预案，监督检查各队组应急演练计划的落实情况。五是负责组织各类伤亡事故的调查分析通报，负责各类事故信息的上报工作，负责对各类事故防范措施落实情况监督检查。

除了安监处直接负责的八个体系外还有两大体系，分别是安全投入保障体系和科技强安体系。安全投入保障体系的负责部门是财务科，负责对安全费用收支预算的编制与上报。科技强安体系的负责部门是生产技术科、人力资源科以及机电科。

生产技术科对所承担的矿井衔接、生产部署、矿井开延工程、采掘工艺、顶板管理等工作履行业务保安责任和安全管理职责，负责全矿生产技术管理工作、制定顶板管理办法；负责编制采掘工作面设计以及作业规程、安全技术措施的审批和监督落实工作；负责协调解决采掘专业安全生产技术难题，督促整改落实；负责采掘专业安全生产新技术、新工艺、新材料、新装备的推广应用；定期组织开展专业系统“会诊”、安全专项检查等工作。

人力资源科负责全矿人力资源、劳动用工、人事调配、职业技能鉴定、薪酬管理、劳动统计等各项工作，对其所负责的工作承担责任。

机电科对所承担的机电管理、主运输、安全供电、大型设备等工作履行业务保安责任和安全管理职责，负责组织制定年度机电管理工作安排，组织协调机电技术装备升级、供电系统改造升级、主运输系统改造升级的实施以及机电设备选型配套、运行维护等工作。

此外，职工培训中心负责推进安全教育培训体系的建设，负责健全安全培训工作机制，落实安全培训教育计划，依照上级与矿要求组织安全培训，加强培训各环节的组织协调、监督、检查、考核，保障培训工作顺利进行。

2. 修订完善安全管理制度

制度健全与否和执行落实是否到位直接关系矿井安全发展，因此在构建安全管理体系初期首先修订和完善各项安全制度，为后续十大体系的构建和管理的实施提供基础。

新《安全生产法》施行以来，E 煤矿全面梳理了现有安全生产管理制度和责任制度，对照法律、法规新要求，查找不足和“漏点”。同时植入杜邦安全和精益化管理理念，修订、完善了涉及《煤矿安全规程》《煤矿安全生产标准化管理体系基本要求及评分办法》要求的各类安全生产管理制度 50 余项，并针对制度内容描述不清晰、不精准、不系统的问题进行了改善。例如，先前的《领导干部应急值班、带班管理规定》只对值班带班的时间、人员等基本要求做了模糊的规定，没有清晰、准确地规定带值班人员应该做的内容，且未突出应急的需求。修改后，制度改为《应急值守值班制度》，将“领导干部”这样不清晰明确的词语去掉，添加了需要进行应急值守的情形，明确了需要应急值守的条件；落实了带值班制度，明确应急值守人员的职责，关联了《管理人员下井及带班制度》；制定了信息报告制度，明确了值守人员何时报告、如何报告。这样将各项制度条理化、流程化，有效确保了各项管理制度、安全工作落实到位。

3. 成立安全生产委员会

为全面加强 E 煤矿安全生产工作的统一领导，强化安全生产管理，落实各级安全生产责任，健全安全管理工作机制，着力防范化解安全事故风险，E 煤矿成立了安全生产委员会。委员会由党委书记和矿长领导，办公室下设在安监处，并根据采掘、通风、机电等不同专业下设 11 个专业委员会（见图 5－2）。安全生产委员会牵头负责 E 煤矿的安全生产管理工作，贯彻落实国家安全生产法规标准，对全矿安全生产工作进行研究部署，制定安全工作安排并督促实施，审定下达年度考核目标并进行考核，加强了 E 煤矿安全生产工作的组织、指导、协调和监督，有助于推动矿井安全生产持续稳定健康发展。

（二）E 煤矿安全管理体系的应用实践流程

1. 一个责任——安全责任体系

E 煤矿坚持“各级管理层对各自的安全直接负责”的理念，依据上级公司三级安全管控实施意见，压紧压实安全生产责任，持续提升安全执行能力（见图 5－3）。

（1）压紧压实安全生产主体责任。矿是安全生产直接责任主体，科队是安全生产落实主体，班组是安全生产执行主体，各岗位全面履行安全生产责任。E 煤矿通过要求全员厘清各层级安全生产责任，加深个人责任意识，从而强化层级管理、自主管理，构建分级管理、逐级负责、权责分明的安全生产责任体系。

（2）压紧压实业务安全管理责任。坚持“管行业必须管安全、管业务必须管安全、管生产经营必须管安全”和“谁主管谁负责”的原则，要求安监部门对全矿安全生产工

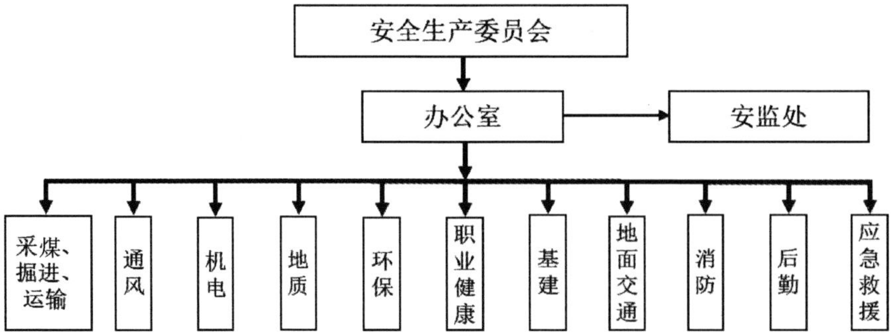

图 5－2　安全生产委员会组织架构

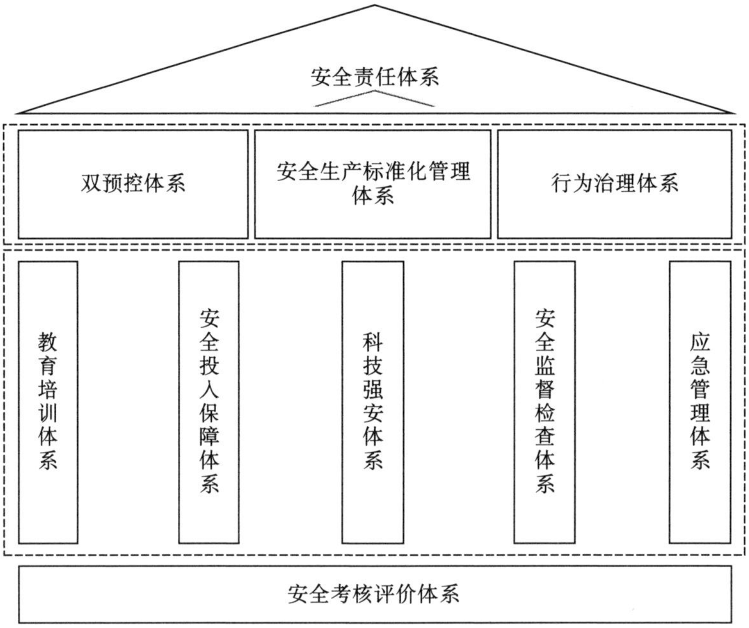

图 5－3　E 煤矿安全管理体系架构

作实施综合监督管理，各业务管理部门对本专业、本业务负安全管理责任，同时强化综合监管责任、业务安全管理责任的考核落实，实现全矿安全。

（3）压紧压实全员安全生产责任。按照“党政同责、一岗双责、齐抓共管、失职追责”的要求，厘清主要负责人、专职安全生产分管负责人、其他负责人安全生产责任。为进一步健全完善全员安全生产责任制，E 煤矿重新修订了覆盖 35 个单位 600 余个岗位的《E 煤矿全员安全生产责任制》，从领导班子成员到一线岗位人员，责任层层分解，将安全生产责任制扎根到安全生产每个环节，落实到安全生产每个岗位，实现安全生产责任全员全岗位全覆盖，实现安全生产责任全过程可追溯。同时严格全员安全生产责任制考核，强化追责问责，实行安全生产“一票否决”。

2. 三个关键——抓紧双重预防机制、安全生产标准化建设、人员行为治理

（1）双预控体系。E 煤矿坚持“所有的安全隐患都可以控制”“发现安全隐患必须及

时消除”的理念，推进双预控体系的建设。双预控体系主要包括风险分级管控和事故隐患排查治理两个方面。

①风险分级管控。在安全风险识别过程中，E煤矿针对重大危险源、隐蔽致灾因素、生产作业中的关键环节、地面场所、作业活动以及瓦斯、水、火、煤尘等容易导致群死群伤的危险因素开展安全风险辨识。由矿长牵头组织各分管负责人和相关业务科室、队组，成立各专业安全风险辨识评估组，遵循风险辨识“科学性、系统性、全面性、预测性”的原则，主要采用预先危险性分析法，结合查阅记录法、现场观察法、直接询问法，重点围绕人的不安全行为、物的不安全状态、环境的不良因素和管理缺陷等要素，进行全面、系统的安全风险辨识。

安全风险辨识后，在充分掌握风险资料的基础上，使用作业条件危险性评价法（LEC评估法）对已识别风险进行系统分析和研究，评估风险发生的可能性、造成损失的范围和严重程度（见表5－1）。按照安全风险等级评估标准从高到低划分为重大安全风险、较大安全风险、一般安全风险和低安全风险，分别用红、橙、黄、蓝四种颜色标识。LEC评估法具体内容如下：

对找出的风险点进行安全风险评估，各评估人员采用D＝LEC公式计算风险分值（单位：分），取各评估人员打分的平均值作为最终评估结果，其中：

D—关键环节、场所地点等存在的安全风险

L—事故发生的可能性

E—人员接触危险环境的频率

C—发生事故产生的后果

表5－1　　风险等级标准

风险分级	等级	D（值）	危险程度
红色风险	重大（Ⅰ）	D（值）≥320	极其危险，必须高度关注、重点防控
橙色风险	较大（Ⅱ）	320＞D（值）≥160	高度危险，应采取严密防控措施
黄色风险	一般（Ⅲ）	160＞D（值）≥70	一般危险，应采取有效防控措施
蓝色风险	低（Ⅳ）	70＞D（值）	危险，需严格按章正规操作

完成风险评估后，要完善本系统安全风险档案，明确级别、管理状况、责任人、管控能力等基本情况，实行“一风险一档案”，并按照风险等级，用红、橙、黄、蓝等色彩对档案进行分类管理。对现场辨识出现的不同类别安全风险，必须明确应急处置程序和措施。经评估存在不可控风险的，必须立即停止区域作业或停止设备运行，撤出危险区域人员，督促责任单位制定措施进行整改，整改完毕后再重新进行评估并进行实时监控。每开展一次专项辨识评估后都应编制专项辨识评估报告，将辨识出的重大安全风险补充至年度重大安全风险清单。

风险评估并确认后，要进行风险分级管控（见图5－4）。按照煤矿管理层级，逐一分解落实安全风险管控责任。上一级负责管控的风险，下一级必须同时负责管控，根据风险级别不同，责任层层划分，矿长是重大风险管控的第一责任人。各级负责人对应自己负责的风险进行管控并跟踪，每半月进行一次分管业务部门安全风险管控实施分析；每月矿长带头进行一次重大安全风险管控措施落实情况和管控效果检查，并对下一月管控重点进行布置；每年矿长组织开展对重大安全风险管控措施落实情况和管控效果总结分析，指导下一年度安全风险管控工作；以上检查均记录在会议纪要中，存档备查。

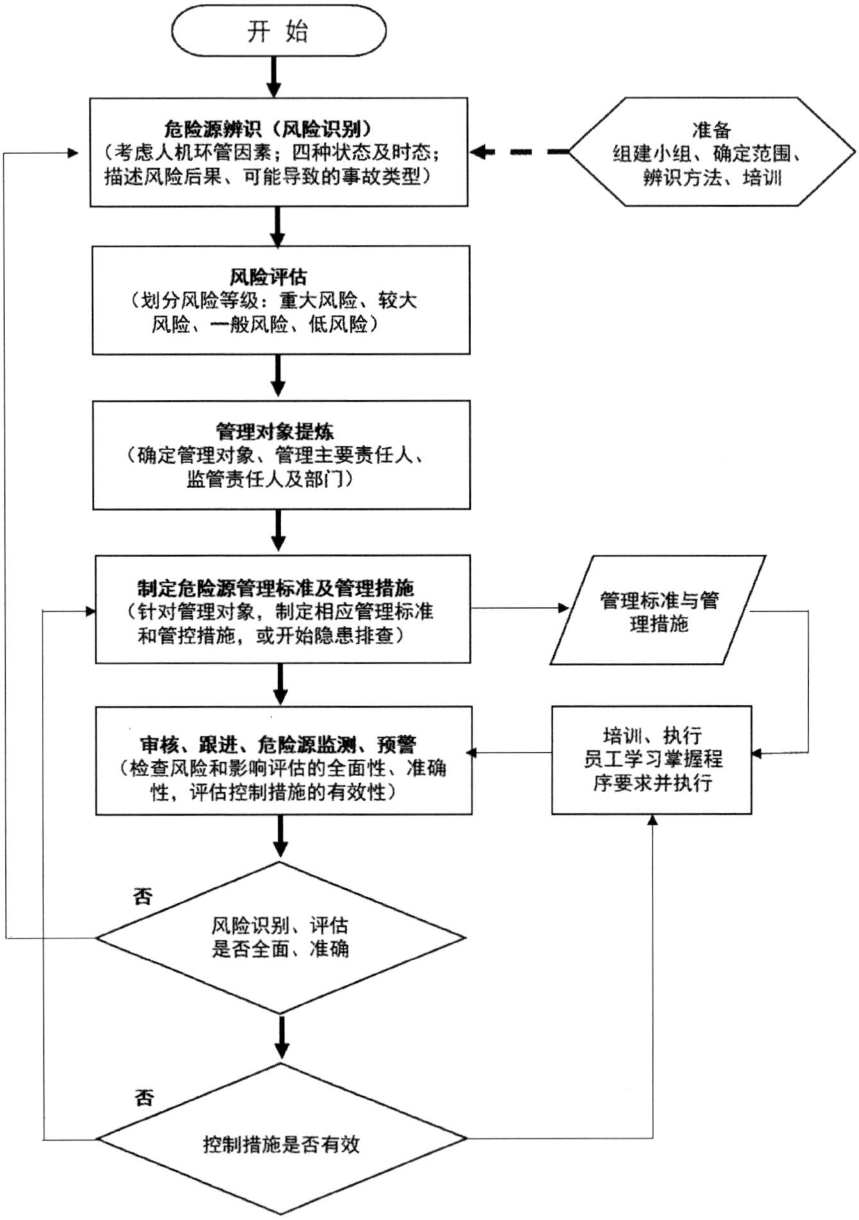

图 5－4 E 煤矿安全风险分级管控工作流程

在进行安全风险管控的同时完善安全风险公告制度。在行人井口和存在重大安全风险区域的显著位置，公告存在的重大安全风险、管控措施、管控责任人和应急措施，让每名职工都了解风险点的基本情况及防范、应急对策。对存在安全生产风险的岗位发放告知卡，标明本岗位主要危险危害因素、后果、事故预防及应急措施、报告电话等内容。对存在重大安全风险的工作场所和设置明显警示标志的重点岗位，强化监测和预警。

在风险管控时应用信息化平台，将检查分析情况、重大安全风险清单、年度安全风险评估报告和各类安全例会的会议纪要等材料及时上传至 E 煤矿安全风险分级管控信息化系统平台，便于各相关单位查看。同时将各单位上报的材料全部上传至 E 煤矿双预防信息化管理平台进行汇总，安全风险管控办公室根据内容进行记录、管控、统计、分析，并将全部安全风险管控措施上报。

此外，由安监处牵头，通过外聘专家或本矿安全风险分级管控技术管理人员现场对管理人员进行授课，在年度风险辨识评估开展前组织对矿长和分管负责人开展专项学习培训；职工培训中心针对全矿所有入井人员在年度风险辨识评估后开展与本岗位相关的重大安全风险管控措施教育培训，确保每名员工都能熟练掌握本岗位安全风险的基本特征及防范、应急措施。

在持续改进方面，矿长每季度至少开展 1 次风险分析总结会议，对风险辨识的全面性、管控的有效性进行分析总结，并要求了分析总结需要包括的内容。每年组织开展双重预防机制的运行分析，形成分析报告，用于指导下一年度安全生产工作。

②事故隐患排查治理。失控的风险就是隐患，具体体现在可能导致事故发生的物的危险状态、人的不安全行为和管理上的缺陷。事故隐患分为重大事故隐患和一般事故隐患，而结合 E 煤矿实际情况，按照治理隐患的难易程度将一般隐患分为 A、B、C 三级。从专业上又将事故隐患分为采煤、掘进、机电、运输、通风等专业。在事故隐患治理方面，按照隐患的分类和程度实施分级治理（见图 5－5）。对于重大事故隐患，由矿长按照责任、措施、资金、时限、预案“五落实”的原则，组织制定专项治理方案，组织实施，并将治理方案按规定及时上报集团安全监管部门和当地煤矿安全监管监察部门。对于一般事故隐患，按照分级由不同级别的责任人直接负责，同时要求治理期限原则上不超过 90 个工作日，及时消除影响安全的“蛛丝马迹”，将现场各类安全隐患消除在萌芽状态，达到超前预防事故的目的。

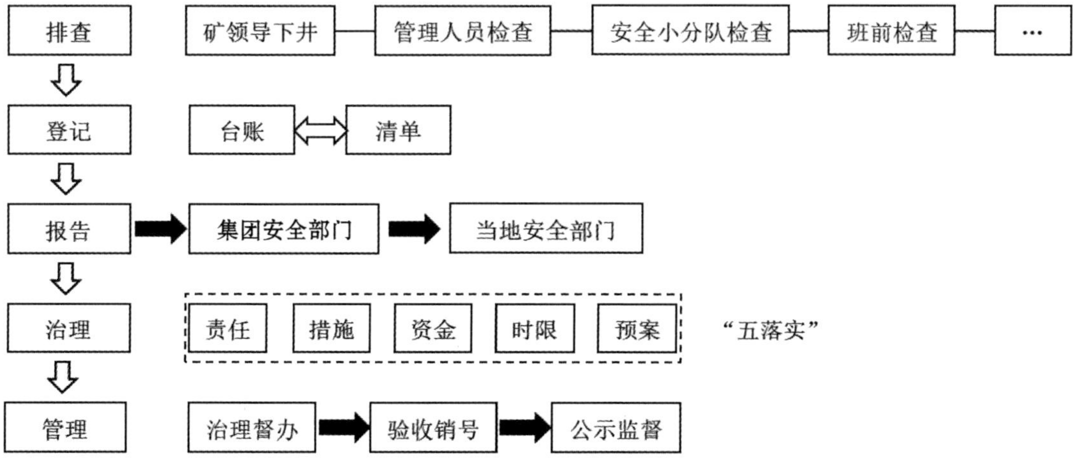

图 5－5　事故隐患治理流程

在监督管理方面，按照治理督办、验收销号、公示监督的流程实施监管。按照事故隐患的分级由负责人进行督办，在完成事故隐患治理后由验收责任单位负责验收，验收合格后予以销号。针对事故隐患治理人员的监督，应当向从业人员通报事故隐患的分布和治理情况，并实施举报奖励制度。

（2）安全生产标准化管理体系。E 煤矿根据《煤矿安全生产标准化管理体系基本要求及评分方法》（试行）的指导推进安全生产标准化体系建设，提升安全生产标准化建设意识，推动安全生产标准化动态达标，推进安全生产标准化提质升级。

在提升安全生产标准化建设意识上，围绕“动态达标、行业领先”，转变思想观念，对标一流企业，将安全生产标准化作为“一把手”工程，提升安全生产标准化建设意识。从规划、实施、检查、改进、提升等全方位入手，务实开展安全生产标准化建设，提升安全生产标准化建设水平，大打安全生产标准化翻身仗。

在推动安全生产标准化动态达标上，强力推进安全生产标准化规范化、线性化、明亮化、清洁化“四化”管理和“整理、整顿、清扫、清洁、素养”5S 管理，实现安全生产标准化动态达标常态化。

推进“四化”管理，对于一线矿工来讲，采煤与掘进工作面是他们需要长期工作的生产现场，改善生产现场不仅能调整员工的心理情绪、提高工作效率，还能提升生产工作的安全系数。因此为达到动态达标的要求，改善井下作业的现场环境，针对采煤工作面和掘进工作面，E 煤矿实施规范化、线性化、明亮化、清洁化的“四化”管理。“四化”管理的规定是采煤和掘进工作面标准化的具体要求，也是“动态达标”验收条件。其中，检查内容及标准对应评分办法细则，匹配分管的责任科室，使其有规可查、有责可追。每一个工作面的总分是一百分，根据“四化”的检查内容及标准进行划分，验收人员根据每条标准进行查验并打分，最后将每条标准的分数合计得出总分，作为整个采煤、掘进工作面的得分情况。得分在 90 分以上（不含 90 分）为优良品，90 分以下 85 分以上（不含 85 分）为合格品，85 分以下（含 85 分）为等外品。不同科队根据各自的加权内容进行汇总作为得分情况。

动态达标考核结果与安全生产标准化管理体系考核结果相挂钩，安全生产标准化管理体系旬检月验“工程质量、通风、机电等专业”全部达到优良品，才能进行动态达标验收。各专业有一项为合格品，不予进行动态达标验收。验收得分须在 90 分以上，视为通过动态达标考核。采煤工作面初采验收通过半个月内必须申请“动态达标”验收；开掘工作面通风系统独立后施工 100 米内必须申请“动态达标”验收，否则按规定处罚。

对于动态达标通过验收的专业、队组，根据专业和层级分别进行奖励；对于动态达标综合排名倒数或未通过验收的专业、队组等额进行处罚。且根据扣分情况和标准对相应专业、队组的负责人进行连带处罚。

推进 5S 管理，5S 起源于日本，是指在生产现场中对人员、机器、材料、方法、环境等生产要素进行有效的管理。整理、整顿、清扫、清洁和素养的 5S 管理是动态达标的基本方法，将动态达标的验收标准进行具化和细化，明确员工的行为规范化、标准化。

“整理（Seiri）”主要是将生产现场、办公场所、库房等区域的设备、资料、物品区分为必需品和非必需品，对必需品进行妥善保管，非必须品进行清除。

E 煤矿按照区分必需品和非必需品的原则，对各工种责任区进行标识，将开采、掘进工作面中的物料、工器具等按规定放置到指定位置或及时升井，在存放位置挂上标识牌板，使员工取放时有指引，同时将需回收物品及非必需品及时升井，以保证工作面现场整洁有序，提高员工的工作效率。

“整顿（Seiton）”是提高效率、规范流程的主要管理手段，通过将整顿后的必需品放置于任何人都能立即取放的状态，确定责任人，并进行有效的目视化管理，实现科学布局、方便快捷。

E 煤矿设置作业区定置看板，明确工作分工及职责要求，便于管理；执行操作台定置管理，清除生产作业面非必需品，腾出空间；强化工具形迹管理，对作业中所需工具按照方便取用原则进行分类并要求上架码放整齐。在物料管理上，根据物资分类，将不同种类的物资摆放在固定区域，并利用颜色进行区分，对各个区域进行标记和划分，保证员工可以快速找到需要的物资。

“清扫（Seiso）”就是清除生产现场、设备及办公区域的赃污，保持环境的干净整洁，防止设备故障的发生，确保物品、设备处于随时可用的状态。

E 煤矿划分煤炭开采、掘进等工作现场责任区，建立卫生清扫责任制，并落实到现场责任人。对采煤机、运输设备、液压支架、电缆、管路、巷道、综掘机、硐室等生产设施及时进行清扫，保持生产现场干净整洁，创造良好环境。同时，在清扫过程中要求仔细检查有无跑、冒、滴、漏现象，及时针对问题寻找原因和制定处理措施，通过清扫把污垢、积灰、积粉、油迹等污染物清除掉，减少安全事故隐患。

“清洁（Seiketsu）”就是维护“整理、整顿和清扫”的工作成果，将其习惯化、标准化、持久化和制度化的过程。通过清洁，对前“3S”的执行效果进行检查，形成制度化的要求，使员工在“整理、整顿、清扫”时有样板可循、有制度可依，规范员工的工作习惯，并融入日常管理，提升员工的素养。

E 煤矿根据现场实际，制定《E 煤矿文明生产责任区域划分及标准要求》，规范员工生产作业，严格执行日检、周检、月检、季度检考核制度，并对“整理、整顿、清扫”的优秀成果给予正向激励。在设备管理方面，要求做好设备维护工作，保证采煤机、运输设备、液压支架、电缆、管路等设备保持完好、整洁、无灰尘、无粉尘、无油污、无垃圾。

“素养（Shitsuke）”是“5S”精益管理的精髓，通过“整理、整顿、清扫、清洁”前“4S”的改善活动，员工能主动遵守规章制度，自觉养成良好习惯，工作意识得到改善，品质素养得到提升，逐步形成具有鲜明特色的良好企业文化。

E 煤矿通过日常开展的各种员工培训、知识竞赛活动，强化员工的工作意识、安全意识，养成遵章守纪的优良习惯。此外，通过对设备现场的日常管理，丰富员工设备方面的专业知识，提高员工对设备的管理能力，并养成细心认真、精益求精的工作态度。

在推进安全生产标准化提质升级上。严格执行班组班评估、队组日验收、各专业旬检月验讲评、矿每月组织安全检查“四位一体”的安全生产标准化建设机制，围绕集团总部安全生产标准化创建规划，制定提质升级规划目标，大力开展安全生产标准化达标竞赛活动，大力开展示范矿井、示范盘区建设，持续推进安全生产标准化提质升级。

（3）安全行为治理体系。E 煤矿严格落实“制止和纠正违章指挥、强令冒险作业、违反操作规程的行为”的法定责任，严格执行行为治理实施方案，加大生产现场“三违”行为的查处力度，坚决杜绝对“三违”行为“视而不见”，坚决打击“要违章”行为。建立《E煤矿“三违”认定标准及处罚条例》，覆盖了八个专业共计444项“三违”内容，区分类别、性质和处罚金额，将“三违”行为具体化、条理化制定相关制度，推动行为治理体系建设。落实“纠察、通报、培训、分析、整治、考核”的行为治理运行模式，全流程、全链条进行对“三违”行为的管控，全方位加强人员行为的规范管理，提升行为治理效果。

行为治理纠察方面，规定了管理人员纠察指标及考核措施。例如，管理人员每月查出“三违”行为不少于3人/次。要求所查“三违”及不规范行为必须由本人登录双预控管理信息系统录入信息，凡达不到“六准确”的违章行为均按无效考核处理，保证了纠察行为的准确性和真实性。赋予所有从业人员现场制止不安全行为的权利，促进员工自觉发现、抵制、制止不安全行为，营造安全生产的良好氛围。

行为治理通报方面，安监处每天对各级管理人员录入双重预防管理系统内的“三违”行为进行汇总，并通过“微信、QQ”信息平台及井口候车厅电子屏进行通报，警示教育全体职工。同时，各队组将每天信息平台通报、队组内自查的“三违”行为进行通报。各业务科室对严重违章人员进行问责后，每周进行汇总送至安监处。

行为治理培训方面，安监处每周最后一天将本周违反“三违”的人员分专业、性质汇总报送至职工培训中心进行针对性的集中脱产培训。职工培训中心制定培训计划，并建立培训档案。“三违”人员在培训期间要深刻反省，写出书面反思材料，在学习完成后进行考核，成绩合格才可再上岗。

行为治理分析方面，队组每月初需要对上月违章情况进行总结、归类，分析违章行为的动因，找出本队安全管理存在的漏洞和短板。各业务科室需要对上月分管范围内的违章行为进行分析，并对可能产生的后果进行预警处理。安监处每月对所有违章行为情况进行分析，分班次、地点、人员、类别、行为、专业等进行分析，查找管理漏洞，持续加强安全管理。

行为治理整治方面，各队组需要根据分析的结果，结合岗位、专业，制定相应的整治措施并贯彻执行。各业务科室需要针对可能产生的后果制定整治措施，并送至安监处。安监处将违章次数较多的违章行为作为下月习惯性违章专项整治的内容，并针对习惯性违章采取整治措施。年终时根据本年度行为控制情况，总结分析并制定下一年度矿井行为治理管控措施。

行为治理考核方面，严格按照《E煤矿“三违”认定标准及处罚条例》，保证问责有理、处罚有据、实事求是，针对习惯性违章行为，对违章人员在原有基础上加倍处罚的同时，对其管理人员一并处罚，并在月度行为治理专题会上做检讨，达到惩处有效果、管理不放松。建立“黑名单”制度，对累计处罚达到2次的习惯性违章和特别严重的违章人员、专业化服务人员吊销入井证，取消入井资格，矿属职工取消当月安全绩效。

加强班前会管理。把班前班后会作为“拧螺丝”的关键，进一步拧紧职工“安全阀”，保证做到“三个百分百”：值班值守人员召开班前会对当班出勤人员逐人排查做到百分百；对生产现场安全情况、生产情况掌握做到百分百；对班前会安排部署的安全注意事项、安全风险防控措施掌握做到百分百。严格执行班前会“三个十分钟”，第一个十分钟是进行安全培训，组织学习应知应会、规程措施及事故案例，提高职工安全意识；第二个十分钟是结合现场实际，对上一班的工作进度、任务完成情况进行通报分析，强调当班生产任务及安全重点；第三个十分钟是将工作任务分解落实到人，强调关键岗位操作要领，提升现场工作质量。通过细化安排安全注意事项和安全风险管控措施，提升班组全员安全生产意识，把好岗前关。

3. 六个保障——培训教育、安全投入、科技强安、监督检查、应急管理、考核评价

（1）安全教育培训体系。一是深入开展安全宣传教育，巩固提升全员安全意识，探索精益化的警示教育模式，建立完善了常态化、动态、专项警示教育相结合的安全警示教育机制。常态化警示是利用班前会进行事故案例警示教育，每班班前会学习观看一个事故案例，并由职工代表对学习观看的事故案例进行剖析、总结，说出针对性防范性措施，从而防范类似事故发生。动态警示是通过“现身说教”开展警示教育，由工伤人员返岗后在班前会或井口候车大厅开展现身说教，从自身造成工伤事故时的思想动态、个人行为、造成后果、感想感悟、做法打算等方面进行检视反省。专项警示是在“百日安全”“安全生产月”及特殊时期，组织专项警示教育活动，通过观看特定的事故案例进行集中警示反思，制定专项预防措施，书写反思心得体会，促进职工规范操作，按章作业，提升安全防范意识本质安全能力。

强化安全理念渗透。扎实开展安全承诺和安全宣誓工作，坚持每天班前会和入井前必须开展集体安全宣誓，每年年初、“安全生产月”“百日安全”期间开展全员安全承诺，要通过安全承诺、班前宣誓、入井安全宣誓等形式，在一次一次、反反复复的宣誓和承诺中逐步改变职工内在思想和意识，让干部职工自警和自省，从思想上由“要我安全”到“我要安全”转变，自觉改正不安全行为，实现自主管理和本质安全。

加强安全文化阵地建设。在党员安全责任区、井口群众安全工作站、女工家属亲情服务站、青年安全监督示范岗、安全文化长廊、安全文化大厅等传统阵地，常态化开展安全文化建设。发放杜邦安全管理的专业书籍，让各单位利用班前班后会和安全例会进行解读，讲解杜邦安全管理知识，学习体系内容。以“安康杯”竞赛活动为载体，开展职业健康保护行动，不断改善作业环境，创建职工“心灵驿站”，保护职工心理安全、思想安全。协调编印《安全文化手册》，制作安全公益广告和安全教育短片，彻底给各类重大事故、常见风险画上“休止符”。

二是加强安全培训，提升全员综合素质，强化培训管理。E 煤矿按照“统一领导、归口管理、分级培训、教考分离”的原则，完善培训体系，统筹教育培训资源，构建“统一规划、统筹管理、分级培训、分类指导、精准培训”的培训机制，推动培训教育体系化、实用化建设。

加强安全培训。E 煤矿坚持“真教、真学、真考”，坚持逢查必考。创新“每日一题、每周一课、每月一考”的方式方法，强制性推行手机客户端每日微信答题和定期机房安全培训抽考，加强职工日常培训；建立健全“实用、有用、管用”的培训体系，实施精准培训；严格落实培训责任，狠抓培训质量。

提升干部综合素质。E 煤矿推进各级干部熟悉安全生产责任、熟悉安全风险隐患、熟

悉图纸、熟悉系统、熟悉规程、熟悉现场，通过开展管理培训、技术培训、技能培训提升各级干部的综合素质。

（2）安全投入保障体系。安全生产离不开安全费用的投入保障，为确保安全生产落地，E 煤矿推进安全投入保障体系建设，确保安全费用的提取、使用、管理和监督，按程序保质保量完成安措工程，提高矿井安全技术装备水平，增强综合抗灾能力，实现本质安全。

①安全费用提取，安全费用按每吨原煤产量 15 元的标准计提，在成本中按月提取。

②安全费用使用范围，包括煤矿安全生产改造和重大隐患治理支出，安全避险“六大系统”支出，紧急救援技术装备，设施配置和维护保养支出，事故逃生和紧急避难设施设备配置和应急演练支出，开展重大危险源和事故隐患评估、监控和整改支出，安全生产检查、评价、咨询、标准化建设支出，安全生产宣传、教育、培训支出，安全防护用品支出，其他与安全生产直接相关的支出等。

③安全费用使用原则，专款专用原则。安全费用必须用于企业安全生产的相关支出，做到专款专用、专账核算，年度结余资金允许结转下年继续使用，来保证煤矿的安全生产，但安全费用不得挤占或挪作他用。

量入为出原则。安全费用支出应根据提取情况、现金流量以及支付能力安排，在总额上原则不得超出安全费用提取总额，并留有一定余地。

重点保证原则。安全费用要分轻重缓急，重点保证安全设备更新和完善，安全监测监控系统的改造和完善，“一通三防”仪器、仪表更新以及重大隐患治理等项目。重点保证消灭事故隐患、杜绝重大事故发生的薄弱环节和主要部位，优化各大生产系统，提高抗灾能力。

经济效益原则。安全费用最终落实到使用效果上，通过实施过程的监督检查、质量把关和竣工验收，以确保投入运行后要达到预期目的。

④安全费用预算的编制及上报，由安监处牵头，协调相关各单位根据安全生产实际需要，在每年 12 月底前申报本矿井下年度的安全费用支出预算，报到安监处统一汇总，划分使用范围，资本性支出预算报计划科，费用性支出预算报财务科。

年度收支预算由安监处审核、汇总，资本性支出（形成固定资产）预算报计划科报备，费用性支出预算报财务科报备。资本性支出由计划科整理汇总后纳入年度投资计划；费用性支出预算由财务科整理汇总后纳入财务预算。由表 5 - 2 可知 202 × 年 E 煤矿的安全费用使用预算，可以清晰地看到项目的资本化和费用化内容及其对应的金额，以及申报的单位。

⑤安全费用使用管理。安全费用使用建立项目责任人制度，并建立和完善安全费用项目终身负责制。签订包干责任书，包干责任书中明确了项目负责人，项目负责人全面负责安全费用项目的协调组织工作，对项目“工期、质量、造价和投资效果”负直接责任。

（3）科技强安体系。E 煤矿通过提高智能化建设水平，持续深入推进“一优三减”，单产单进达到标杆矿井标准，严格控制单班入井人数在 450 人以内，实现系统优化，持续挖潜增效，提高安全生产基础保障能力。

表5-2　E煤矿2022年安全费用使用预算表

单位：万元

资本化	金额	费用化	供应科	机电科	生产科	生活服务公司	通风科	政工科	安监处	合计
矿用液压阻化泵	48.00	煤与瓦斯突出及高瓦斯矿井落实两个“四位一体”综合防突措施支出，包括瓦斯区域预抽、保护层开采区域防突措施、开展突出区域和局部预测、实施局部补充防突措施、更新改造防突设备和设施、建立突出防治实验室等支出								0.00
智能化矿山建设	1500.00	煤矿安全生产改造和重大隐患治理支出，包括“一通三防”（通风，防瓦斯、防煤尘、防灭火）、防治水、供电、运输等系统设备改造和灾害治理工程，实施煤矿机械化改造，实施矿压（冲击地压）、热害、露天矿边坡治理、采空区治理等支出	800.00	156.78			1463.85			2420.63
河道治理工程	892.00	完善煤矿井下监测监控、人员定位、紧急避险、压风自救、供水施救和通信联络安全避险“六大系统”支出，应急救援技术装备、设施配置和维护保养支出，事故逃生和紧急避难设施设备的配置和应急演练支出	300.00	349.20					1002.50	1651.70
煤炭产量监测系统功能完善和数字化升级（跨年）	110.00	开展重大危险源和事故隐患评估、监控和整改支出								0.00

续表

资本化	金额	费用化	供应科	机电科	生产科	生活服务公司	通风科	政工科	安监处	合计
二号风井建设（续建）	8200.00	安全生产检查、评价（不包括新建、改建、扩建项目安全评价）、咨询、标准化建设支出			100.00	10.00	119.53		1247.00	1476.53
三号风井建设	500.00	配备和更新现场作业人员安全防护用品支出	2094.43				53.72			2148.15
		安全生产宣传、教育、培训支出	400.00			5.00		58.00	300.00	763.00
		安全生产适用新技术、新工艺、新标准、新装备的推广应用支出	200.00				80.00			280.00
		安全设施及特种设备检测检验支出	70.00	31.47			79.00			180.47
		其他与安全生产直接相关的支出	800.00	827.36	250.00	177.40	76.20			2130.96
合计	11250.00	合计	4664.43	1364.81	350.00	192.40	1872.30	58.00	2549.50	11051.44

E 煤矿围绕“2023 年所有灾害严重矿井采掘工作面全面实现智能化，2025 年大型矿井和灾害严重矿井全部实现智能化”的目标，坚持“机械化换人、自动化减人”，持续推进“智能化综采工作面、智能化快掘装备工作面”建设，加快采掘装备智能化、供配电装备远程监控、大型设备集中控制建设，持续推动矿山数字化、智能化建设。

在地质保障方面，E 煤矿搭建了地质保障系统。建成了 GIS“一张图”，为矿井生产系统提供精准地理信息服务；完成了地测防治水建设、水害预警分析防治系统，引进了澳大利亚威利朗沃公司生产的 ZYL－2300D 型千米定向钻机，实现了探放水作业过程中钻孔位置、钻孔角度、钻孔深度、终孔位置的检测功能；配备的钻孔测井分析仪实现了钻孔结构的动态视频观测及自动分析成果；配备的钻孔轨迹测量仪实现了钻孔在地层中全部行程记录；建设有陕西富源生产的 KJ1208 矿井水文动态监测系统，实现了对矿区井上下水文数据实时自动监测、分析、预警，手机远程查询水文监测实时和历史数据。

在紧急避险方面，E 煤矿按照国家规定和要求构建了六大避险系统，保障生产安全。监测监控系统上，矿井配置了一套重庆煤科院生产的 KJ90X 型安全监控系统。所有数据传至矿调度室，实现与集团、属地管理部门实时传输。人员定位系统上，矿井装备了一套北京煤科院生产的 KJ236 井下人员作业管理系统。系统安装两台 IBM 服务器作为主备机，通过工业环网传输数据，在调度室、考勤站均有显示终端。所有入井人员全部佩戴识别卡，实现了对下井人员活动范围的全覆盖。供水施救系统上，供水施救系统水源取自研石山清水库，水库容积 1000 立方米。各综采、综掘工作面巷道和矿井避灾路线巷道均敷设一趟 Φ108 供水施救支管路，每隔 50 米均设有三通和供水阀门。综采工作面两巷距采煤工作面 25—40 米范围内各安设 4 组供水施救装置，综掘工作面距工作面迎头 25—40 米范围内安设 2 组供水施救装置。压风自救系统上，矿井地面空压机房安装有 3 台型号 ZH10000－4－13 的空气压缩机（两用一备），分别向井下各个作业地点供风。各综采、综掘工作面巷道和矿井避灾路线巷道均敷设一趟 Φ108 压缩空气支管路，每隔 50 米均设有三通和供气阀门。综采工作面两巷距采煤工作面 25—40 米范围内各安设 4 组压风自救装置，综掘工作面距工作面迎头 25—40 米范围内安设 2 组压风自救装置。通讯联络系统上，矿井从矿井通讯、井下无线通讯和井下广播 3 方面入手，将矿井通讯延伸引至各调度用户，将无线基站覆盖全矿井井下各区域，实现井下的移动通讯，并与矿调度系统联网。紧急避险系统上，矿井两个水平各建有 1 个 100 人避难硐室，采区分别建有 4 个 50 人避难硐室，并配备 120% 的 ZYX－45 型隔绝式压缩氧自救器。当突发火灾、瓦斯或瓦斯突出等自然灾害时，能够保护井下工作人员正常呼吸并逃离灾区或进入避难硐室。

在双预控方面，E 煤矿搭建了双重预防管理信息系统。当风险识别、评估完成后，将风险信息录入双预控系统，新风险的信息被汇总到风险清单中，并通过系统进行综合分析，提供风险隐患“热度”提示，帮助管理部门和管理人员快速掌握管控重点及重点关注区域，提高了风险管控的效率。

在班前会管理方面，E 煤矿搭建了智慧班组管理系统。E 煤矿在之前监管班前会执行情况和效果时使用的是抽查抽检的方法，抽查虽然具有随机性，能给各个班组带来一定检查压力，但是并不能够全覆盖，导致部分班组存在侥幸心理。通过搭建智慧班组管理系统，在各个会议室安装监控摄像头并统一关联到平台上，管理人员可以在终端实时查看班前会的情况，起到了动态监督的效果。

在人员培训方面，E煤矿通过手机APP搭建了安全培训抽考平台，方便员工每天进行日常的安全知识抽考答题，加深安全知识记忆。同时，手机答题的题库与机房考试的题库共通，丰富了题库的类别和内容，强化了培训效果。

（4）安全监督检查体系。从严安全检查。建立检查结果追溯机制，对安全检查不认真、不负责，造成恶劣影响的人员，严肃追究责任，倒逼提升安全监察效果。加大动态安全检查力度，紧盯重点隐患、重点时段、重点单位，严查干部安全作风、制度落实、临时工程、隐患闭环管理、非正规循环作业等，开展针对性安全检查。

加强特殊时期安全监管。严格落实集团“15条特殊时期安全管理措施”，全面分析研判重点时段、特殊时期安全风险，强化重点问题、重点隐患排查整治，加强领导干部跟班带班、巡查检查，严肃查处各类违规违章行为，严格值班值守，强化应急响应和应急处置，全方位加强特殊时期的安全监管。

加强安监队伍建设。加强安监人员培训教育，全面提升安监人员素质。针对安监人员开展安全监察行为评价，建立考核不合格人员退出机制。开展安监系统达标创建活动，形成上下联动，发挥安全管理协同效应。

（5）应急管理体系（见图5－6）。加强应急救援管理。加强应急预案编制、审核、备案和管理，完善应急预案体系，建设应急管理组织结构和突发事件的预测预警机制、响应机制。以应急响应行动为主线，结合矿井安全风险和灾害现状，立足于现有应急资源，完善标准化、专业化的应急响应程序。

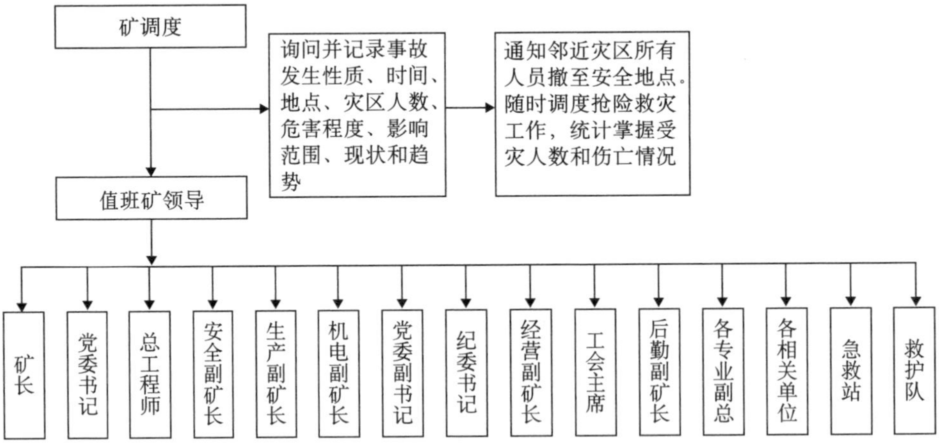

图5－6　E煤矿矿井安全事故处置流程

加强应急技能培训。加强应急预案宣贯和培训，培养各级领导干部和值班值守人员应急响应、应急处置意识，同时针对一线生产员工开展常态化应急教育培训，普及生产安全事故避险、自救和互救知识，提高职工的安全意识和应急处置技能，通过日常答题和考试及时对学习效果进行检验，深化培训效果。

加强专兼职救护队伍建设。建设以专业队伍为骨干、兼职队伍为辅助、职业队伍为基础的应急队伍，配齐配全救援装备、设备。

推进应急管理信息化建设。E 煤矿搭建信息平台联通六大避险系统，使系统数据能够上传到平台上互联互通，帮助管理人员和值守人员实施监测监控，实现应急力量和应急资源协同共享。

（6）安全考核评价体系

建立健全安全考核评价标准，强化安全考核的重奖重罚，刚性考核，完善考核体系，突出安全零目标和动态过程，健全细化考核内容，推进过程、结果双考核。

坚持有责必问，问责必严，强化对安全生产不落实或落实不力的追责问责，按照“四不放过”原则，严肃各类隐患和事故的追责问责。

四、取得成效

（一）管理理念

E 煤矿制定了《安全生产责任制管理考核制度》，组织各单位修订完善了安全生产责任制考核办法和考核细则，并按照考核办法每月进行全员安全生产责任制履职考核，考核结果纳入绩效进行兑现。各单位及部门根据本单位、本部门实际完善责任制考核细则，对责任制履职评定为优秀和合格的给予奖励，不合格的进行处罚，形成了“人人有责、各负其责、权责清晰”的安全生产责任体系，实现了干部职工由“被动履职”向“主动作为”转变。同时责任体系的健全将责任划分清晰，全员和全流程的覆盖让责任观念深入人心，实现“被动管理”向“自主管理”转变。

通过双预控体系建设，E 煤矿当前加大力度开展风险识别、评估，制定、补充风险管控清单，把事故隐患治理从风险识别开始进行管控，把工作重心在流程上往前移动，完成预防安全事故由“排查隐患”为主向“管控风险”为主的转变。E 煤矿在风险和隐患双重预防机制上进行强化，从根源处掐灭安全事故发生的原因，力求通过“超前预防”将生产安全进行保障，从管理理念上把“超前预防”的重要性灌输到所有管理和工作人员。

E 煤矿通过深入开展安全宣传教育和具有针对性的安全培训，扩大安全教育普及、实现全员参与的同时，针对个人出现的个人行为和思想理念问题进行针对性的教育和考核，人性化的奖惩机制也将行为制度标准入心入脑，有效抑制了重复性“三违”行为的发生，实现了由人员“培训”向“培育”转变。

在安全生产标准化管理的建设上，E 煤矿通过推进“四化”管理和“5S”管理，结果标准和行动标准双管齐下，结果与过程并重考核，由结果倒逼管理过程，在已完成“动态达标”的基础上实现“动态达标持续保持”的进一步优化。

（二）安全亮点

1. 双预控管理

（1）风险管控。202×年初，E煤矿辨识矿井风险共计551条，其中重大风险3条、较大风险36条、一般风险106条、低风险406条。在风险识别的基础上，E煤矿制定了风险管控清单和工作方案，要求各级管理人员和技术人员每天巡查安全风险治理情况，每次作业时对管控措施落实情况进行安全确认，在编制安全技术措施时必须将辨识评估结果体现在安全技术措施中，并将辨识风险失效后形成的隐患，纳入隐患治理清单。同年6月，E煤矿重新对安全风险进行辨识后，形成与现场作业联系紧密的安全风险隐患清单，共计风险980条，其中重大风险4条、较大风险56条、一般风险179条、低风险741条，制定和完善风险管控措施1131条，各项风险均在识别后有所补充，扩大了风险管控范围，进一步降低因未识别风险而造成安全隐患产生、安全事故发生的可能，截至目前各项风险管控效果良好，未出现管控失效的情况。

（2）隐患排查治理。挂牌隐患方面。202×年初，E煤矿挂牌隐患共5条，有4条已整改完成，剩下1条新增的关于“增层手续”隐患也按照规定和时间节点推进整改至末期。

一般隐患方面。E煤矿每天下井的安全管理人员、现场安全监管人员对作业点、面开展事故隐患排查，查出的隐患全部上传至“双预控”系统进行管理，由各责任单位落实整改负责人和整改时间，组织整改，确保一般隐患“消灭在现场”。仅202×年，共检查出并上传“双预控”系统现场各类问题隐患14026条。各分管负责人每半月对分管区域组织一次事故隐患排查，截至202×年6月末，共排查隐患问题2104条，并已全部完成整改，井下消灭B级以上隐患，地面消灭C级以上隐患，实现了事故隐患闭环管理、动态清零。

2. 安全行为治理

在“三违”行为制度建设方面，E煤矿组织各专业结合上级公司“三违”界定标准，对各专业违章进行完善，细化“三违”认定标准及处罚条例共计440余项，拓宽了对人员“三违”行为管理的边界，具化了管理标准和管理途径。在202×年前11个月，E煤矿安全管理人员纠正“三违”行为共1125起，将39项“三违”列入消灭管控项、46项隐患列入消灭管控项，帮教526人次，对于一般“三违”人员，季度内不再出现违章行为，按照原罚款金额的80%进行返还，严重“三违”人员半年内不再发生违章行为，按原罚款金额的90%进行返还，期间申诉复议“三违”145起，“三违”返还312人。在人员“三违”行为治理和纠正方面卓有成效，通过人性化惩戒，“三违”规范深度融入员工思想和行为，切实削减由“三违”行为造成的事故隐患。

3. 安全生产标准化“动态达标”

E煤矿制定并下发了《E煤矿安全生产标准化管理体系考核办法》和动态达标奖惩办法，并进行考核，各业务部门严格依照国家煤矿安全生产标准化管理体系标准和要求，全面完善了理念目标和矿长安全承诺、组织机构、安全生产责任制及安全管理制度、从业人员素质、安全风险分级管控、事故隐患排查治理、质量控制、持续改进8个要素相关资料。截至 202×年末，在 12 个月时间内 E 煤矿组织相关科室开展动态达标验收 11 次，对考核结果 90 分以上的队组奖励共计 246.2 万元，未通过验收考核的队组罚款共计 189.3 万元。三季度 11 采区通过示范盘区验收，所有采掘队组通过动态达标验收。

4. 安全教育培训

202×年全年，E 煤矿组织 19 名班组长进行了初训，33 名班组长进行了换证复训，183 名班组长进行年度再培训；组织 66 名特种作业人员进行了初训，711 名特种作业人员进行了年度再培训；组织 6 名特种设备操作人员进行换证培训；组织 60 名地面特种作业人员进行培训；对其他从业人员进行初训 1 期共计 26 人，复训 6 期共计 208 人，年度再培训 27 期共计 2164 人；对“三违”人员进行安全教育培训，累计培训 40 期，共计 5568 人；组织 26 名新工人进行了岗前安全教育培训；对我矿专业化服务单位新工人进行了岗前安全教育培训，共计 247 人；对 94 名技能鉴定人员进行了线上培训；对 E 煤矿岗前、转岗以及返岗人员共计 247 人进行了培训。对矿属各单位及专业化服务单位相关入井人员进行了自救器培训，共计 2789 人。大量常态化、针对性的安全教育培训在提升管理人员安全管理水平、提高工作人员安全素质卓有成效，助推了 E 煤矿安全管理实现全员参与。

五、经验推广

（一）责任层层划分

安全管理首先需要建立健全安全责任体系，完善安全责任制，将安全责任层层划分。只有坚持“各级安全管理层对各自的安全负责”，将安全责任全人员覆盖、全流程追踪，才能让安全和人员切身利益挂钩。例如，E 煤矿从安全生产主体责任、业务安全管理责任、全员安全生产责任三个方面将责任层层划分，从层级、业务到人员，由大到小、由粗到细，落实安全责任管理。此外，E 煤矿完善《E 煤矿全员安全责任制》，从矿长到一线员工责任岗位全覆盖，并制定责任绩效考核，让安全与责任挂钩、责任与绩效挂钩、绩效与利益挂钩。当管理人员和生产人员都因为责任对安全上心，才能真正实现从“被动履职”向“主动作为”转变，从“被动管理”到“自主管理”转变。

（二）风险隐患双预控

建立风险隐患双预控机制，通过识别评估、建立档案、分级管控、审核分析、危险预警对风险进行严格管控，实现风险管控无漏洞，从而杜绝事故隐患。同时，推行清单机制，创建安全风险治理清单，针对各项风险提出管控措施，实现告知与应对功能，并定期评估更新，建立规范化、常态化、动态化管控的长效机制。借助信息化平台，升级搭建双重预防信息化系统，依托系统平台来拓展系统功能、充实风险数据库，达到风险实时管控。此外开发移动终端，借助手机 APP，实现隐患风险实时推送和查看，后台分析风险热点，将风险无处藏匿、隐患迅速闭合。

（三）改善现场管理

通过持续推进安全生产标准化升级，以理念认识提升和人员行为规范为重点，突出现场工序标准和工程质量管理，改善生产现场的环境和工作行为，促进动态达标。E 煤矿通过“四化管理”和“5S”管理等管理工具，明确了现场生产的要求，规范了现场生产的行为，降低了现场生产的风险。同时，规范性的制度条例潜移默化地提高了生产人员的安全意识，促进安全生产标准化，保障安全生产落地的同时，提高了生产效率。

第六章　F 煤矿精益环保管理案例

摘　要

煤炭资源作为我国重要的战略能源，每年产量巨大，煤炭的开采、加工及运输等环节对生态环境产生的影响不容小觑。近年来，随着生态文明理念的深入人心，国家逐步加大了对煤炭行业在环境保护、能源利用方面的监管力度，党和政府治理环境污染的力度之大、出台制度的频率之密、监管执法的尺度之严、环境质量改善的速度之快都是前所未有的，煤炭企业在环保方面面临着更大的治理压力和成本压力。本案例以山西省 F 煤矿为例，对其在环保管理工作过程中的典型管理措施、方法和经验进行总结提炼，为其他煤炭企业提高环保治理水平提供借鉴和参考。

F 煤矿成立于 1981 年，是集采煤、洗精煤、矸石制砖为一体的现代化新型企业。主要从事煤炭开采、洗选等业务。矿井井田面积 30.72 平方公里，年核定生产能力为 300 万吨，目前开采煤层为 3#煤层，剩余服务年限 11 年。煤矿采用铁路和公路运输，自有铁路专用线全长 12.6 公里，与太焦线接轨；自有公路专营线全长 4.6 公里，与 207 国道和长晋高速公路交汇，交通十分便利。

为更好推进环保管理工作，F 煤矿积极开展环保治理体系建设工作，主要从水污染治理、大气污染治理、资源综合利用以及煤炭资源回收四个方面落实环保治理工作。

在水污染治理方面，通过明确岗位操作标准、完善管理制度、加强设备管理和环保监测、强化人才培养和环保技术创新等手段，F 煤矿污水处理厂实现了对污水的流程化处理和达标排放。将处理达标的矿井水用至井下喷雾洒水、地面降尘和绿化以及地面选煤厂生产用水，处理达标的生活污水全部用于道路洒水、绿化浇灌及地面选煤厂、新型建材厂生产用水。同时，通过设备工艺改进，实现精准加药，降低了污水处理成本，水处理成本由 1.50 元/吨下降至 1.42 元/吨。

在大气污染治理方面，通过完善设备综合管理、加强污染物监测、强化人才和技术管理、促进和谐社区建设等手段，F 煤矿大气污染物达到了超低排放标准，大大降低了居民投诉率，提高了社区和谐满意度。

在资源综合利用方面，通过矸石综合利用和余热综合利用系统，利用煤矸石进行制砖的同时，对所排放的废热进行综合利用，每年可利用煤矸石 20 余万吨，可节约煤矸石排放费约500万元，保护土地资源约25亩。余热回收系统每日可满足2000余名职工的洗浴用水，冬季取暖供热面积20000平方米，实现了燃煤锅炉的全部替代。

在煤炭资源回收方面，通过边角残余资源回收综合管理体系的应用，F煤矿已回收边角工作面7个，累计回收3#煤400余万吨，创造利润14亿元；待回收边角工作面6个，总设计待采煤量800余万吨，预计可创造利润16亿元，并为集团其他矿井三类边角资源的开采、回收提供了借鉴和参考，有助于解决衰老矿井生产衔接紧张问题，维持矿井生产经营。

关键词： 精益化管理；煤炭企业；环保体系；环境治理；煤炭资源回收

一、案例背景

（一）单位基本情况

F煤矿成立于1981年，是全国特级安全高效矿井、全国煤炭工业百强企业、山西省生态示范矿井和山西省绿色企业。

F煤矿现有两座选煤厂、1个矸石砖的新型建材厂、1个火车运输公司、2个转型企业、2个整合矿井。目前共有在册职工共2895人，其中生产井下一线职工379人，分布在综采一队、综采二队、综采准备队、综掘一队4个队组（如图6－1所示为F煤矿组织机构图）。

F煤矿是集采煤、洗精煤、矸石制砖于一体的现代化新型企业，主要从事煤炭洗选、煤炭开采等相关业务，煤矿生产流程如图6－2所示。矿井井田面积30.72平方公里，可采煤层为3#、9#、15#。其中，3#煤种为贫瘦煤，9#和15#属于贫煤。目前开采煤层为3#煤层，年核定生产能力为300万吨，剩余服务年限是11年。

F煤矿现配备环保分管领导1名、基建环保部部长1名、环保副部长1名、环保管理员4名，对公司环境保护工作进行日常监督管理。近年来，F煤矿紧紧围绕“水、气、声、渣”开展环保综合治理。在污水治理方面，F煤矿拥有矿井水处理站2座，生活污水处理站3座，并通过水在线监测设备对水污染物含量进行监测，实现了矿井水和生活污水的达标处理及综合利用。在大气治理方面，F煤矿拥有烟气脱硫除尘、布袋除尘、吸尘车、洒水车、车辆冲洗平台等治理设备，并建设有原煤全封闭仓、煤矸石中转全封闭仓、中煤煤泥封闭仓、储煤筒仓等环保设施，实现了所有原料全部入仓储存。同时，建设有新型建材厂余热利用系统及风井乏风余热利用系统，在实现废热综合利用的同时，实现了对燃煤锅炉的全部替代。在固体废物治理方面，建设有年产1亿块煤矸石砖的新型建材厂，年可利用煤矸石20余万吨，实现了固体废物的综合再利用。

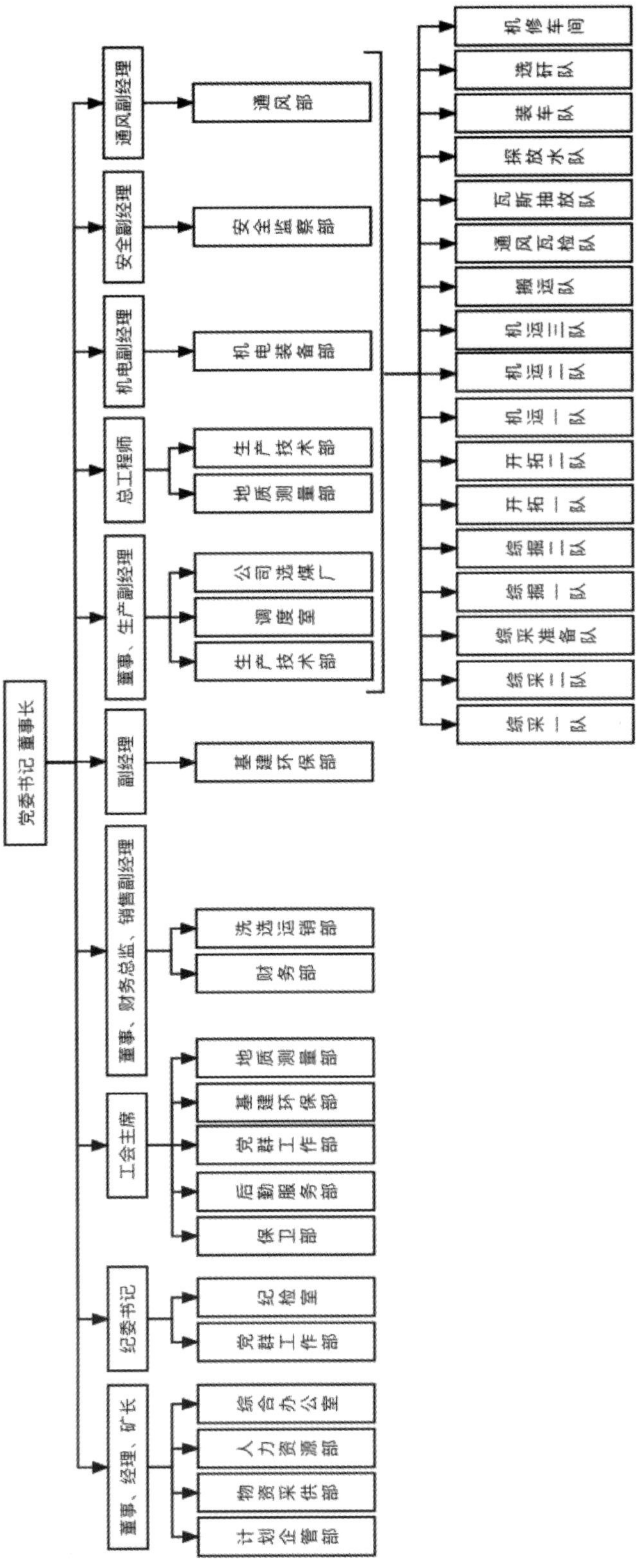
党委书记 董事长
董事、经理、矿长
综合办公室
人力资源部
物资采供部
计划企管部
纪委书记
纪检室
党群工作部
工会主席
地质测量部
基建环保部
党群工作部
后勤服务部
保卫部
董事、财务总监、销售副经理
洗选运销部
财务部
副经理
基建环保部
董事、生产副经理
公司选煤厂
调度室
生产技术部
总工程师
生产技术部
地质测量部
机电副经理
机电装备部
安全副经理
安全监察部
通风副经理
通风部
机修车间
选矸队
装车队
探放水队
瓦斯抽放队
通风瓦检队
搬运队
机运三队
机运二队
机运一队
开拓二队
开拓一队
综掘二队
综掘一队
综采准备队
综采二队
综采一队

图 6－1　F 煤矿组织机构

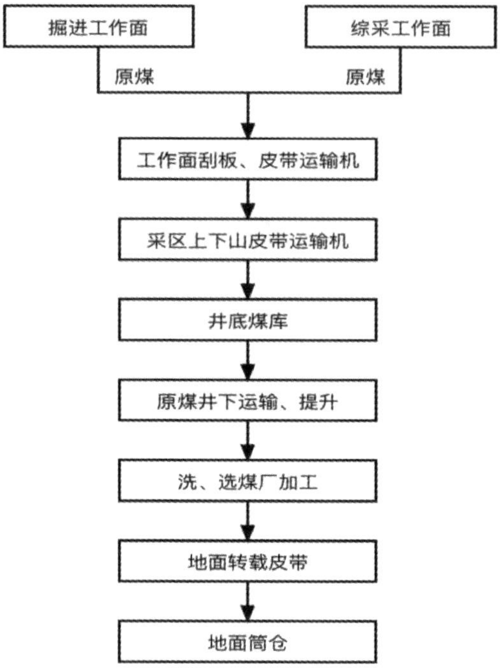

图 6－2 煤矿生产流程

（二）宏观背景

1. 国家层面

党的二十大报告中提出“要推进美丽中国建设，坚持山水林田湖草沙一体化保护和系统治理，统筹产业结构调整、污染治理、生态保护、应对气候变化，协同推进降碳、减污、扩绿、增长，推进生态优先、节约集约、绿色低碳发展。”对环保工作作出了具体要求：一是要加快发展方式绿色转型，实施全面节约战略，推进各类资源节约集约利用，加快构建废弃物循环利用体系；二是要深入推进环境污染防治，持续深入打好蓝天、碧水、净土保卫战，加强污染物协同控制；三是要提升生态系统多样性、稳定性、持续性，建立生态产品价值实现机制，完善生态保护补偿制度；四是要积极稳妥推进碳达峰碳中和，有计划分步骤实施碳达峰行动。

2021 年 10 月 24 日发布的《中共中央 国务院关于完整准确全面贯彻新发展理念做好碳达峰碳中和工作的意见》中提出，要推进经济社会发展全面绿色转型，加快形成绿色生产生活方式，大力推动节能减排，全面推进清洁生产，加快发展循环经济，加强资源综合利用，不断提升绿色低碳发展水平。

2. 集团层面

集团 2022 年工作会行政工作报告中提出，要建设绿色企业，厚植高质量发展生态底色。一是要打好污染防治攻坚战，认真落实党中央、国务院《关于深入打好污染防治攻坚战的意见》，统筹抓好大气、水、固体废物污染防治，打好打赢蓝天、碧水、净土“三大保卫战”。二是要推进环保治理体系和治理能力现代化，落实整改主体责任，继续开展生态环保大排查大整改，加强环保队伍建设，配齐配强业务人员，分级分类精准培训，确保专业人干专业事。三是要有序实施碳达峰行动，站在企业生存发展的高度，深入思考研究碳达峰碳中和对传统能源企业的深刻影响，结合产业特点和企业实际，认真研究制定集团公司碳达峰行动实施方案并狠抓推进落实。

在集团召开的年度安全环保工作会上，集团主要负责人还提出要扎实开展生态环境保护工作，认真做好中央生态环保督察“后半篇”文章；要推动环境治理能力现代化建设，将绿色发展引入资源开发、煤炭生产、洗选加工、焦炭化工等各行业各领域生产全过程，切实提高高质量发展的“含绿量”；有序实施碳达峰和能耗双控行动，推进减污降碳协同联动，加快构建减污降碳激励约束机制。

（三）存在的主要问题

由图 6 – 3 可知，由于在煤炭的采选过程中产生的矿井水、煤矸石、煤层气、噪声、煤尘、二氧化硫等污染物，会对周围区域环境产生巨大的影响，导致地下水资源破坏、土地资源破坏及生态环境恶化等一系列环境问题。我国政府目前正趋于更为严格地执行有关环保的法律法规，加大执法力度，并可能通过和实施更加严格的环境标准。同时，随着城区不断扩建，F 煤矿逐步被包围，周边居民区较多，受到大气污染及噪声等问题的困扰，居民的投诉和反馈增加，这使得政府环保部门对 F 煤矿的环境治理标准和环保要求大大提高，这对企业的环保工作提出了更高的要求，也带来了巨大的挑战和压力，企业需要投入更多的人力、物力和财力来开展环保管理工作。在 F 煤矿已经开展的环保管理工作中，主要还面临污水处理厂发展落后、废气治理工作不到位、矸石资源利用不充分以及煤炭资源逐渐枯竭等问题。

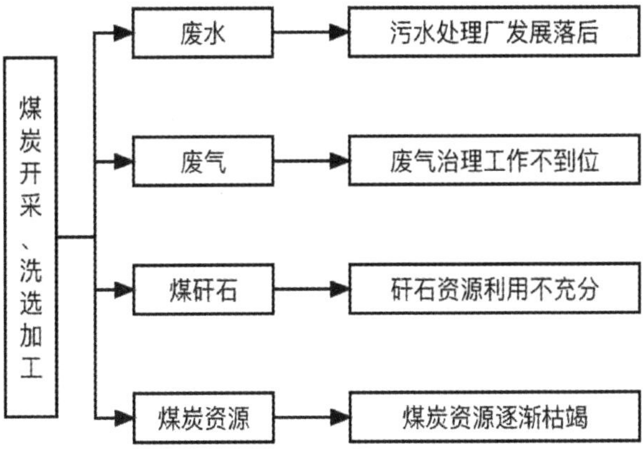

图 6 – 3 存在的主要问题

1. 污水处理厂发展落后

F 煤矿作为煤炭企业，生产过程中会有大量的矿井废水以及职工生活中的生活污水排出，其中含有大量 COD、氨氮、总磷等物质。在对污水进行处理的过程中，现有污水处理厂仍处于粗放式管理阶段，存在管理制度不健全、操作标准不明确、人工成本较高、技术设备不先进、监管不到位等问题，污水处理厂的建设仍需要进一步规范完善。

2. 废气治理工作不到位

由于煤炭开采过程中会产生二氧化硫、矿井瓦斯以及矿区地面矸石山自燃释放的有毒有害气体等，造成大气污染，危害动、植物生长及人类健康。F 煤矿作为典型的“城中矿”，周边居民对大气污染问题极为关注，导致居民投诉率较高，政府环保部门对企业监管也更加严格。主要表现在大气治理设备短缺、设备维护不到位、污染物排放监管不严等问题。

3. 矸石资源利用不充分

在采煤作业过程中遇到断层等地质构造时，会产生大量矸石。同时，煤炭洗选过程中也会排出矸石，导致煤炭企业煤矸石产生量占原煤产量的 15%—20%，而煤矸石利用率仅为 58%，其余部分就近自然混杂堆积，大量的煤矸石露天堆放形成矸石山，其中的有害成分和化学物质进入大气、土壤、地表、地下水，造成环境污染。

4. 煤炭资源逐渐枯竭

F 煤矿 1981 年建井，矿井井田面积 30.72 平方公里，地质储量 54616.78 万吨，地面村庄有 18 个，40 余年来累计开采原煤 6375.64 万吨。现如今，矿井 3#煤保有储量 17705.31万吨，可正规开采资源仅为 1168.27 万吨，其中村庄压覆可采资源 888.27 万吨，其余仅为 280 万吨。此外，剩余残余资源 1150 万吨，煤矿资源已逐步枯竭。由于煤层赋存条件的变化，大量边角煤开采及资源回收问题已成为亟待解决的紧要问题。

（四）精益环保管理的主要原因

1. 构建现代化管理体系的需求

“十三五”规划之后，我国经济由高速增长转向了高质量发展。2019 年十九届四中全会作出了推进国家治理体系和治理能力现代化的重大部署，对国有企业提升管理能力提出了更高的要求。省委也先后提出了“四为四高两同步”和全方位推动高质量发展的要求，在山西全面开启了新一轮的国资国企改革，加快推动高质量转型发展的步伐。集团党委也提出要实现高质量发展，就要加快经济发展的质量变革、效率变革、动力变革。一方面要加快产业结构调整、产业转型，构建现代化产业体系；另一方面要加快管理创新、管理升级和管理再造，要有能够配套现代化产业体系的现代化管理体系。

2. 推进精益化管理的重要意义

精益化管理起源于 20 世纪 20 年代，其目的就是提升生产与流通全过程的效率、效能和效益，以最小的投入创造最大的价值。精益化管理通过不断降低成本、提高质量、增强生产灵活性、实现无废品和零库存等手段，确保企业在市场竞争中的优势。同时，精益化管理把责任下放到组织结构的各个层次，充分调动全体职工的积极性和聪明才智，改变员工的行为习惯，保障全员积极参与改善，增加改善量和持续性，大量事实证明，精益化管理是符合市场经济发展、符合高质量发展的根本途径。对于煤炭企业来说，开展精益化管理是企业高质量转型发展的必由之路。

3. 推进精益环保管理的必要性

将精益化管理运用于环保工作，一方面可以加快推动企业环保管理能力现代化建设，精准治污、科学治污、依法治污，实现污染防治攻坚战由“坚决打好”向“深入打好”的转变；另一方面，实施精益环保管理可以有效提升环保基础设施管理水平，把生态环保工作融合贯穿到生产、经营、变革、发展的各方面和全过程，以生态环保引领产业结构转型升级，加快形成节约资源和保护环境的高质量发展新模式，打造绿色矿山。

二、总体设计

（一）总体目标

1. 国家层面

根据《中华人民共和国煤炭法（修订草案）》有关规定，煤矿建设应当坚持煤炭开发与生态环境治理同步进行，煤矿建设项目应符合相关环境影响评价要求，环境保护设施必须与主体工程同时设计、同时施工、同时验收、同时投入使用；国家鼓励煤矿企业进行复采或者开采边角残煤和极薄煤，鼓励资源化利用煤矸石、粉煤灰等固体废物，综合开发利用煤共伴生资源，科学利用关闭煤矿残存资源和地下空间。同时，煤矿企业应当依法回收、处理和综合利用矿井水、工业废水和生活污水。

2. 集团层面

集团确立了“一年见成效、三年上台阶、五年成标杆”的生态环保工作总体奋斗目标，明确了生态环境保护工作的目标：杜绝较大及以上突发环境事件、主要污染物长期稳定达标、标准化污水厂100%创建完成、主要产品整体达到先进水平、绿色矿山创建率达标、推广清洁生产。同时，提出要以深化生态环境保护意识变革为引领，以融合精益理念助推环保工作为抓手，以健全完善生态环保管理体系为基础，以环保基础调研、环保技术创新、设备升级改造、产学研合作、环保人员培养、环保重点工程建设等措施，着力解决突出生态环境问题，确保环保设施平稳有序运行，生态环境保护工作总体平稳。

3. 矿厂层面

按照集团公司对精益化工作推进的总要求，F煤矿坚持一把手亲自部署、分管领导亲自带队、部门负责人亲自组织、业务骨干全程参与，打基础、树样板、拓范围、见成效、定机制、建模式。坚持“绿水青山就是金山银山”和“环保为天”的环保理念，并根据公司特殊地理位置，将环保理念定位为“矿区与社区和谐共生、建设生态友好型企业”，环保目标确定为“三个百分百和一个零”，即：行政检查通过率100%；污染物排放达标率100%；社区和谐满意度100%；居民投诉率为“零”。

（二）整体思路

根据国家对环保方面的治理要求，集团对环保工作的总体部署及矿井建设具体目标，F煤矿积极进行环保治理体系建设，以解决企业存在的四大主要问题，解决思路如图6-4所示。

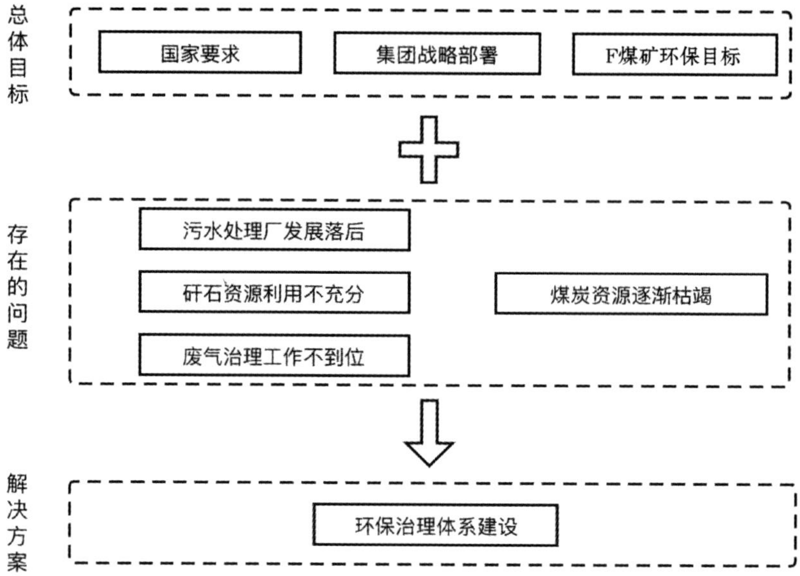

图6－4　解决方案思路示意

F煤矿主要从水污染治理、大气污染治理、资源综合利用以及煤炭资源回收四个方面进行环保治理体系建设（图6－5）。

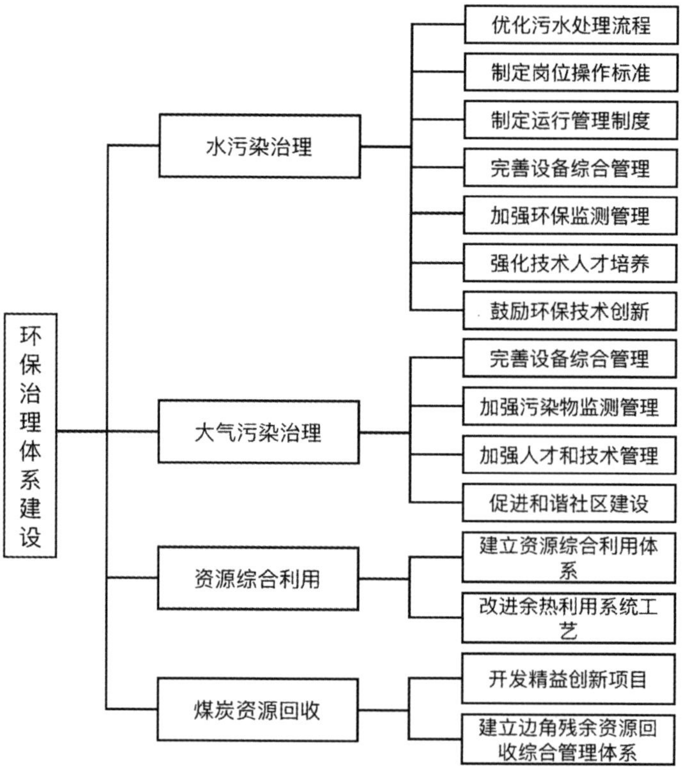

图6－5　环保治理体系建设

水污染治理工作主要从优化污水处理流程、制定岗位操作标准、制定运行管理制度、完善设备综合管理、加强环保监测管理、强化技术人才培养、鼓励环保技术创新七个方面入手，分别对矿井水和生活污水的处理流程、关键岗位的操作标准和注意事项、污水处理厂的运行管理、污水处理设备的运行和维护、水污染物含量的监测、主要操作人员的选拔和培养、污水处理技术的引进与创新作出了明确的部署，将水污染治理工作的精益化管理落实到方方面面。

大气污染治理工作主要从完善设备综合管理、加强污染物监测管理、加强人才和技术管理、促进和谐社区建设四个方面进行，对大气污染治理设备的管理、大气污染物的排放监测、治理人才的选拔、治理技术的改进创新以及和谐社区共建等工作进行落实。

资源综合利用工作主要包括建立资源综合利用体系和改进余热利用系统工艺两大内容，以煤矸石综合利用为核心，开展余热利用，在利用煤矸石进行制砖的同时，对所排放的废热进行综合利用。

煤炭资源回收主要包括开发精益创新项目和建立边角残余资源回收综合管理体系两部分。如图6－6所示，边角残余资源回收综合管理体系首先对矿井边角煤赋存状况进行评价，然后结合采矿原理、岩体力学理论、系统优化理论和方法，借助数值模拟与现场实测相结合的综合手段，对不规则边角煤块段的机械化开采方法、煤层地质条件评价及分类、经济可采性评价分析、围岩结构及矿压特征、机械化开采实践等进行系统的研究。

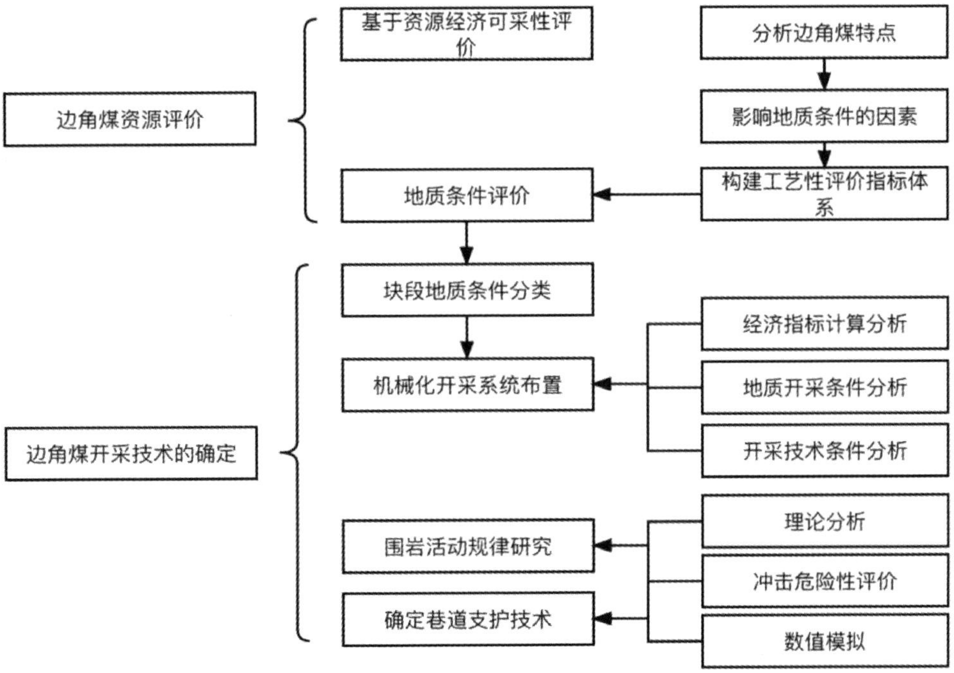

图6－6　边角残余资源回收综合管理体系技术路线

三、应用过程

（一）参与部门和人员

F煤矿成立专门的环境保护工作领导组，下设办公室，办公室设在基建环保部，现配备环保分管领导1名、部长1名、副部长1名、管理员4名。基建环保部主要负责公司环境保护日常监督、检查、指导、考核工作，积极开展环境保护宣传、培训以及应急演练。同时按照各级部门环保督查、检查要求，组织制定整改措施，分解落实责任并监督相关部门实施，配合运营部门加强在线监测设备的管理，并负责环保工程的全过程审核、建设及验收工作。

现场实施由选矸队、装车队、新型建材厂、选煤厂、基建环保部共同参与，通过扬尘治理、煤矸石综合利用、废气治理、固体废物治理，完成行政检查通过率和污染物排放达标率目标的相关工作；党办、工会、团委、基建环保部共同对社区和谐满意度和居民投诉率负责，建立同社区、居民的互动机制，邀请周边社区、居民现场参观公司环保治理工作，虚心听取社区及居民对公司环保工作的意见及建议，并根据相关意见及建议积极加以整改。

与此同时，为构建以“提质、增效、节支、降耗”为目标的精益化管理体系，落实精益创新项目和精益现场改善工作，F煤矿设有精益管理办公室和技术创新管理办公室。精益管理办公室主要负责落实精益化管理工作的决策部署，制定精益化管理工作机制，推进精益化管理的实施，构建精益创新管理机制和监督与考核评价机制，以保障精益化管理工作的顺利推进；技术创新管理办公室主要负责研究和确定企业的技术研发方向，批准企业科技发展规划、技术创新项目研发计划，下达研发任务等工作。

（二）具体实施举措

1. 水污染治理精益管理

（1）优化污水处理流程。矿井污水来源主要是职工生活用水以及煤矿开采过程中产生的井下矿井水，随着国家对矿井水排放管理力度的增大，F煤矿积极探索生态式新型污水处理厂建设模式，重点打造具有特色的绿色生态式污水处理车间。目前，F煤矿共建设有污水处理站5座，其中，矿井水处理站2座，设计处理能力为9000立方米/日；生活污水处理站3座，设计处理能力为1300立方米/日。

矿井水处理采用脉冲式旋流澄清净水装置，2018年新增深度脱氮系统、膜过滤系统、活性炭吸附系统进行深度处理，以去除水中的COD、氨氮等污染物。具体流程如图6－7所示，煤矿井下排水首先进入调节池，在调节池中沉淀后由一级提升泵提升至加药间。向加药装置中加入絮凝剂PAC和PAM，同时启动搅拌机搅动溶液使药剂充分溶解，矿井水经药剂处理后进入旋流澄清池。通过旋流澄清池分离出的上清液进入中间水池，排出的污泥则进入污泥浓缩池，通过污泥脱水设备进行泥水分离，污泥通过螺旋提升机外运，而进入中间水池的上清液则通过二级提升泵经脱氮系统、膜过滤系统、活性炭吸附系统处理达标后进入清水池，通过变频供水泵输送至井下喷雾洒水、地面降尘、绿化以及地面选煤厂生产用水。

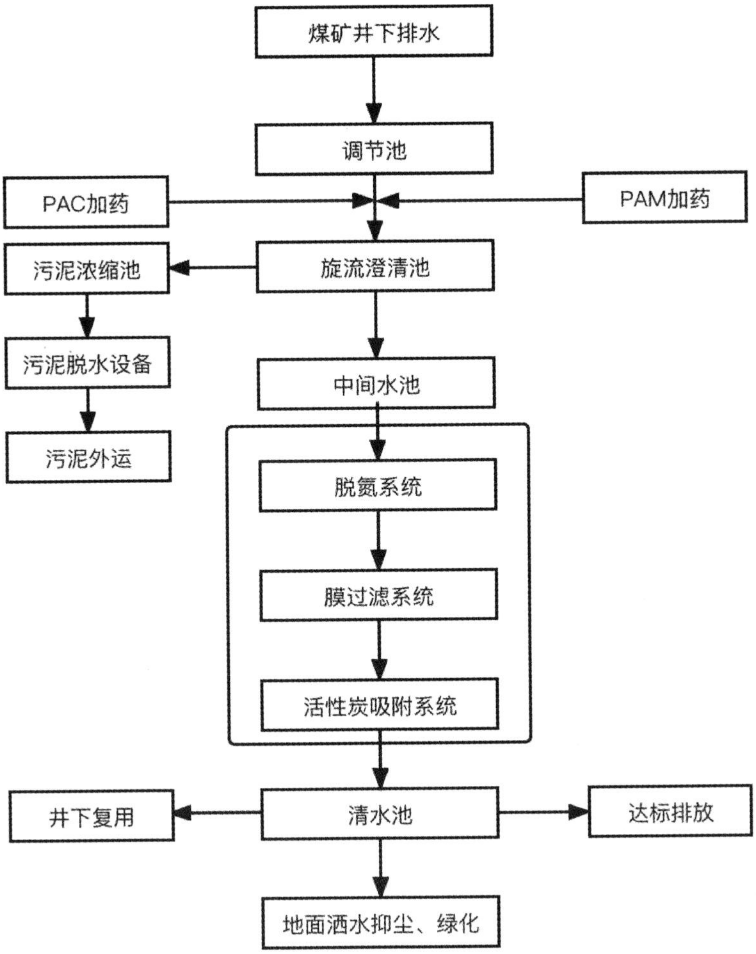

图6-7 矿井水处理工艺流程

生活污水处理采用物理化学反应处理工艺，能够有效去除污水中的含磷污染物、COD和SS等。具体流程如图6-8所示，生活污水首先进入污水池，经格栅去除大的漂浮物后进入调节池，在调节池中沉淀后由一级提升泵提升至除磷反应池。在除磷反应池中投加除磷剂，通过充分搅拌，除磷剂和污水发生充分反应去除污水中的含磷污染物、COD和SS等。生活污水物化反应沉淀后上清液进入中间水池，经二级提升泵提升至深度处理车间，先后进入深度除磷系统、膜过滤系统和活性炭吸附系统进行深度处理，并在膜过滤系统进水端投加脱氮剂，使污水中的含氮污染物和脱氮剂充分接触，去除污水中的含氮污染物、大肠菌群等。活性炭吸附系统出水则流经巴氏槽计量后进入回用水池，回用水池中的清水全部回用于道路洒水、绿化浇灌以及地面选煤厂、新型建材厂生产用水。

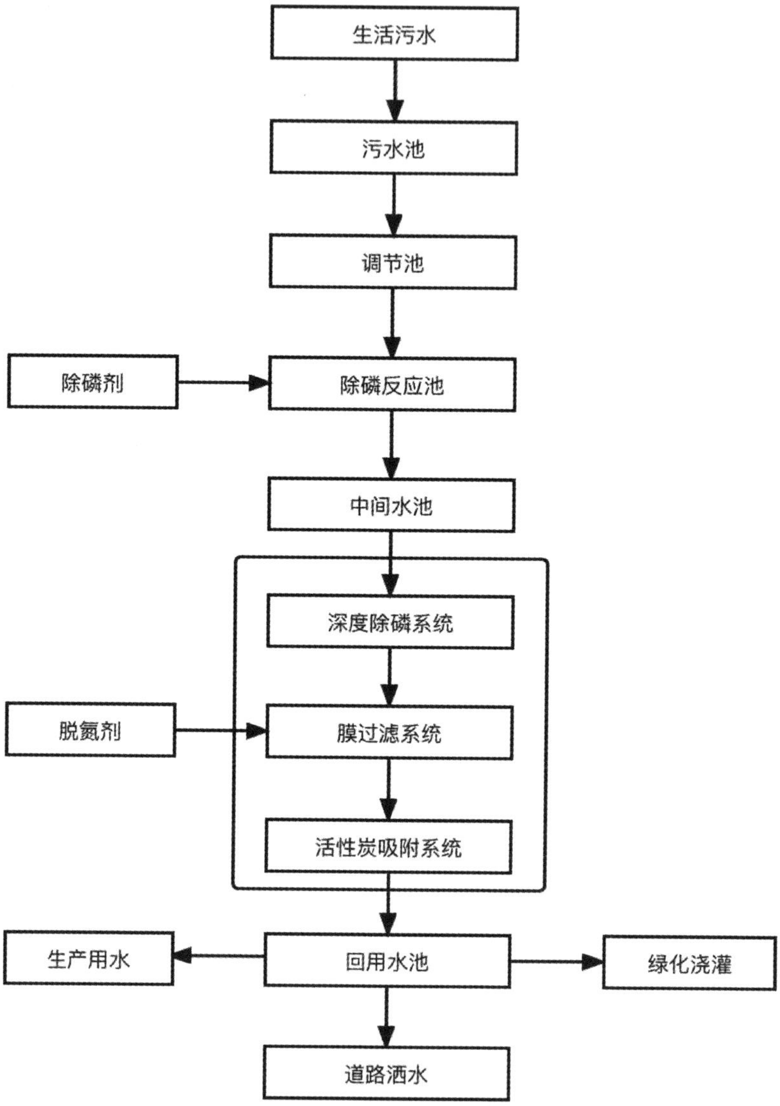

图 6－8　生活污水处理工艺流程

（2）制定岗位操作标准。F 煤矿制定加药工操作规程、潜水曝气操作工操作规程、控制室操作规程、旋流澄清池操作规程、污泥压滤机操作规程、加药设备操作规程、深度除磷/活性炭吸附系统操作规程等 17 项污水处理基本操作规程，详细说明每一个操作流程和岗位的工作程序及注意事项，并对所有设备全部规范标识标牌。

污水处理厂的关键岗位操作流程包含一般规定、开机前现场准备、各项工艺流程现场操作规定、岗位操作注意事项四部分内容。例如在污泥压滤机操作规程中，其一般规定包括压滤机司机要经过有关部门培训并持证上岗、司机必须熟悉本设备的构造和性能并可以排除一般故障、必须按规定时间进入接班地点进行交接班；现场准备工作包括开机前检查主机是否一切正常、检查浓缩机、加药泵、污泥泵、清水泵等设备是否正常、检查各润滑部位是否良好、检查压滤机各部位螺栓是否紧固完好、检查各防护装置是否齐全完好；现场操作内容主要包括配置絮凝剂的操作过程和操作时点、空气压缩机、主机、加药泵、污泥泵等各相关设备的开机流程和关机流程等；岗位操作注意事项主要包括确认操作环境是否安全、检查设备是否全部开启并运行正常、检查设备是否需进行维护或保养、检查药剂是否有效以及是否依规安全配置溶液等。

（3）制定运行管理制度。F煤矿针对污水处理厂的管理运行制定了安全生产制度、交接班制度、设备维护保养制度、消防管理制度、污水处理厂考核制度、运行档案管理制度、材料发放管理制度、药品管理制度、药剂调配方法等12项管理制度，对每一项工作作出明确要求，对职工行为进行规范。例如在安全生产制度中规定，应严格遵守各项安全规章制度，不违规作业；严格遵守各项操作规程，精心操作，保证原始记录整洁、准确可靠；工作人员不得行走或站立在生产区非安全位置；经常检查走道板、护栏等，如有损坏或不牢固情况，应立即汇报修理。在药剂管理制度中规定，污水厂对污水处理所需的各类化学药品指定专人管理；对各类化学药品的领用及保管建立专项账薄；在实际使用过程中，对各类化学药品的浓度配比及使用剂量严格要求，不得随意更改。

此外，还制定完善了相关岗位责任制，做到制度上墙，将各项工作和岗位职责落实到人，使全体员工明确各自的分工与职责，确保各项工作和设备的正常进行。例如旋流澄清池操作工必须熟悉掌握设备性能、特征、工作原理；认真执行交接班制度，坚守工作岗位；在检查旋流澄清池溢流情况时，明确安全距离，防止非工作人员靠近澄清池现场，避免溺水事故的发生；还要及时观察水质变化、确定排泥时间，认真清理缸体和污泥池的残留物，保证工作现场的清洁卫生。

（4）完善设备综合管理。在设备管理方面，污水处理设备由选矸队、机运三队、选煤厂分区域管理，对鼓风机、水泵、加药泵、膜系统、机械过滤等设施按照运行模块进行划分，根据位置、所属模块、设备参数、安装时间、维修时间等建立起详细的设备台账。

在设备清洗和保养方面，选矸队定期或不定期对污水处理厂设备进行清洗和保养，当石英砂压力大于等于0.2兆帕时，需要对脱氮系统进行清洗，压滤机在停机前需要进行清洗，每半个月对旋流澄清池进行一次清洗，而生活水处理鼓风机则每半年需要更换一次润滑油，加药泵需要每月检查一次，加药罐则每季度清洗一次。

在设备检查方面，明确值班员应每小时对运行设备进行一次检查，定时检查储药罐溶剂的分解程度及拌药罐溶剂高度，检查各种指示仪表是否正常、设备运行声音是否异常、温度是否升高等，检查完毕后要认真做好记录。同时，基建环保部负责对污水处理设备进行整体监督，每月不少于一次对污水处理设备和水在线监测设备进行现场监督、检查，针对发现的问题进行调查研究及动因分析，跟踪落实整改，检验整改效果。

（5）加强环保监测管理。在污染物数据监测方面，矿井水污染物含量主要通过水在线监测设备进行监测，达标后排放。相关工作人员需每30分钟观察一次进水水质，并记录通过在线监测仪测得的出水口COD、氨氮、总磷、pH值数据。污水处理厂的水在线监测设备与政府环保部门联网运行，数据每小时自动上传一次，除企业设备操作人员通过实时监控查看数据是否达标外，政府环保部门也会对此进行监督反馈。此外，F矿每月对水污染物含量进行监测，并委托有资质单位定期监测并出具监测报告。

（6）强化技术人才培养。F煤矿积极落实人才发展战略，以人才优先发展引领带动环保人才队伍建设，在企业内部进行人才选拔，突出品德、能力、业绩导向，克服“唯学历、唯资历”的倾向，科学客观评价环保专业技术人才，综合考虑品德品行和现行岗位职责的工作能力、工作业绩等进行选拔，成立了专门的污水治理技术团队。由污水治理技术团队负责企业污水处理过程中的技术工作，解决环保治理过程中遇到的技术难点、痛点问题，同时结合公司实际情况，将技术同现场治理相结合，由基建环保部及所在队（厂）对技术团队人员实行“技术+现场操作”双重管理模式（即技术人员不离操作现场模式）。

与此同时，F煤矿积极开展环保专项业务培训，并注重加强业务指导，因人施教，对基层单位的领导班子主要进行理念培训，要求分管环保的领导要掌握环保基本情况和环保工作的一些政策，环保管理人员要掌握基本的法规、制度和规范，操作人员要明确达标处理的方式方法，以此提升环保管理人员业务素质。

（7）鼓励环保技术创新。F煤矿加大环保科技创新力度，积极组织开展环保技术创新工作，针对现有生活污水处理中间水池淤泥无法清理干净，导致后端深度处理工艺负荷过大，造成活性炭、石英砂以及过滤膜更换频繁的问题，研究实施旋流净水技术，达到了处理淤泥的效果，有效提高了对生活污水的处理能力，减少了污水深度处理材料的耗费。同时，为激发广大职工创新创造热情，努力营造崇尚发明创造、技术革新、节约能源资源的工作氛围，在公司范围内开展精益改善提案活动，鼓励员工进行小发明、小创造、小革新、小设计等改善提案，为职工搭建展示才能、表现自我的平台，鼓励职工积极投身科技创新工作。通过开展精益改善提案活动，矿环保治理能力得到有效提高，对老旧设备改造能力、工作效率等方面也均有所提升，达到了节支降本、提质增效的目的，进一步推进了公司精益化管理工作的落实。

2. 大气污染治理精益管理

（1）完善设备综合管理。大气污染物的治理设备设施主要包括烟气脱硫除尘设备、布袋除尘设备、储煤仓、储煤筒仓、吸尘车、洒水车、车辆冲洗平台。其中，烟气脱硫除尘设备由新型建材厂进行管理，布袋除尘设备由建材厂、选矸队、选煤厂三方统一进行管理。基建环保部负责整体监督，每月对烟气治理设备、布袋除尘设备等开展至少1次现场监督检查。

大气污染治理设备的管理主要包括检查污染物处理设备运行是否正常、维护是否到位、操作是否规范、污染物排放是否超标等。新型建材厂在烧结砖过程中要检查脱硫除尘设备是否运行正常，烟尘、二氧化硫、氮氧化物排放是否超标；煤炭运转时要检查运输设备是否采取全封闭或苫盖措施，是否采取洒水降尘措施等。设备管理过程中要求工作人员要结合环保运行工艺流程，明确整体工艺中的核心和关键工艺单元，重点加强对这些工艺段中设备设施的巡查，做到每班多次检查，并将检查、维护、维修等信息实时填入烟气脱硫系统运行监测记录、湿电除尘运行记录、设施保养维护记录、设施巡查记录等环保设施运行记录台账，详细掌握所有设备的运行工况，以保证环保设备的良好运行。

在对脱硫除尘设备进行巡检时，要求作业人员每30分钟巡检1次，做到仔细、全面，不错检、不漏检，作业人员要熟悉设备工作原理，严格遵守环保设施安全巡检流程。如图

6－9所示，脱硫系统巡检流程自系统配电室起、至入孔门止分为17步。在现场巡检时，要填写准确、规范、完整的巡检记录，真实有效地反映系统运行情况。

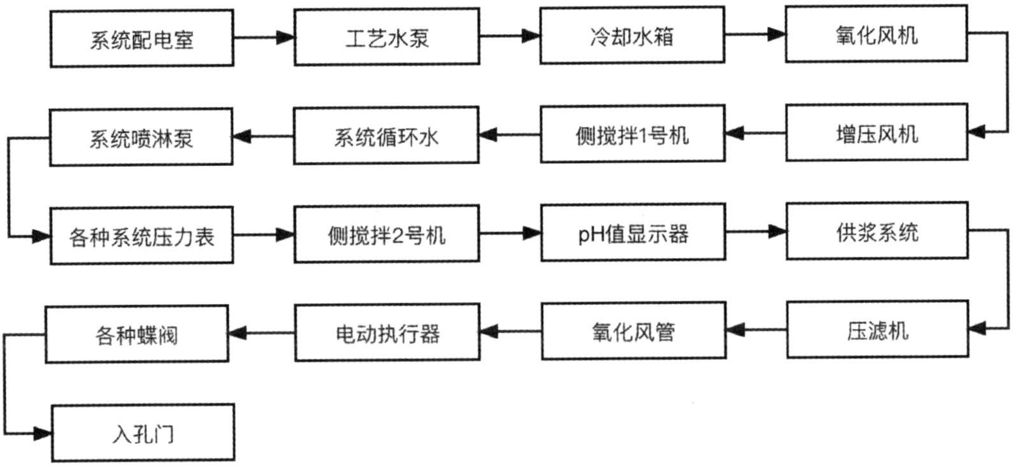

图6－9 脱硫系统巡检流程

（2）加强污染物监测管理。F煤矿的大气污染物主要包括烟气和扬尘，其中烟气主要包括二氧化硫、氮氧化物、颗粒物，扬尘主要包括PM2.5和PM10。大气污染物主要通过烟气在线监测设备和扬尘在线监测设备进行监测，并与政府环保部门联网运行，监测数据均每小时上传一次。此外，每个季度对粉尘进行一次定期监测，每半年对烟气进行一次定期监测，并且每个季度委托具有资质的第三方单位对15个监测点进行环境监测。

在日常工作中，操作人员会通过监控实时查看环保监测设备的数据是否达标，政府环保部门也会对此进行检查、监督和反馈。例如，新型建材厂环保设施监测数据与窑炉的运转工况密切相关，正常情况下，当脱硫系统入口烟温超过限值120℃或者烟气监测数据中氧含量、颗料物等指标出现异常变化时，应及时向成品车间班组长反馈相关数据信息，成品车间根据反馈信息与实际情况，优化窑炉运转作业过程，确保烟气监测数据保持稳定。2021年，政府环保部门利用移动监测车对运输道路及邻近村庄进行颗粒物移动监测，并提出改进建议，矿积极采取针对性措施落实整改。一是运输车辆采取间断性进出厂区，避免运输车辆聚集，减少粉尘及NO_2的产生。二是加大对运输道路清扫和洒水频次，车辆冲洗平台正常运行，避免造成扬尘污染，并严禁国五以下车辆运输。三是基建环保部安排专业人员负责日常管控，不定期对运输道路进行检查，发现隐患，及时整改。

（3）加强人才和技术管理。在人才管理方面，参照水污染治理人才选拔方案，成立了专门的大气治理技术团队，负责解决在治理过程中遇到的技术难点、痛点问题，并由基建环保部及所在队（厂）对技术团队人员实行技术＋现场操作的双重管理模式。同时，建立了以正向激励为主、绩效考核为辅的考核机制，每年定期对大气治理技术团队进行考核，考核以对岗位安全操作、环保设备日常管理、一般故障排查处理是否到位为主要内容，以污染物是否超标排放为指标的考核底线，对年度考核不合格的环保技术人员不予续聘。此外，矿井还形成了内外结合、重点培养的模式，培养分为外部培养和内部培养两种方式进行，要求相关操作人员掌握环保设备基本知识、运行方式、一般故障的排查、应急处置规程等内容。

在技术管理方面，为加大防尘力度，积极组织开展环保技术创新工作，参加“五小”创新活动，针对企业出现的布袋除尘技术较为落后、粉尘排放达不到最新排放标准的问题，通过研究布袋除尘器超低排放技术工艺，使得布袋除尘器粉尘排放浓度降到 10 毫克/立方米以下，实现了粉尘的超低排放标准，减少了污染物的排放。

（4）促进和谐社区建设。在社区共建方面，矿积极同政府环保部门建立了良好的沟通协调机制，每季度不少于一次邀请政府环保部门对公司环保工作进行现场把脉，找出企业环保工作中存在的问题，并邀请政府环保部门为企业现场解读环保新政策、新标准、新技术，持续推动公司环保各项工作顺利开展，切实有效提升公司环保管理水平，降低公司在违反环保法规制度方面的风险。

矿积极邀请社区和居民代表对居民代表重点关注的噪声、粉尘治理设施、设备进行现场参观，并由基建环保部牵头对矿区周边社区、村庄进行走访、调研，认真听取居民对公司在生态保护工作中的意见和建议，并加以整改。同时，以不定期开展座谈会的形式，通过三方座谈进行有效沟通，最大限度地在企业、社区及居民之间建立一个平衡点位，为周边居民和企业职工创造良好的生活环境，真正做到矿区与社区共和谐。

此外，矿积极履行社会责任，保证厂区雨水收集处理综合利用，为城市提供处理达标后的生活及矿井水，用于道路洒水及绿化作业；为政府排忧解难，积极承担城市道路的清扫洒水作业，每日进行道路清扫，确保道路整洁。

3. 资源综合利用精益管理

（1）建立资源综合利用体系。资源综合利用体系主要包括矸石综合利用和余热综合利用，在利用煤矸石进行制砖的同时，对所排放的废热进行综合利用。

由于煤矸石制砖资源利用量大，可以消耗大量煤矸石，为有效解决煤矸石占地及环境污染问题，矿以产业升级带动煤矸石的资源化利用，建设有年产 1 亿块煤矸石砖的新型建材厂。如图 6－10 所示，资源综合利用体系主要包括以下几个环节。首先由选矸队对井下开采原煤矸石进行分选，矸石经分选后通过皮带走廊进入煤矸石封闭仓。其次对煤矸石进行粗破处理，先将其破碎为粒径 3—5 厘米的煤矸石，然后将经过粗破处理的煤矸石输送至新型建材厂，再对其进行第二次破碎处理使其粒径达到 2 毫米以下。此过程按照 95% 矸石和 5% 黏土的比例进行搅拌，将其制作成砖胚并进行烧制。最后，产出的煤矸石砖再由新型建材厂负责对外进行销售。通过利用煤矸石制砖转化为新型环保建材，在达到保护土地资源目的的同时，实现了固体废物的综合再利用。煤矸石烧结砖在焙烧过程中，窑内的温度达到 980—1100℃左右，在砖坯煅烧过程中会有大量余热随着风机排出窑外，因此，矿建设有新型建材厂余热利用系统，充分回收利用煤矸石烧结砖过程中产生的废热，为矿区供暖、提供洗浴用热水，在实现废热综合利用的同时，也实现了对燃煤锅炉的全部替代。

（2）改进余热利用系统工艺。由于矸石砖厂排潮、排烟蕴含的低温余热资源丰富，利用矸石砖厂余热循环利用技术可以替代传统锅炉热源，实现煤矿无锅炉化，达到产煤不烧煤的目的，减少能源消耗及二氧化碳的排放。针对煤矸石砖厂烟气余热情况和取暖防冻需求，矿首次提出了余热梯级回收利用工艺，开发了热管结构、蜂窝板式结构和喷淋换热结构的三级烟气余热回收装置，实现了 15℃以上排烟、排潮余热的高效回收利用；并研究制

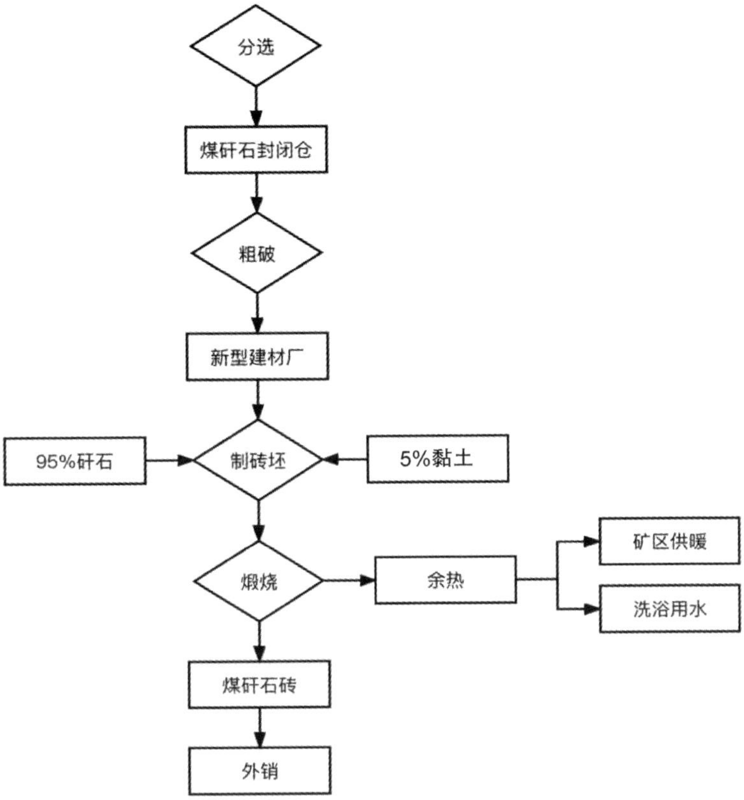

图6-10 资源综合利用体系

定了湿式防尘、脱硫一体化技术方案，成功解决了矸石砖厂余热回收利用烟尘污染和二氧化硫腐蚀问题；其研制的新型井筒防冻散热器可在环境极限温度-20℃时正常工作，满足了热泵系统提供的最低45℃热源温度要求，也解决了井筒防冻换热器的自身防冻问题。此外，对矸石砖厂排潮、排烟余热梯级回收利用系统进行优化设计，在不影响矸石制砖工艺的条件下实现余热回收，开发的余热回收控制系统可以根据环境温度的变化实现余热回收的自动分配。

在矸石砖厂余热循环利用技术的应用过程中，公司不断进行技术改造和创新。例如空压机油温余热利用技术，通过安装热能回收系统后，空压机的排气温度可以降低10℃—15℃，可提高4%—5%的产气量，节约4%—5%的电耗。还间接减少了风机运行时间，提高产气量的同时降低了风机电耗，改善了空压机运行状况，使得提高产气量所带来的节能效益大大增加，能够产生非常可观的节碳效益。此外，通过实施空压机内部改造、增加热能回收器，将空压机运行过程中润滑油中产生的大量热量通过高效热能回收器进行回收利用，将回收的热量用于水温加热，用于加热工人洗澡热水。

4. 煤炭资源回收精益管理

（1）开发精益创新项目。边角煤的开采回收成为矿井高产和可持续生产的重要问题，也是煤炭资源回收的重要内容。由于煤层赋存条件的变化，遗留下的大量边角煤开采及资源回收问题亟待解决，而边角煤块段的特殊赋存状况导致采用现有正规综采工艺装备技术不能发挥设备能力，生产效率低下。

矿生产技术部门针对边角煤问题进行精益创新项目立项，针对井下各类边角资源特性展开研究，以建立边角残余资源回收综合管理体系为研究目的，探索不同形式开采工艺，科学设计边角资源工作面回收方案，最大限度地回收矿井优质3#煤炭资源，稳定矿井生产能力，延长矿井服务年限。

（2）确定矿井边角煤赋存状况。边角残余资源回收综合管理体系建立的第一步就是进行边角资源地质资料的收集及分析工作。通过前期资料的收集以及对边角资源数据的整理，完成初步分析以及对边角资源赋存情况的分析。

分析发现，矿井3#煤可回采煤量1150万吨，其中已采边角工作面煤量240余万吨，待回收可采边角工作面煤量400余万吨，其他压覆资源可采煤量480余万吨。由于边角煤块段形状尺寸的不规则性、煤层厚度变化的不稳定性、开采条件的复杂性等问题，导致对采煤方法、巷道布置、采掘设备的选择、边角煤的正常回采以及边角煤回采的安全性问题都有较高的要求。与正规综采面开采相比，边角煤块段的开采过程中存在增减支架和刮板输送机长度频繁调整等，不易实现机械化和高产高效、工作面设备安装撤除或搬家移面频繁、边角煤开采工作面巷道布置困难、工作面受邻近已采区或地质破碎带的不安全因素影响大以及边角煤开采受到断层、水、火及瓦斯的威胁等问题。因此，在边角煤块段的开采前要做好充分的调研论证工作，选择合适的开采技术方案；开采过程中应尽可能利用现有生产系统，做到投入少、经济合理、安全有保障，便于集中生产和管理；工作面配套设备要简单、轻便、灵活、易搬运。

（3）确定机械化开采工艺方案。通过对矿井不规则边角煤块段开采的现状研究，提出了不规则边角煤块段典型机械化开采的方法及其工艺系统布置方案，即综采面正梯形开采、倒梯形开采、综采面变向推进及连续采煤法的旺格维利工艺系统的布置。对于可以采用综采开采的不规则边角煤块段，为了保证尽量提高边角煤块段开采的回采率，减少煤炭资源的浪费，可根据不规则边角煤块段形状尺寸灵活布置综采面生产系统，如顺槽沿空布置、梯形开采、转向推进开采等；对于需采用连采的不规则边角煤块段，也可根据其块段的具体情况布置合理的开采系统，其布置方式灵活多样，目前在国内外应用比较广泛的为源于澳大利亚的旺格维利采煤法，对于特定的边角煤块段，可根据实际情况，以旺格维利采煤法为基础，灵活布置不规则边角煤块段的回采系统。从提高煤炭资源回收率的角度考虑，不规则煤体大多处于周边采空状态，尺寸相对较小，回收时巷道布置多尽量采用沿空掘巷布置方式，留小煤柱掘巷等。

（4）建立地质评价体系模型。地质评价体系模型采用目前应用比较成熟和可操作性较强的模糊综合评价方法进行评价，应用采矿原理、模糊数学、层次分析等方法，研究边角煤块段煤层地质条件主要因素对开采工艺选择及开采效果的影响，构造煤层地质条件多层次多因素的综合评价模型，进行具体边角煤块段的评价与分类。同时，从评价的客观性、科学性和可操作性的要求出发，建立了包括确定评价层次、逐层选择评价因素、确定评价指标体系的评价因素结构，并结合现场的实际情况，建立了包含共9个一级指标和17个二级指标的矿井不规则边角煤块段煤层地质条件的评价因素指标体系（见图6－11），对评价指标体系进行了量化，根据统计分析法、待定系数法以及多元隶属函数法等确定了影响矿井边角煤开采各因素的隶属函数以及指标权重。结合矿井实际情况，应用边角煤块段地质条件综合评价模型，对全矿不规则煤层块段进行地质条件评价，根据评价结果进行了地质条件分类并给出了建议的开采工艺方式。

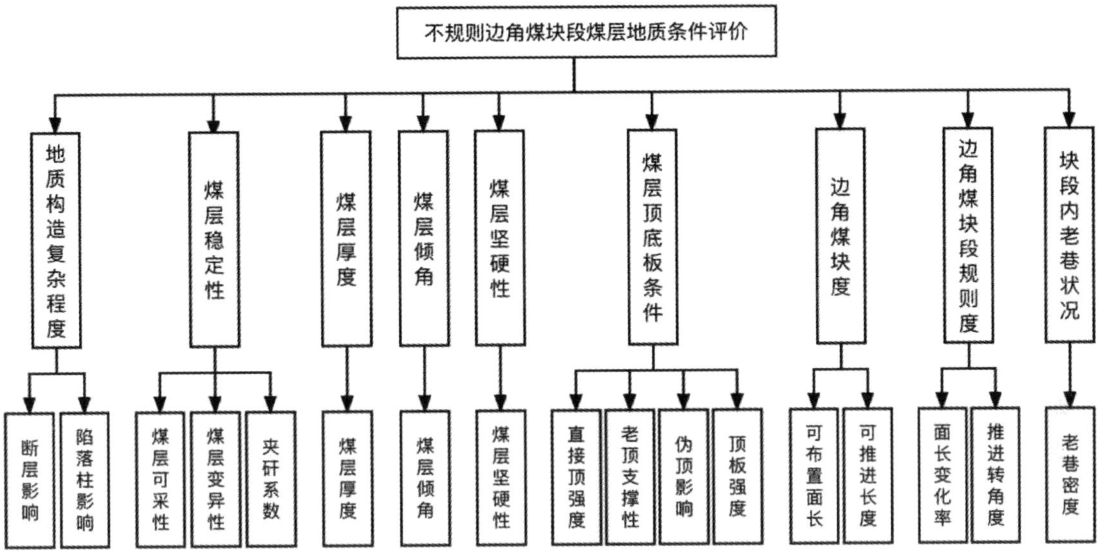

图 6－11　评价因素结构指标体系

（5）建立经济可采性评价模型。边角煤块段的经济可采性评价是针对边角煤块段特殊的赋存条件、现阶段开采技术以及装备水平，运用技术经济学原理，对边角煤块段是否值得开发及其效益情况进行评价，确定开采的盈利情况，进而决定边角煤块段是否值得开采、采用什么方法或工艺开采及减亏增盈的措施与对策，避免盲目决策造成的浪费和损失。边角煤块段的经济可采性评价是矿井边角煤块段工艺选择、开采设计、生产指标确定的基础或依据。边角煤块段经济可采性评价模型根据煤炭资源的自然价值理论和环境资源价值理论将煤炭资源价值分为自然价值和环境价值，引入“费用－效益”分析法原理，结合不规则边角煤块段特殊的赋存状况，构建了基于煤炭资源价值的不规则边角煤块段经济可采性评价模型，即根据公式“平均吨煤售价－吨煤生产成本－吨煤补偿费用－其他吨煤费用≥0”来进行判断。该模型不仅包括了生产经营费用，还包括了边角煤块段开采的环境补偿费用，既体现了经济效益原则，又体现了边角煤块段开采的环境资源价值。

（6）建立围岩力学结构评价体系模型。边角煤开采后，周围采空区原来经过压实达到的平衡状态又会被重新破坏，引起应力的重新分布，从而会再次引起上覆岩层的变形、破坏和移动，并且向周围发展。矿井的经济、合理、安全高效开采都是建立在对煤层地质条件和巷道围岩变形规律正确认识的基础之上，因此，有必要针对边角煤赋存的特殊性对其上覆岩层运动规律进行研究。围岩力学结构评价体系模型分析了老顶断裂线位置对工作面矿压的影响规律，以矿边角工作面残留边角煤块段为例，采用 ANSYS 有限元模拟软件和 FLAC3D 有限差分数值分析软件对实体煤中巷道、沿空留巷、沿空掘巷变形机理和“孤岛”状态下巷道的应力分布、位移场特征、巷道围岩变形特征等内容进行了分析，揭示不规则边角煤开采的围岩活动规律，确定巷道合理支护方式。

（7）开展机械化开采实践研究。将项目试验应用于 3 – 边角 08 工作面。在采煤工艺方面，采用走向长壁后退式综合机械化放顶煤工艺回采，采用全部垮落法管理顶板。在顶板控制方面，制定工作面初次来压和周期来压期间、过断层及破碎带时、初采、末采期间的顶板支护方式及控制技术；为进一步掌握工作面顶板来压规律，分析了回采期间支架与围岩的相互作用关系，研究制定了矿压观测方法。经过近 3 个月的生产实践验证，工作面顺利完成初采并正常回采，工作面回采期间，矿压监测显示矿压围岩压力得到有效控制，实现工作面安全高效回采，工作面平稳渡过地质构造，确定边角工作面可采价值。

（三）主要问题和解决方案

1. 污水治理技术问题

在污水治理方面，一期生活污水处理站无备用水池，因无法停止处理污水作业，致使水池无法清理，导致现有水池内淤泥沉积、后端深度处理系统效果不佳。F 煤矿投入 48.5 万元，通过分隔原有中间水池，增设 2 座 10.5 立方米/时旋流净水装置，包括进水、出水、排泥管路，确保污染物处理稳定达标。此外，根据环保要求以及社区反馈的雨季排水问题，雨水收集池需满足现有场地雨水收集功能，而公司储煤场地东侧雨水收集池储量小且防渗效果差，不能满足要求。F 煤矿对储煤场地东侧雨水收集池进行改建，拆除原有料石底板，基地灰土回填、浇筑钢筋混凝土底板、防渗处理、管道及水泵安装等。

2. 边角资源回收综合管理体系尚需完善

边角残余资源回收综合管理体系建设项目仅针对 F 煤矿存在的边角资源赋存形式进行了分类及管理体系研究，尤其是对边角煤柱资源回收、不规则工作面资源回收、孤岛工作面、小煤柱工作面等资源回收进行了综合机械化放顶煤开采实践研究，均已取得了成功，确保了边角资源安全回收。然而受研究规模限制，对“三下”压覆、窄小块段等赋存形式的资源仅在可行性和技术层面进行了论证，未能开展实践应用。下一步，仍需继续完善补充矿边角资源的开采实践应用研究。同时，对其他矿井存在的边角赋存形式进行补充研究，进一步完善边角资源综合管理体系。下发了《F 煤业精益化技术管理规定》，完善了在采煤工作面精益设计方面的管理制度，充分运用技术手段确保煤炭资源的安全高效回收。比如要求在科技创新项目选题上应紧扣制约企业发展的井下边角资源开采、瓦斯治理、水害防治、监测监控等重大安全生产课题开展攻关，应注重项目研究成果的适用性和对生产活动降本增效的积极作用，以务实为导向，应尽可能避免有限的科研资源投入到效率较低或成果难以实现的项目。

3. 人才队伍建设问题

在人才队伍建设方面，矿环保专业人才队伍建设缓慢，人才短缺，不能适应现有环保政策要求，也不能很好满足精益化发展的需求。下一步改进思路，一是加强基层培训与学习，对环保业务人员的技能、操作等方面进行培训，通过定期的班组会议、调度会议和区队集体学习等契机，将精益管理内容灌输到每个职工行为中，通过相互激励，形成团队学习的合力，达到更高的组织绩效。二是积极推进精益人才管理工作，目前正在建设数字化人力资源系统并已完成人才信息库的录入工作，数字化人力资源系统的建成将进一步完善企业的人才管理体系，促进人才的管理与合理分配。

4. 环保管理体系建设不足

在精益环保管理体系方面，管理体系尚不完善，通过环保技术创新、设备升级改造、产学研合作、环保人员培养、环保重点工程建设等举措解决比较突出的一些生态环境问题。主要表现为以下两个方面：一方面是从环保操作规程、操作标准入手，开展环保规范化操作，以标准化操作为根本，明确各工艺段和设备的操作步骤，制定相关的标准手册，实现标准上岗，规范操作，减少动作浪费；另一方面是要重视环保设备的日常管理，运用TPM对设备进行归口管理，记录设备的购置、使用、处置、维护、维修等信息，对环保设施进行全生命周期的管理。

四、取得的成效

（一）水污染治理

矿井水经处理后出水水质达到《地面水环境质量标准》（GB 3838－2002）中的Ⅲ类水质标准，即PH6－9、COD小于20毫克/升、氨氮小于1毫克/升、总磷小于0.2毫克/升，生活污水处理后达到《城市污水再生利用 城市杂用水水质》（GB/T 18920－2020）标准并能够实现全部综合利用。

2021年以来，污水处理厂共处理污水280余万立方米，且未出现污染物超标情况。通过对2020年和2021年污水处理站吨水运行成本进行对比发现，污水处理的吨水运行成本由1.50元/吨下降到了1.42元/吨，同比下降5.33%。

（二）大气污染治理

在有资质单位对新型建材厂隧道窑废气污染源的监测中，隧道窑废气排放口颗粒物、二氧化硫、氮氧化物的排放均浓度符合《建材工业大气污染物排放标准》（DB 37/2373－2018）中所规定排放限值的要求。

2021年，F煤矿对新型建材厂烟气除尘脱硝进行了超低排放改造，国家规定排放标准为颗粒物小于30毫克/升、二氧化硫小于50毫克/升、氮氧化物小于100毫克/升，新型建材厂通过改造后污染物排放大幅下将。经监测，改造后颗粒物排放浓度小于5毫克/升、二氧化硫排放浓度小于10毫克/升、氮氧化物排放浓度小于20毫克/升，达到了超低排放标准。

此外，针对社区居民重点关注的大气污染问题，自实施精益化管理以来，投诉大幅下降。

（三）资源综合利用

自投产以来，新型建材厂利用煤矸石制砖累计生产标砖 92192 万块，消耗煤矸石 300 余万吨，节约土地 512 亩。年均生产煤矸石砖 2600 余万块，利用煤矸石 8.83 万吨，年均创造利润 300 余万元。

余热回收系统每日可满足 2000 名职工的洗浴用水，冬季取暖供热面积 2 万平方米，实现了燃煤锅炉的全部替代。经过理论研究、实验室试验、设备研制和现场工业研究，成功地利用矸石砖厂余热资源，综合利用技术回收矸石砖厂排潮、排烟中的热能，替代了原有的冬季热源，每年节约燃煤 6000 吨，减少 CO_2 排放 15000 吨，减少 SO_2 排放 120 吨，节约运行费用 600 余万元。

（四）煤炭资源回收

通过边角残余资源回收综合管理体系的应用，目前已累计规划了 13 个边角工作面，共可回收 3#煤炭资源 1200 余万吨，可延长矿井服务年限 5.3 年。其中，已回收边角工作面 7 个，累计回收 3#煤 400 余万吨，创造利润 14 亿元；待回收边角工作面 6 个，待采煤量 800 余万吨，预计可创造利润 16 亿元。同时，边角残余资源回收综合管理体系的建立可为集团其他矿井三类边角资源的开采、回收提供借鉴和参考，解决衰老矿井生产衔接紧张问题，维持矿井生产经营，具有广阔的推广前景。

五、经验推广

（一）持续完善环保治理体系

根据国家政策变化及企业环保工作需求，持续改进完善现有环保治理体系，提高企业环保治理水平，将污染减排、环保管理、环保项目实施等作为工作业绩的重要指标内容，形成层层抓环保、层层抓落实的责任体系。为确保环保设施正常运转、污染物全面达标排放，杜绝环境污染事件发生，集团公司制定了《环境保护监督考核办法》，明确了突发环境事件分级标准，确定了环保隐患排查角度和环保管理考核细则；新修订了《环境保护管理制度》《大气污染防治管理办法》《固体废物管理办法》《水污染防治管理办法》等制度，完善了《加药工操作规程》《PAC、PAM 加药装置操作规程》《加药工岗位责任制》等 10 余项操作规程和岗位责任制。同时，积极响应国家“双碳”目标要求，在企业内部倡导绿色生活和绿色工作，制定了低值易耗品减排措施，积极倡导不使用一次性筷子、一次性纸杯、塑料袋等，建立了废纸张回收制度，推动企业精益车辆管理、精益用电管理，将节碳工作纳入现有环保治理体系。

（二）重视设备设施日常管理

对环保设备设施分区域、分模块进行归口管理，建立设备台账，将责任明确到相关的部门、岗位和人员，定期进行设备检查与维护，才能减少设备损耗及故障的发生，保证污染物处理达标，杜绝较大及以上突发环境事件的发生。例如，将污水处理厂、脱硫除尘系统、洒水车、清扫车等环保设施归口队组管理，对鼓风机、水泵、加药泵、膜系统、机械过滤等设施则按照运行模块进行划分，并根据位置、所属模块、设备参数、安装时间、维修时间等建立了完善的设备台账。同时，加强对设备的检查工作，污水处理厂的值班员每小时对污水处理设备进行一次检查，脱硫除尘设备的作业人员每 30 分钟对脱硫除尘设备进行一次巡检，并由基建环保部负责进行整体监督，每月不少于一次对相关环保设施设备进行现场监督、检查。针对检查过程中发现的问题及时进行调查研究及动因分析，相关部门和人员进行落实整改，最后由基建环保部检验整改效果，以确保设备正常运行。

（三）操作岗位规范化管理

制定相关环保岗位操作标准，避免违规操作。F 煤矿制定了 17 项污水处理基本操作规程、脱硫除尘脱硝设备过程管控流程等相关制度，规范了每一项工作的操作流程、工作程序及注意事项。同时，严守制度底线，确保环保工作规范化。以标准化操作为根本，研究环保设施运行基本流程，明确各工艺段和设备的操作步骤，制定《环保管理指导手册》，实现标准上岗、规范操作。

明确各岗位职责，落实岗位责任制。矿制定了污水处理厂管理制度、脱硫除尘设备安全运行管理制度等多项规章制度，对具体岗位的工作职责进行了详细说明，将各项工作和岗位职责落实到个人，使全体员工明确各自的分工与职责，对职工行为进行规范，要求工作人员严格遵守各项规章制度。

（四）建设标准化污水处理厂

污水处理厂的建设作为煤炭企业生产经营中的重要一环，其投入成本与产出效果对企业均有重要影响，尽管污水处理厂已有较为完整的处理工艺和管理制度，但其仍无法达到标准化污水处理厂的建设要求。F 煤矿将在其现有污水处理设备和工艺的基础上，积极进行标准化污水处理厂建设，例如，改变其人工加药模式，采用自动或智能加药模式，推进科学精准加药。具体做法是以精益化为抓手，引入实验模拟研究和试点实证研究模式，与科研院所水处理实验室联合，完成对矿井水絮凝处理精准加药的研究，在水质达标排放的前提下，实现试点矿井水处理的最佳投药和精细化（量化）管理。同时，将以实验精准加药为基础，推进自动加药系统的装备，实现水处理设施的高效运行，并有效降低运行成本。

（五）加强煤炭资源回收工作

煤炭资源回收工作是关系到矿井高产稳产和可持续生产的重要问题，也是缓解当前煤炭资源紧张问题的有效举措。通过对矿井边角煤块段赋存状况进行调查研究，了解矿井边角煤的储量、赋存条件分布状况、开采特征等内容，以便针对不同的情况选择合理的机械化开采方法的系统布置和关键技术。由于边角煤块段尺寸形状不规整、煤厚不稳定、围岩破碎、应力关系复杂等特征，需要分析影响矿井不规则边角煤块段开采的各种地质因素，建立不规则边角煤块段开采的地质条件综合评价模型，基于综合评价值选择合理的开采工艺，避免不规则边角煤块段采煤工艺选择的盲目性。同时，不规则边角煤块段的开采还应结合经济可采性评价模型和不规则边角煤开采围岩结构力学模型，分析边角煤开采的围岩活动规律及是否具有开采价值，以确定边角煤块段的合理开采工艺系统布置以及巷道的合理支护方式，从而根据不同的情况选择最安全高效的开采方式。

第七章　G煤矿精益人才育成管理案例

摘　要

在国家“双碳”政策和供给侧结构性改革政策的推动下，煤炭产业作为关系国家经济命脉和能源安全的重要基础产业，将加快产业结构升级和管理升级，继续朝着安全、智能、清洁开采方向发展。G煤矿所属集团积极响应对标世界一流管理提升行动的号召，以精益化管理为抓手，加快管理变革、管理创新、管理升级。要提升精益化管理水平，推动企业高质量发展目标的实现，具有精益管理思维和应用能力的人才队伍建设至关重要。本案例以G煤矿为案例企业，基于精益化管理视角，对其在精益人才管理工作中的优秀管理理念、方法、措施和经验进行总结提炼，为煤炭企业提高人才育成管理水平提供借鉴和参考。

G煤矿地处吕梁山东翼、汾河之滨，主要产品为肥焦煤，是国家“七五”期间建设的国有重点煤矿，其作为集团高产高效标杆矿井，积极响应集团号召，率先推行精益化管理，加快煤炭生产方式和产业组织方式革新。G煤矿从矿山企业精益化管理的客观需求出发，坚持问题导向，以精益化管理价值创造为根本理念，以追求精益化管理水平提升、实现企业高质量发展为发展方向，以培养建设具有精益管理思维和应用能力的人才队伍，构建人才价值链“选、用、管、育、留、离”各环节于一体的精益人才育成管理体系。

G煤矿精益人才育成管理体系由精益人才培训体系、精益人才考核体系、精益人才成长管理体系和精益人才保障体系四大子体系构成。精益人才培训体系立足于系统和岗位，形成了“集中+自学、线上+线下、理论+实操、大课堂+小讲堂、走出去+请进来、重点培训+专项提升、导师带徒+技术比武”的多样化培训方式；精益人才考核体系根据人才培养类别，构建了基层管理干部、专业技术人员、职业技能人员三个系列的百分制考核机制；精益人才成长管理体系以留住人才和用好人才为目标，构筑人才发展平台“建通道”，建立后备人才库“优储备”，优化选拔流程“精选拔”，完善激励制度“励成长”；精益人才保障体系通过组织制度建设、基础设施建设和信息系统建设为人才培养提供基础支持，保障人才培养体系顺利运行。

关键词：煤炭企业；精益化管理；精益人才；人才育成管理体系

一、案例背景

（一）单位基本情况

G煤矿位于吕梁山东翼、汾河之滨，是国家“七五”期间建设的国有重点煤矿。

G煤矿于1983年11月开工建设，1990年6月正式投产，现设有19个职能管理部门、6个共享服务中心、8个生产单位、2个分公司（见图7-1），生产区队由采煤、掘进、开拓、井下辅助、地面生产和后勤服务组成，全矿在册职工3600人。矿井现核定生产能力360万吨/年，井田工业储量10.71亿吨，可采储量5.94亿吨，服务年限106年，属于煤与瓦斯突出矿井，水文地质条件复杂，矿井煤种齐全、煤炭优良，以肥煤、焦煤为主，贫煤、瘦煤次之，生产的精煤产品享誉国内外，先后荣获国家级、省级、市级荣誉称号近百项。

在智能化矿井建设上，G煤矿以“实用有用、智能高效、本质安全”为目标，在“四位一体”信息化网络系统和5G技术应用的基础上，先后建成了13个智能化采掘工作面。其中智能化综采面具备一键启停、记忆割煤、自动跟机等功能，达到国内先进水平。2018年以来，先后建成18509、18502、18507、10604、18508、18501、12706七个智能化综采工作面。现采的18501和12706智能化工作面形成了设备协同自动控制的智能化生产模式，具备国内智能化工作面先进水平和地面常态化生产条件，单班作业人员由12人减至6人，主力煤种8号煤日产量高达10000吨，较传统采煤提高66%，年产量可达300万吨以上。

（二）背景描述

“十三五”以来，随着供给侧结构性改革的不断深化，国家“双碳”政策下能源结构的转型，加之新冠肺炎疫情对国家宏观经济以及企业复工复产造成的冲击，我国煤炭企业的发展面临巨大挑战，煤炭行业加快产业结构升级和管理升级、谋求高质量发展刻不容缓。国务院国资委也将推进精益化管理纳入开展对标世界一流管理提升行动中。G煤矿所属集团以习近平新时代中国特色社会主义思想为指导，提出“打造具有全球竞争力的世界一流炼焦煤企业”目标，从目标、机制、人才等多个维度构建以“提质、增效、节支、降耗”为目标的精益化管理体系，系统开展精益化管理活动，以精益化管理为抓手，加快管理变革、管理创新、管理升级，激发企业内在活力，建立高质量发展运营模式，积极应对行业新常态。G煤矿作为集团高产高效标杆矿井，积极响应集团号召，率先推行精益化管理，加快煤炭生产方式和产业组织方式革新，激发内生动力，在实际工作中大力破解管理粗放、效能低下、资产闲置、资源浪费等难题，消除一切浪费，降本增效，挖潜提效，创新

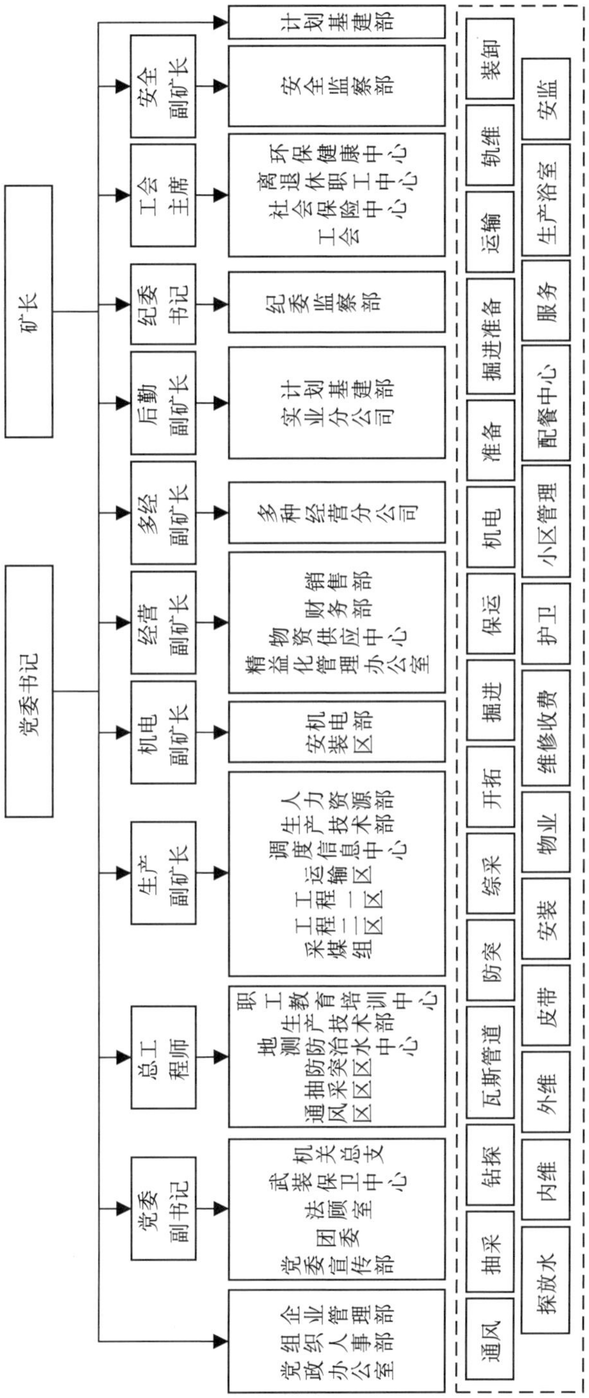

图 7－1　G 煤矿组织机构网络

创效，争取最大投入产出比，实现高质量发展。

人才是高质量发展的第一资源，是引领发展的关键动力。具有精益管理思维和应用能力的人才队伍，既是集团精益化管理工作的核心基础保障，更是推动精益化管理工作的重要成效。未来，我国煤炭行业将成为集信息化、智能化、现代化、专业化的高技术产业，这对煤炭行业人才培养提出了新要求。同时煤炭企业在从劳动密集型向人才、技术密集型转变的关键阶段，也要求扩大煤炭专业人才培养规模，开拓新兴专业领域的人才培养种类，加大高层次复合型人才的培养力度，在满足行业高水平管理人才、高素质技术人才和高技能操作人才需求的基础上，进一步培养面向未来行业发展的创新性人才。《煤炭工业“十四五”高质量发展指导意见》强调，要加强行业人力资源建设，建立企业人才选拔、培育、使用和激励长效机制，加大“知识型＋技能型”人才队伍建设力度，建设能够满足行业发展需要的人才服务体系，做好人才的基础保障工作。要提升精益化管理水平，推动高质量发展目标的实现，有需要、有必要实施精益人才管理，以选才、聚才、育才、用才为抓手，在管理人才、技术人才、技能人才的选拔、培养、激励上下功夫、做文章、求实效，建立与行业高端转型、高质量发展相适配的新型人才育成管理体系，锻造精益化管理经营人才，培养精益管理团队，推进人才保障性工作的落实，打造矿井人才队伍新格局。

（三）人才育成管理中存在的主要问题

1. 基层干部思想理念落后

对标集团战略要求，懂管理、会经营的精益化管理人才在人才队伍建设中起到关键引领作用，但基层矿井管理人员精益化管理理念转变较为迟缓，思维创新相对不足，存在思想僵化、观念老化、思维教条等问题，个人追求不高、工作标准不高，安于现状、得过且过，思想观念转变跟不上集团整体部署，行动相对滞后，与新发展格局和高质量发展要求反差较大，学习积极性、工作主动性、业务精益性都有待提升，不利于精益化管理工作在基层矿井的全面开展。

问题成因主要有以下三点：第一，干部队伍整体年龄偏大，优秀年轻干部储备不足，存在知识结构固化、创新意识不强、管理思路不够开放等问题；第二，干部选拔、评价、考核、激励约束机制不健全，考核标准不全面，考核结果难以与薪酬奖金、职级升降等有效挂钩，干部改革和创新动力不足，难以做到“能上能下、能进能出”；第三，干部培训教育工作存在局限性，主要停留在会议精神传达层面，难以与矿井基层生产实际需要和问题相对应。

2. 高技术技能人才短缺

随着行业转型升级的推进，劳动者技术技能水平和岗位需求不匹配的结构性矛盾更加突出，部分岗位工作量较大，技术技能人员工作主动性不足。一方面专业技术岗位缺员严重，人才储备薄弱，缺少矿井生产、地质、通风、防突等方面的专业技术人才，尤其是井下一线岗位人才更为紧缺；另一方面技能人才队伍素质相对较低，优秀人员少，高技能人才（包括高级工、技师、高级技师）人员比重远不能满足生产需要。除此之外，智慧矿山建设背景下新装备的应用和大数据等新技术的发展对人才培养提出了高要求，矿井对于复合型人才的需求越来越大，智能化人才既要熟悉煤矿生产工艺，又要了解自动化、智能化知识，但当前矿井面临生产经验丰富的员工理论知识结构不完善，高学历人员招聘困难，新招聘人员对生产各环节工艺不了解，复合型应用性技术技能人才短缺的问题。

问题成因主要有以下三点：第一，井下一线生产岗位“采、掘、开”人才招聘难，人才流失严重。由于煤炭一线生产工作艰苦、劳动强度大且存在安全隐患，加之薪酬待遇未能合理匹配，大学毕业生招聘人数少，退休人员逐年增多，出现了新老接替隐忧。第二，技术技能人才培养模式缺乏创新。重使用、轻培养，培养方式单一，外出培训机会少，培养体系不完善，未对机械化、自动化、信息化、智能化建设人才开展针对性培训，人才能力素质难以有效提高，后备人才储备不足。第三，薪酬体系固化，激励制度缺位。对于生产、科研一线的人才创新激励不完善，难以激发人才活力，且技能人才发展通道窄，一线技能人才流失严重。

3. 存在人力资源浪费现象

在实际生产过程中，部分专业存在“协调不利的浪费”“无序的浪费”“低效的浪费”三种人力资源浪费现象。例如，在地测日常工作中，涉及井下测量、地质构造观测、物探作业、仪器设备检修等方面知识，但由于下井前不同专业和类型的人员之间沟通不到位，不同专业间业务知识缺乏，专业局限性强，导致井下工作中存在非本专业技术人员地质构造看不懂、中腰线不会用、涌水点不会描述、机器操作不到位等问题，需重复安排不同专业类型的人员下井才能解决同一地点的地测问题，人力资源浪费现象严重。该类问题成因可归结为沟通配合机制不完善、专业培训体系不健全、人员工作责任不明晰和仪器设备管理不到位。

（四）精益人才育成管理体系的内涵

精益思想源于20世纪80年代日本丰田发明的精益生产（Lean Production）方法，其核心就是以客户为中心，持续改进，消除一切浪费，以最少的投入创造最多的价值。精益化管理则是精益思想在企业各层面的深入应用，是以精益思想为指导，以持续追求浪费最小化、价值最大化的生产方式和工作方式为目标的管理模式。精益化管理涉及企业生产经营包括研发、设计、技术、供应、设备、销售等各个层面，贯穿企业资金流、信息流、物流、人才流等各个流程，但在实际管理工作中，人才流的精益化管理往往容易被忽视。人才是企业的核心资源，也是企业的内部客户，与其他资源不同，人具有主动性、能动性和创造性。

精益人才管理即以精益思想为指导，坚持精益管理的本质——“以人为本”思想，从精益的视角对企业的人力资源进行经营管理，丰富人才育成管理内容，优化人才育成管理流程，为员工提供可以随时随地改善的环境，以最少的投入激发员工的工作意愿和潜能，最终实现人才价值最大化。精益人才育成管理体系则是企业精益人才管理方法的集成，其贯彻精益思想理念，以培养建设具有精益管理思维和应用能力的人才队伍为目标，涉及人才价值链“选、用、管、育、留、离”各环节，输入精益管理的理念和价值、精益管理的工作和原则、精益人才育成管理的标准，输出能够匹配企业转型升级、高质量发展的精益人才。精益人才即具备精益思维，掌握精益方法，能持续推进企业内部精益变革的人才，其不仅包括知识结构完善、能力业绩突出的高素质高水平人才，还包括在某个专业或基础岗位上技术技能突出的精益匠人。

（五）选择构建精益人才育成管理体系的主要原因

G 煤矿为贯彻落实集团发展战略和 G 二级公司“三个领先”工作部署，全面推进精益化管理，实现矿井高质量发展，坚持市场化原则、效益性原则、实事求是原则、消除浪费原则、人本化原则，聚焦精益现场管理、精益安全管理、精益生产管理、精益成本管理和机关工作精益化管理六方面，重点推进机电、安装、运输、物资、后勤和多经六项专业性精益化管理。

精益化管理的核心即“以人为本”，充分发挥人的作用。精益人才管理是精益化管理有序推进的基础保障。要推进精益化管理，实现企业高质量发展，必须培养建设具有精益管理思维和应用能力的精益人才队伍。未实施精益人才管理之前，G 煤矿人才培养体系不健全，未能全面且精确捕捉人才的培养需求以及培养满足企业发展的各类人才的主要原因是基层干部思想理念落后、高技术技能人才短缺和存在人力资源浪费现象。基于此，G 煤矿构建精益人才育成管理体系的目的有四个：

一是让价值导向更准确。G 煤矿以培养建设具有精益管理思维和应用能力的人才队伍为目标，系统化培养满足矿山企业高质量生产发展需求的高水平管理人才、高素质技术人才和高技能操作人才，以最少的投入实现人才价值最大化。

二是让人才培养目标更明确，能够更好地匹配企业精益化管理人才需求。G 煤矿基于矿井企业精益化管理现状，从管理人才、技术人才和技能人才队伍建设三方面来培养育成精益人才，为员工提供可以随时随地改善的环境，在人才知识、能力和态度三方面内容培养上下苦功，知识方面强调人才专业知识和精益技术知识的培养，能力方面强调人才专业能力的培养，心态方面强调尊重信任、反求诸己思维的培养，以实现最大化人才价值。

三是让人才培养机制更完善、更科学。精益人才育成管理体系涉及人才选拔、培训、考核、晋升等各个环节，矿山结合实际生产情况制定了各环节明确的标准，能够做到精选拔、优培训、全考核、励成长。

四是实现体系内部各要素有机统一。人才培训能够作为人才评估考核的依据，人才评估考核能够作为人才培训和晋升的基础，人才晋升又能够作为人才培训的参考，精益人才培训体系、精益人才考核体系、精益人才成长管理体系和精益人才保障体系四大子体系之间能够相互补充、相互协调、相互促进。

二、总体设计

（一）应用目标

G 煤矿响应国家政策和煤炭行业产业结构升级和转型发展的号召，从矿山企业精益化管理的客观需求出发，坚持问题导向，以精益化管理价值导向为根本理念，以追求精益化管理水平提升、实现企业高质量发展为方向，以培养建设具有精益管理思维和应用能力的精益人才队伍为总体目标，构建集人才价值链“选、用、管、育、留、离”各环节于一体的精益人才育成管理体系，完善精益人才选拔、培养、考核评价、激励等工作机制，畅通和拓宽精益人才发展通道，充分调动精益人才的主观性、能动性和创造性，解决基层干部思想理念落后问题、高技术技能人才短缺问题和人力资源浪费问题，全面、持续、深入地推进精益人才管理。

精益人才队伍由具有精益管理思维和应用能力的精益人才组成，不仅包括知识结构完善、能力业绩突出的高素质高水平人才，还包括在某个专业或基础岗位上技术技能突出的精益匠人。精益人才培养目标从培养内容上可细分为知识、能力和态度三方面：第一，精益人才应具备自身专业和所在岗位所需的专业知识，掌握所在领域需使用的精益技术知识，精益技术知识不仅包含精益理论和“5S”管理法、准时化生产法（JIT）、生产维护法（TPM）等精益管理方法，还包含生产方式改善、精益生产线设计、人机结合自动化改善和柔性自动化改善方面的精益技术；第二，精益人才应具备自身专业和所在岗位所需的专业能力，包含持续改善能力、问题解决能力、业务执行能力、组织协调能力、技术创新能力等；第三，精益人才除应遵循煤炭行业的职业道德准则外，还应具备尊重信任、反求诸己、持续改善的态度。

（二）总体思路

G煤矿创新体制机制，将人才开发培养融入企业高质量转型发展的战略坐标系中，统筹推进“管理、技术、技能”三支人才队伍建设，在原有人才管理体系的基础上，构建了一套矿山企业精益人才育成管理体系（见图7-2）。G煤矿精益人才育成管理体系包括精益选拔、精益培训、精益考核和精益成长四方面。其中，由于矿井公司人才招聘由集团公司统一负责，G煤矿精益选拔聚焦于后备人才和干部的选拔工作。具体来说，精益人才育成管理体系由精益人才培养体系和精益人才保障体系两部分构成，精益人才培养体系又包括精益人才培训体系、精益人才考核体系和精益人才成长管理体系三大子体系。G煤矿以精益人才保障体系为基础支撑，以精益人才培养体系为主要方式，真培训、真学习、真应用、真成长，保安全、保技能、保效果，由上到下形成精益管理的人才梯队，在提升矿山企业人才自身竞争力的同时，使得企业人力资源效益最大化，强化企业精益化管理专业人才支撑，助力企业高质量发展。

精益人才培训体系由安全生产培训、“导师带徒”活动、大师实操讲堂、周例会月考核、技能比武大赛、年度外培计划六大模块组成，以业务知识培训保障安全，促进安全生产，以“导师带徒”活动培育青年人才，以大师实操讲堂传授知识，提高操作技能水平，以周例会月考核解决技术难题，以技能比武大赛选好典型、打造标杆人才，以年度外培计划推动精益管理。

精益人才考核体系根据精益人才类别的不同，分为管理干部考核、专业技术人员考核、职业技能人员考核三类。管理干部考核将“精益化”管理理念贯穿干部业绩评价全过程，实行“A、B、C、D、E百分制”月度考核机制和经营业绩半年度考核机制；专业技

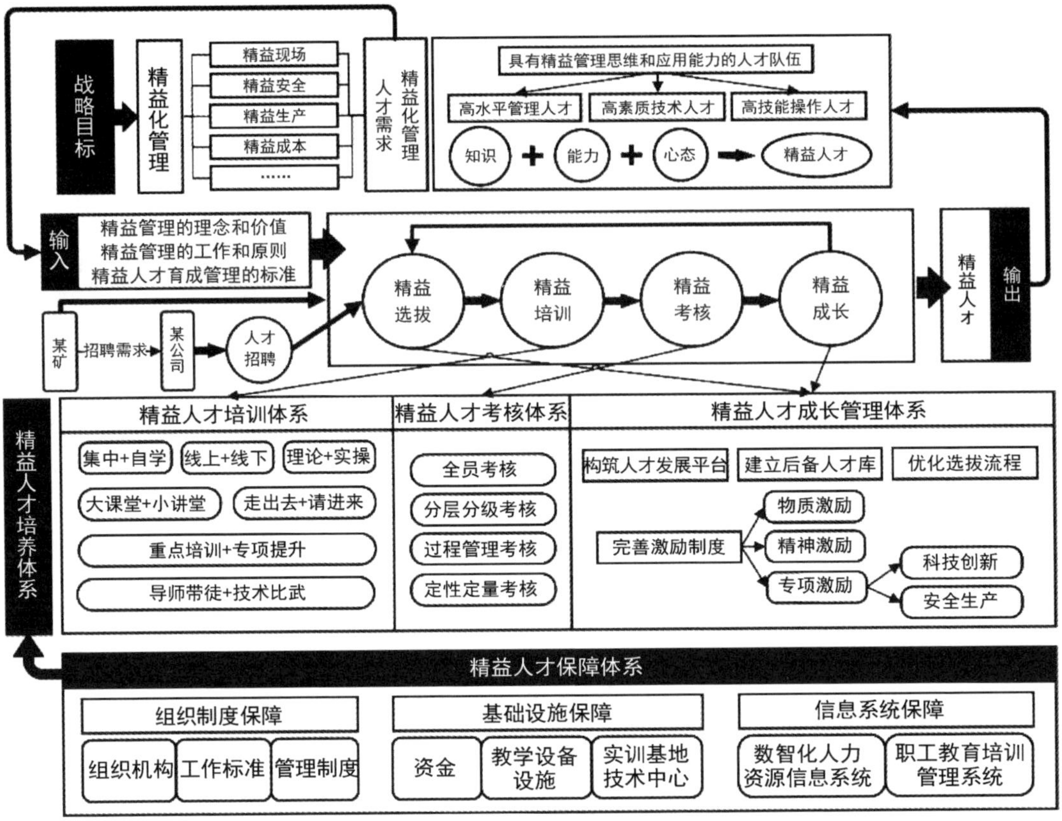

图 7-2　精益人才育成管理体系总体设计框架

术人员考核以履行岗位职责或任期目标的工作实绩为主要内容，从德、能、勤、廉、安、绩 6 方面进行百分制考评；职业技能人员以德为前提，以绩为终点，结合各工种的具体岗位职责，从德、能、勤、绩 4 方面进行百分制考评。

精益人才成长管理体系以提高人才素质为导向，以留住人才和用好人才为目标，构筑人才发展平台“建通道”，建立后备人才库“优储备”，优化选拔流程“精选拔”，完善激励制度“励成长。在人才发展平台构建方面，职位序列完善化，职业通道畅通化，职位职数适配化；在后备人才库建设方面，优“推”严“评”择干部，因“岗”分类选人才；在选拔流程优化方面，坚持“七步”聘任流程，干部选拔流程规范化，选拔标准全面化；在激励制度完善方面，正激励和负激励相结合，物质激励和精神激励相结合。

精益人才保障体系是精益人才培养的基础，主要分为组织制度建设、基础设施建设和信息系统建设三方面。组织制度建设上，G 煤矿成立以党委书记、矿长为组长的精益化管理工作领导小组，做到组织有保障；完善修订地面和井下重点岗位的标准化工作流程，做到工作有标准；围绕《矿精益化管理工作实施方案》更新制定了多项制度文件，涉及人才培训、人才考核、人才激励、人才晋升等各方面，做到管理有依据。基础设施建设上，足额提取职工教育培训经费，规范职工教育培训经费使用，做好资金保障；配备教学相关设备设施并定期检查、维护和更新，做好教学设备设施保障；加强实训基地和技术中心建设，重视技能大师工作室作用发挥，做好教学场地保障。信息系统建设上，更新打造职工教育培训管理系统，整合人才育成管理资源信息，升级建设数智化人力资源信息系统，为人才培养决策提供支持。

三、应用过程

（一）精益人才培养体系的构建

1. 精益人才培训体系

（1）践墨随敌保安全——安全生产培训。为落实矿井安全业务培训主体责任，提高安全技能培训质量，G 煤矿遵循统筹规划、协调发展、按需施教、务求实效、注重创新的原则，不断加强职工教育培训工作的科学化、制度化、规范化建设，积极开展全员、全方位的职工素质提升培训。G 煤矿成立以党委书记、矿长为组长的职工教育培训工作领导组，并于职工教育培训中心设置办公室，根据“教考分离”要求，办公室下设培训教学组和考核考务组。体系建设具体如下：

第一，培训制度标准化。矿属各单位于每年 11 月底以前，将本单位下一年度《职工教育培训需求调研表》报职工教育培训中心。职工教育培训中心根据公司年度培训计划以及矿安全生产、经营发展规划，并结合基层需求，编制矿年度职工培训计划（草案），经矿领导班子审议、提交职代会讨论通过后实施。年度职工教育培训计划由职工教育培训中心负责逐月分解安排落实，形成月度培训计划，在矿办公系统上进行发布。根据月度培训计划，由职工教育培训中心按照各工种教学大纲制定教学计划，选配班主任和讲课教师，制定开班计划，经批准后组织开班（见图 7－3）。

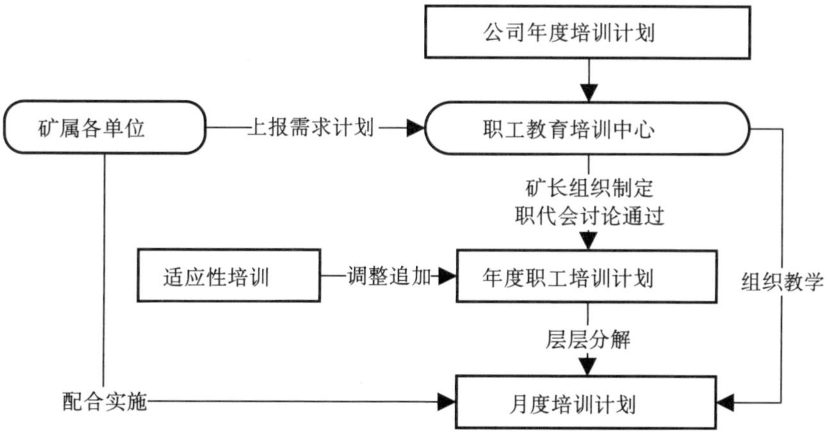

图 7－3　职工安全生产培训计划编制流程

第二，培训要求差异化。安全培训按人员类别主要分为两类，即“三项岗位”人员培训和其他从业人员培训，“三项岗位”人员培训以“持证上岗”和“先培训后上岗”制度为着力点，确保“三项岗位”人员100%持证上岗；其他从业人员培训严格落实“教考分离”制度，对照教学课时标准，健全教育与惩处相结合机制，进一步做好安全基础知识培训、岗位培训、新工人培训、转（返）岗培训、“三违”培训等工作，持续加强人员行为规范管理，确保其他从业人员培训100%合格后上岗。人员在培训实际开展时细分为主要负责人及安全生产管理人员、班组长、煤矿特种作业人员和其他从业人员4大类，并在此基础上按照专业类别、职称和技能等级层层划分。

第三，培训方式多样化。为落实集团公司精益化管理和煤炭企业生产经营要求，开展“三项岗位”人员和业务安全生产培训，提升各类人员素质水平。“三项岗位”人员的安全生产培训由上级教育中心承担，每月由矿职工教育培训中心按计划组织选送参培人员。业务安全生产培训由各单位、队组结合本单位的安全生产实际组织开展，主要培训形式是“每日一题、每周一课、每月一考”和现场安全技能培训。“每日一题”主要在班前10分钟内进行，由队长、支部书记或技术副队长负责备课，所讲内容须针对当班的安全生产实际情况，须结合现场需要进行培训，每位职工都必须备有学习记录本，并认真记录学习内容；“每周一课”培训定于每周三，由队党支部书记或技术副队长负责备课、授课，授课内容须针对本周本单位的安全生产实际情况和事故案例进行，每队须有“每周一课”备课本，详细记录备课、授课情况；“每月一考”在每月最后一周的周三进行，考试由区（部）技术主管和队长、党支部书记或技术副队长负责组织，考试内容主要是本月本单位所培训的“每日一题”的内容，考核成绩排名与本人的安全结构工资挂钩，在当月工资中兑现；现场安全技能培训通过采取场地（车间）办班、模拟场景培训等多种形式，不断增强从业人员适应新技术、新材料、新装备的岗位实践操作能力。

第四，培训队伍专业化。矿按照管理岗位特点和工作要求，将岗位技能培训按采煤、掘进、机电、运输、通风、地测防治水、井下调度、瓦斯抽采、预防煤与瓦斯突出等专业进行划分，分期分批通过外聘专家、内部教师授课等形式按专业组织开展培训，并采用学分制定期考核人员培训结果，更好地提高人才技术技能水平。在职工教育培训教师队伍建设方面，教师队伍由专职教师和兼职教师组成。专职教师为职工教育培训中心持有《教师资格证》且直接从事教学工作的人员；兼职教师为矿根据相关规定聘用的部分在职管理干部、优秀专业技能人才、退居二线或离退休优秀人才、专业需要外聘的技术人员等。聘请操作技术经验丰富的专业技术人员、技术大拿等作为岗位技能培训的兼职教师，能够弥补专职教师现场经验缺乏的不足，拓宽培训渠道，创新培训方式，增强培训效果。

（2）衣钵相传育人才——“导师带徒”活动（见图7-4）。“导师带徒”活动以拓展业务知识、提升操作技能、激发创新活力为主要目的，以学理论、传技艺、练技能、求创新、促安全为主要内容，以师徒关系为培训纽带，通过“传、帮、带、教”打造矿人才队伍。G煤矿坚持分层次、分专业、系统性开展“导师带徒”活动，活动由“导师带徒”活动领导组牵头保障实施，并做到“一签定，一承诺，三明确，一确保，一公示”。“一签订”即签订“导师带徒”合同书；“一承诺”即师徒双方书写承诺书，公开承诺事项；“三明确”即明确师徒人选、明确师徒权责、明确培养目标；“一确保”即确保师徒双方在合同期限内同单位、同班组、同岗位；“一公示”即结对师徒要在所在队组（部室）张贴公示接受职工监督。“11311”工作思路帮助“导师带徒”活动实现制度规范化、流程标准化、目标明确化、培养高效化。

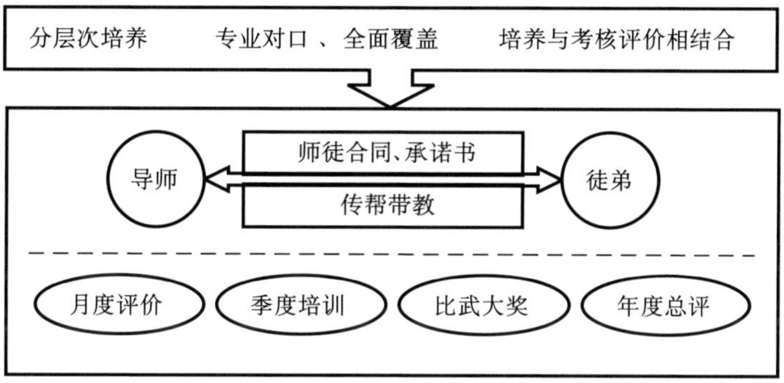

图7－4　“导师带徒”活动主要内容

G煤矿立足于岗位和人才特点，以各级领导干部、业务（技术）骨干、技术比武优秀选手、技能等级高级工等能者为师，以全员全岗位为教育培训对象，传道授业解惑，并突出重点，强化关键岗位和关键人才培训，尤其是对于新入职上岗人员、人才稀缺的技术岗位或特殊岗位人员等的培训。导师依据“导师带徒教材”，根据各工种性质和现场工作要求，制定教授计划、学习目标，开展职业道德教育，传授业务理论知识和实际操作经验，重点加强岗位安全管理教育，并引导徒弟开展合理化建议及创新创效活动，提升徒弟独立思考、分析问题、解决问题的综合能力，实现员工素质全方位提升。

此外，为保证“导师带徒”活动培养有效性，矿实施以下两方面举措：第一，活动赋予师徒双向自主选择权，导师有权提出终止对于不用心学技术、钻业务，思想意识差，不听导师教诲徒弟的带教合同，徒弟也可主动更换不履行答疑解惑义务的导师；第二，活动实施月度评价、季度考核和年度总评制度，月度、季度监督评价师徒教学情况，辅助解决教学难点痛点，年度综合考核教学成果，开展“导师带徒”专业考试，奖先奖优。

（3）实干践学提技能——大师实操讲堂。“大师实操讲堂”以全面实现智能化矿井建设提供技术支撑为主要目的，以人员知识结构的完善、操作技能的提升、安全基础的夯实为主要内容，通过以实际操作为主、理论讲课为辅的培训方式，解决工作中“大系统中的小隐患”、职工“干什么学什么”“缺什么补什么”的难点问题。

“大师实操讲堂”由职工教育培训中心牵头，职工创新工作室、技能大师工作室、各区队工作场地等联合办学，始终坚持“实”“精”“新”三要素。“实”即符合安全生产实际和职工岗位需求，以现场实操培训为主，课堂理论讲课为辅；“精”即重点突出，主次分明，脉络清晰，人员少，每期不超过20人，时间短，每期以1—2学时为主，最多不超过4学时；“新”即授课人以在各岗位、各环节、各系统中不论学历、技能等级，具有一技之长，超人一等的在岗人员为主。

“大师实操讲堂”培训开展的主要特点如下：第一，需求更明晰，规划更合理。月度、季度周期性分解培训教育任务，从全矿计划出发，结合基层部门“实操培训需求表”“大师实操小课堂授课推荐表”两表上报的培训需求，细化培训内容、讲课次数、课时要求，落实授课人员，及时更新丰富各类教案。第二，授课有水平，方式有创新。一方面选择知识水平高、实践经验丰富、业绩水平突出的高技术技能人才和在某领域具有一技之长、超人一等的精益匠人开展培训，围绕培训对象特点和需求备课，采用现场实操培训为主、课堂理论讲课为辅的方式授课，结合“实操小讲堂反馈表”跟踪反馈学习情况，针对性解决学习难题，确保参培人员学懂弄通；另一方面充分发挥“劳模创新工作室”“技能大师智能煤矿创新工作室”在创新研发、技术改进等方面的优势，开展设计性、开发性的探索试验，每月组织1—2次技术攻关活动，不定期进行技术交流研讨，融合不同专业、不同岗位高级技能人才优势，加强成员间交流合作，培养创新型、技能型人才。第三，内容更全面，重点更突出。授课内容包括国家政策理论、企业制度要求、各工种专业知识和操作技能等多方面，重点关注生产管理过程中关键环节和易发部位，重点培训安全生产相关知识，重点开展新技术、新工艺、新设备培训，满足智能化矿井人才需求。

（4）朝督暮习培习惯——安全“三基”建设。为解决现有技术人员和技能人员知识面窄，业务局限性强，专业间协调配合度差等问题，G煤矿完善各专业工作制度流程，定期开展技术例会和每月一考工作，举办以考促学加强“三基”建设，培养技术技能人员工作习惯和技能，提升矿井安全“三基”建设水平。

落实技术例会和每月一考相关要求。G煤矿形成每日早会、每周技术例会清单管理模式，每日早会合理安排下井任务，及时协调沟通，杜绝不必要的重复下井工作；每周例会对业务交叉的各个单位技术负责人集中座谈，明确人力资源浪费原因，开展专业讲课工作，逐步打破专业壁垒，实现技术人员一岗多能；每月定期开展专业考试抽查工作，未过关人员停工培训，合格后重新上岗作业，确保在岗人员能力素质匹配。同时，为养成职工随时随地学习的习惯，G煤矿创新培训模式，推出手机APP培训软件平台，在公众微信平台上线“微信端在线考试系统”，打破传统学习方式，形成线上培训与线下培训相结合、集中脱产与业余自学相结合的学习模式，有效提升职工业务水平和业务技能。

为进一步强化“三基”建设，促进安全生产管理干部业务知识学习，确保矿井安全生产，矿成立活动领导组，面向生产技术部、调度信息中心、地测防治水中心、安全监察部、九区（部）等单位基层管理干部开展以考促学强“三基”活动，编制《G煤矿安全生产系统素质提升考试题库》，单位主任工程师（技术主管）每月组织基层级干部业务知识集中学习，矿每季度组织所有基层干部分专业进行业务知识考试，全面不定期组织主任工程师（技术主管）和行政正职人员参加答辩考试，着力锻造一支专业能力过硬的安全生产管理干部队伍。

（5）以赛促学立标杆——技能比武大赛。“技能比武大赛”以提高职工队伍整体素质、服务生产一线、促进安全生产、推动矿井技术进步为主要目的，坚持突出重点、突出主业、统筹兼顾原则，通过操作岗位、技术岗位、管理岗位技能比武，培育发掘各类工匠人才，激励广大职工学技术、练硬功、比技艺、钻业务积极性，以赛促学，打造标杆人才，引领矿井企业发展。关于技能大赛比武内容，结合各岗位特点和人才需求，操作岗和技术岗比武工种竞赛分理论考试和实际操作两大项目，管理岗位竞赛包括理论考试和现场答辩两大项目，答辩包括安全管理、专业知识及企业文化等内容。

“技能比武大赛”特点如下：

第一，覆盖面广，重视安全生产。矿确定技能大赛工种为48个，其中操作岗位26个，技术岗位7个，管理岗位15个，且近年来在工种设置上更加注重安全管理，从井下生产安全、职业卫生安全、焦化系统安全、电力系统安全、网络管理安全等方面，分别设置了矿井安全管理队长、安全调信员、井下安全检查工、安全仪器监测工、环境监察管理员、防爆检查员、瓦斯检查工、维修电工、网络管理员等比武工种，通过比武竞技提升各系统人员的安全管理能力。

第二，保障全面。设置大赛组委会办公室、督导组，由各专业工种分管领导组成领导组，各专业工种副总及主管区（部）领导制定理论复习范围、比武方案、评分细则，做好组织制度保障；职工教育培训中心编制辅导教材，提供培训场所，选派相关工种顶尖人才担任导师，做好培训服务保障；此外，物资供应中心做好比武材料供给保障，武装保卫中心做好秩序保障，实业分公司做好后勤服务保障，宣传部做好宣传保障工作等。

第三，全员参与，层层选拔。比武竞赛率先在班组、队、区（车间）、矿（厂）层层开展，选拔优秀选手参与公司技能大赛，并把操作岗位的大中专毕业生、技校生和复转军人全部纳入到“学、练、比”活动中，增加青年员工参赛比例。

第四，激励完善，带动效应高。矿比武各工种前3名选手授予荣誉称号并给予相应的物质奖励，对参与上级单位比武大赛获得优胜名次的选手分别给予重奖，奖金额度也随着职业技能竞赛级别的升高而不断提高，同时给予其工种牵头人、负责人、辅导老师等有功人员表彰和奖励，以调动一线职工和各工种负责人的积极性。

2. 精益人才考核体系

（1）基层级干部考核。一是“A、B、C、D、E百分制”月度考核（见图7－5）。G煤矿坚持客观公正、民主公开、科学公平原则，建立基层干部“一事一清单”、“A、B、C、D、E百分制”月度考核机制，对基层管理干部分层分级考核、过程管理考核、定性定量考核，并将综合业绩考核与干部评优评先、任用调整相挂钩，切实将“精益化”管理理念贯穿干部业绩评价全过程。

考核由基层管理干部综合业绩考核领导组牵头，考核办公室设在组织人事部，考核办公室成员单位（包括党政办、企业管理部、安全监察部、生产技术部、人力资源部、财务部）具体实施。“一事一清单”和“A、B、C、D、E百分制”考核机制即把基层管理干部综合业绩考核内容细分为A、B、C、D、E五类，每类分项量化100分，合计500分，其中A、B、C、D四类为扣分项，E类为激励加分项。具体来说，A类考核即每月由矿领导对分管单位（部室）正队级及以上干部、业务对口管理的干部进行业绩考核，考核项目包含工作作风、履职尽责、开拓创新、专业管理和工作业绩5方面；B类考核即每月由各单位（部室）正职对本单位（部室）副职、正队级干部进行业绩考核，考核项目包含出勤上岗、业务钻研、工作效率、奉献意识和任务完成5方面；C类考核即各单位（部室）根据日常的工作情况，对有业务往来的其他单位（部室）正队级及以上干部进行考核，考核项目包含服务意识、协同配合、跟班带班、工作质量和现场管理5方面；D类考核除了企业管理部对精益化管理、制度落实、过程管理、日事日毕4方面进行业绩考核外，每月还要定期或不定期对临时任务进行督察，督察次数不少于3次，临时任务完成情况也列入考核；E 类考核由安全监察部、党政办、企业管理部、生产技术部、人力资源部、财务部对下井奖励指标、排名奖励指标、创新奖励指标和增效奖励指标四方面进行业绩考核。基于“5+5+5+5+4”考核大类，办公室成员单位制定实施细则，细化考核内容，同时安排专人组织督察工作，相关部门对基层干部进行月度季度绩效工资考核、奖罚兑现。

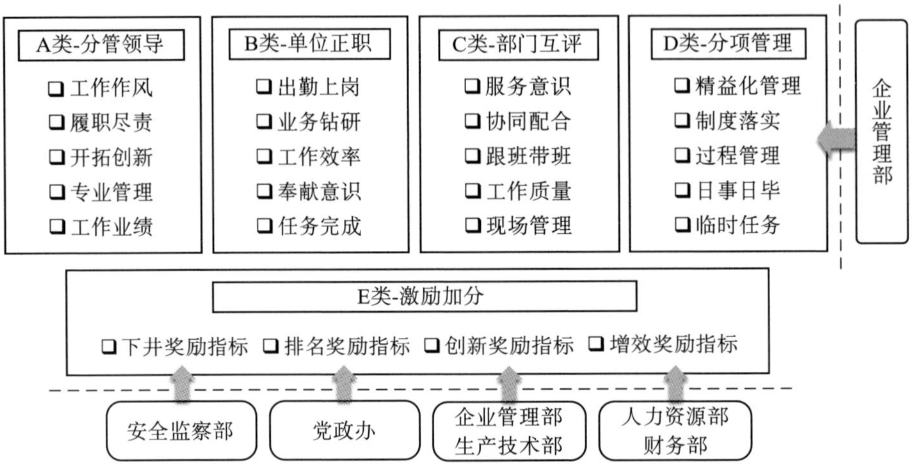

图 7-5 基层级干部综合考核方案主要内容

二是经营业绩半年度考核（见表 7-1）。为强化经营管理，提高经营管理的管控力、执行力和创新力，G 煤矿建立了年度经营业绩评价、评比体系，依据矿年度安全生产经营目标和重点工作，确定考核评价指标，对各单位、部室进行经营业绩评比，对正队级及以上管理人员进行工作业绩半年度、年度评价，评价结果与正队级及以上管理人员的年度评比、任职和工资收入挂钩。

考核由矿长、党委书记为组长的经营业绩考核评价工作领导组牵头，考核办公室负责，考核办公室设在企业管理部，考核办公室成员单位即 22 个分项责任考核部门具体实施。矿对各单位考核指标设置为安全指标、经济指标、环保指标、稳定指标、系统管理指标及否决指标六大类。考核评价办法即对各单位、部室经营业绩实行百分制评价，以安全指标和经济指标评价得分，减去环保、稳定、系统管理及否决指标评价扣分，计算评价得分，确定评价结果。

表 7-1　　基层级干部经营业绩考核主要内容

考核指标	考核内容
安全指标	杜邦安全体系建设、风险隐患排查治理、三个责任落实清单、安全生产标准化考核和安全生产事故处罚等内容
经济指标	“一优三减”、原煤产量（产值）、掘进（开拓）进尺、利润（成本）、瓦斯钻孔进尺、瓦斯抽采量标态、产品质量、研发投入、“四个煤量”、资源回收率、全员效率、转岗分流、原煤完全成本（费用）指标、工作任务、服务质量、工作标准化等

续表

考核指标	考核内容
环保指标	各类污染物排放达标率 100%、矿井水处理率 100%、矿区生活水处理率 100%、工业固体废物处置合格率 100%、综合利用率 75%、危险废物处置合格率 100%、煤堆料堆渣堆覆盖率 100%、运研、运煤车辆扬尘控制 100%、矿界噪声达标率 100%、建设项目环保"三同时"执行率 100%、杜绝重大环境污染事故等
稳定指标	贯彻落实党的各项主题教育实践活动要求，着力解决"四风"问题；认真开展民主管理工作，维护企业和职工合法权益；加强党风廉政建设，规范各级干部从业行为，全年无违法、违纪案件加强社会治安综合治理，维护矿区社会治安，无重大火灾、重大交通事故等重大社会治安事件；严格落实信访责任制度，积极疏导教育，依法、及时、就地解决问题，无重大、特大群体性事件及进京、赴省、赴集团公司集体上访、聚众闹访等群体行为等
系统管理指标	人力资源管理、财务管理、企业管理、技术创新管理、机电供应管理等
否决指标	重大安全生产事故、重大群体性事件、重大社会治安案件、重大环境污染事件、违纪经营 5 项否决指标，实行否决考核等

（2）专业技术人员考核。为加强专业技术人才队伍建设，G 煤矿不断完善考核评价标准、规范考核评价程序、丰富考核评价手段，真正做到专业技术职务评聘分开、竞聘上岗，更好地促进了专业技术员工队伍素质的提升。

在组织机构建设方面，矿成立专业技术人员管理委员会，并于组织人事部设立办公室，下设工程系列，政工、教育、卫生、图书档案、群众文化系列和经济、会计、统计系列专业技术职务评聘组，负责矿专业技术职务岗位设置和专业技术人员任职资格评审推荐、聘任、考核、落实待遇政策等工作（见图 7－6）。

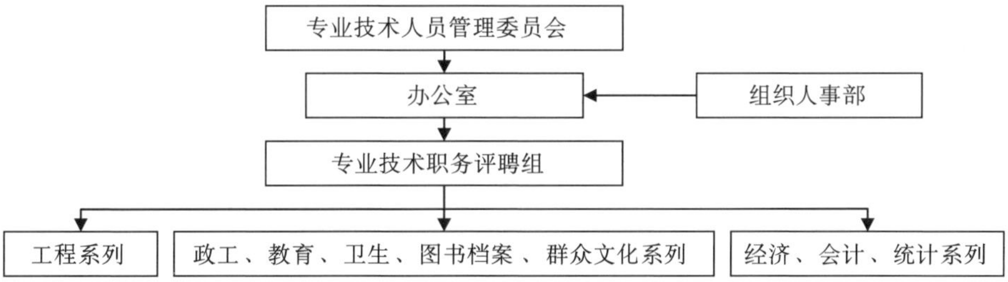

图 7－6　专业技术人员管理组织架构

在专业技术职务聘任方面，G 煤矿坚持公平、平等、竞争、择优原则，采取评聘分开，竞聘上岗的方法，实行岗位、条件、程序、结果四公开，以考核为依据，以实绩为标准，择优上岗，聘任形式包括同级聘任、低职高聘、高职低聘、续聘、待聘等，鼓励职工凭个人能力、工作业绩、职业资格等竞聘上岗，倒逼专业技术人员业务素质提升。

在专业技术人员考核评价方面，G 煤矿坚持科学定量、客观准确、公正公开、实用且易操作原则，对专业技术人员开展季度考核、年度考核和任职期满考核，考核由矿专业技术人员管理委员会牵头，各单位内部评价实施，并由各系列专业技术职务评聘组成员复核，形成"优秀、称职、基本称职、不称职"4 个等级的考核结果，作为动态技术津贴发放、专业技术职务评审和专业技术职务聘任的主要依据（见图7－7）。

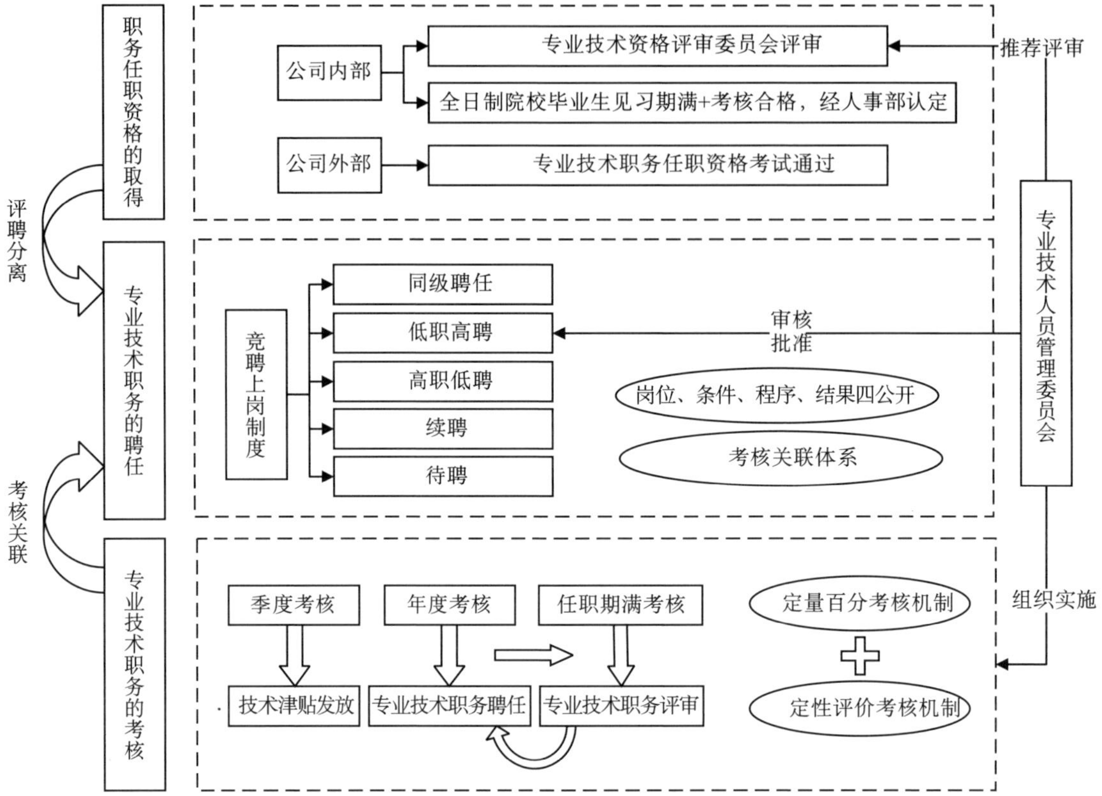

图7－7 专业技术人员管理流程

季度考核采用百分制定量考核方式，年度考核和任职期满考核采取阶段性和连续性相结合，季度考核结果按一定比例计入年度考核和任职期满考核结果，定性评价和定量考核结果相结合，专家、领导和职工评议相结合的方式，结合年度专业知识测试结果综合分析确定等次。考核以履行岗位职责或任期目标的工作实绩为主要内容，从德、能、勤、廉、安、绩6方面进行考核。“德”主要考核政治表现、思想觉悟、职业道德，“能”主要考核业务知识和工作能力，“勤”主要考核工作态度、勤奋敬业和遵章守纪的表现，“廉”主要考核意志品质和廉洁自律情况，“安”主要考核安全管理和专业技术工作完成的优劣程度，“绩”主要考核本岗位职责、完成任期目标情况，完成工作任务的数量、质量、效益，取得成果的水平及社会效益和经济效益（见表7－2）。

（3）职业技能人员考核。为全面推进职业技能鉴定工作，将薪酬分配和职业技能鉴定紧密结合，为技术工人铺就一条“初级工——中级工——高级工——技师——高级技师——特级技师”的成才之路，调动技能人员学技术、钻业务、练技能的积极性，逐步提高职工技术素质，G煤矿成立职业技能鉴定管理、考核评审委员会，并于委员会下设各专业考评组，按照职业技能鉴定工种、等级、人数等情况，组成考评小组并不定期轮换，负责全矿职业技能鉴定考核、评审和聘用工作（见图7－8）。

表 7-2　专业技术人员季度定量考核表

姓名		性别		单位		
现有专业技术资格		现聘专业技术职务				
考核内容及分值					得分	备注
德（15 分）	思想政治表现（5 分）	学习贯彻党的基本路线和方针政策，遵纪守法				
	职业道德（5 分）	服从领导，实事求是，爱岗敬业，对工作精益求精				
	社会伦理道德（5 分）	公道正派，顾全大局，团结协作，乐于助人，谦虚谨慎，举止文明				
能（20 分）	学术理论水平（4 分）	掌握本职工作基础理论，能运用理论指导实践、解决问题，对本专业及相关领域最新学术动态和科研成果有一定的了解				
	本职业务工作能力（4 分）	系统掌握本职业务工作的内容、要求，能独立完成本职业务工作和承担与本职工作相关的工作任务				
	组织协调能力（4 分）	工作有计划，有条不紊，注意与他人沟通、配合和指导，督促他人完成工作任务				
	技术创新能力（4 分）	积极想办法推进本职工作，工作有生气、有特色、有创新				
	表达能力（4 分）	口头表达准确，思路清晰，具有完成本职业务工作需要的写作能力				
勤（10 分）	出勤情况（4 分）	严格遵守劳动纪律、考勤制度，勤奋敬业，遵章守纪，积极参加集体活动				
	工作表现（6 分）	工作认真细致，积极主动，有事业心、责任感，钻研业务，有奉献精神				
廉（10 分）	廉洁自律（5 分）	坚持政策指导，严格遵守廉洁从业的有关规定				
	意志品质（5 分）	思想端正，作风扎实，严于律己，廉洁奉公，秉公办事				
安（20 分）	安全管理（10 分）	严格遵守各项安全管理制度，无“三违”，无事故				
	技术工作履职（10 分）	认真履行本专业技术岗位职责，技术工作无失察，失误、失职现象				
绩（25 分）	工作数量（7 分）	完成本职工作目标的工作量和领导交派的任务				
	工作质量（9 分）	完成工作任务质量达到标准				
	工作效率效益（9 分）	完成工作任务准确，可靠，省时，效率高，效益好，技术革新、学术论文等方面技术工作绩效明显				

在职业技能人员考核评价方面，G 煤矿以德为前提，以绩为终点，结合各工种的具体岗位职责，从德、能、勤、绩 4 个方面进行百分制考评，按照考评分数将其划分为“不合格”、“合格”、“优秀” 3 个等级，将考评结果与月度、季度、年度绩效工资挂钩，并将考评结果作为晋升、续聘、解聘的依据。考核具体内容如下：“德”主要考评遵守国家法律法规和企业各项规章制度的情况，以及政治思想表现、职业道德、工作是否能认真负责、是否能带领本工种工人出色地完成生产任务；“能”主要考评是否具有丰富的生产实践经验和高超的技艺，能否独立解决本工种生产加工操作中的关键技术问题，并在技术革新、技术攻关方面是否成绩显著；“勤”主要考评工作态度、勤奋敬业和遵守劳动纪律情况；“绩”主要考评是否履行岗位职责，完成任期目标，完成工作任务的数量和质量，取得技术成果的经济效益和社会效益（见表 7-3）。

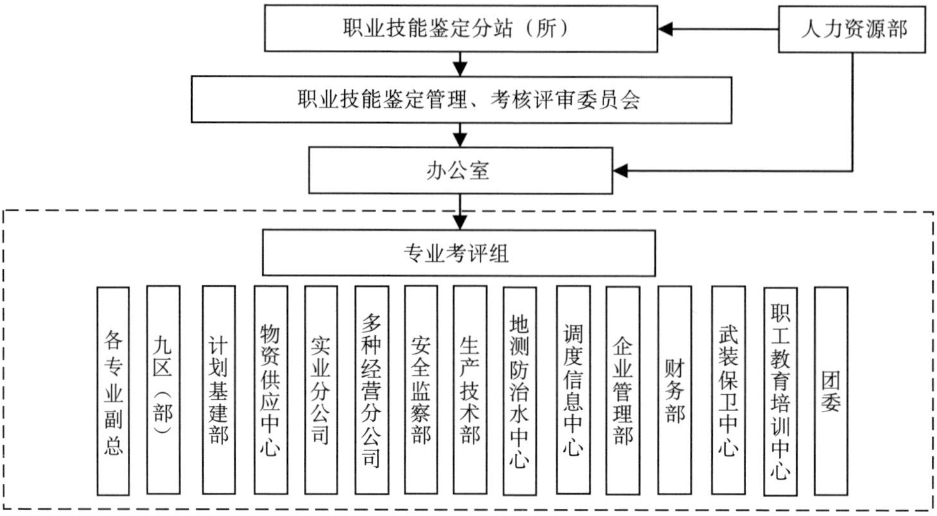

图 7－8　技能鉴定人员管理组织架构

表 7－3　G 煤矿技术工人考评内容

考核内容	标准分	评分标准	得分	备注
遵守国家法律法规和企业规章	5	违反规定一项（次）扣 2 分，直至扣完		
是否有赌博偷盗等行为	5			
触犯钢规铁纪	5			
安全事故及受处分情况	10	每次扣 5 分，“三违”取消资格		
在质量标准化中的贡献	10	根据个人完成情况扣减		
本人完成工作任务情况	15			
能否负责起模范作用	13			
是否有生产实践经验和高超技艺	15			
遵守劳动纪律	10	每次扣 5 分		
是否达到法定出勤	12	较法定少一天扣 2 分		
出勤天数	法定			
考核得分				

3. 精益人才成长管理体系

（1）建通道——构筑人才发展平台。G 煤矿以提高人才素质为导向，以留住人才和用好人才为目标，构建了管理人才、专业技术人才、职业技能人才三支人才队伍发展三序列，并在此基础上推行了管理、技术、技能人才职业发展三通道，拓宽了人才成长发展路径，为各类人才成长提供了广阔的平台。

第一，职位序列完善化。单位职位分为经营管理、专业技术和技能操作三个序列，经营管理序列设基层正职级和基层副职级两个层级；专业技术序列设员级、助理级、中级、高级四个层级，设工程、政工、经会统、教育和其他五大类型职位；技能操作序列设学徒工、初级工、中级工、高级工、技师、高级技师、特级技师、首席技师“八级工”职业技能等级，各层级各类别职位在薪酬待遇和绩效激励上分层定级。

第二，职业通道畅通化。实行“W”型人才管理模式，构建管理、技术、技能人才职业发展三通道，由单序列晋升模式拓展为管理通道、技术通道、技能通道融合晋升模式，为不同类型人员之间的流动提供了通道，让管理能力突出的人才在管理通道布局规划，让理论技术能力优秀的人才在技术通道创新创造，让操作技能熟练的人才在技能通道体现价值。

第三，职位职数适配化。坚持最低岗位原则、最少岗位原则、最合适岗位原则、最高层次原则、最优结构原则、最佳组合原则、最多限额原则，以具体专业技术任务分解为基础，明确相应的工作岗位，确定所需要的职务系列和专业技术职务档次。其中，专业技术岗位设置按照“x + y”模式，将无行政职务的专业技术人员职数（x）和有行政职务（正队级以上干部）的专业技术人员职数（y）分开，分别设置，平行管理，系列明确，互不交叉；岗位设置比例明确占总体比例要求、分级比例要求、分类比例要求，全矿专业技术职务设岗职数所占总体比例有上限，高级职数和中级职数所占分级比例有范围，部室设岗职数所占分类比例有差异，生产一线可按实际需要设置岗位职数，辅助区队、机关部室、多经、后勤部门所占分类比例有上限。

（2）优储备——建立后备人才库（见表 7 - 4）。G 煤矿以干部队伍现状和工作需要为依据，坚持公开竞聘、择优录取、合理储备、优先使用原则，将后备人才队伍建设作为持续性、基础性工程，分层分类建立后备人才库，致力打造人才“蓄水池”，备足发展“动力源”。

表 7 - 4　　后备人才库建设流程

流程环节	责任部门	具体职责
后备人才库工作计划	组织人事部	成立后备人才库工作领导组，根据矿井发展的实际需求，由组织人事部核实矿井干部职数配备情况，征求后备人才库工作领导组意见，经批准后，启动后备人才库推荐程序
后备人才库人员摸底	组织人事部	由组织人事部对本单位符合后备人才库人员进行摸底。摸底内容包括学历、资历、职称、年龄等，经摸底符合条件人员，进行后续后备人才库推荐程序
后备人才库工作准备	组织人事部	由组织人事部对所有符合后备人才库人员进行“三龄两历一身份”等方面的复审，制作相关民主推荐材料，征求后备人才库工作领导组意见，启动后备人才库推荐
后备人才库具体实施	各部门	1. 考评组组长讲话；2. 考评组工作人员分发推荐票；3. 宣读填票注意事项和符合后备干部推荐条件人员名单；4. 参会人员进行填票；5. 收回推荐票；6. 资料收集密封
后备人才库生成管理	组织人事部	确定的后备人才库推荐人选总数，根据矿管理干部岗位空缺需求，按照干部选拔任用程序，择优选用

优“推”严“评”择干部。后备干部推荐环节，推荐包含民主推荐和组织推荐两种形式，组织推荐又分为矿领导提名推荐和基层单位提名推荐两种形式。其中，民主推荐得票率按有效票三分之一作为参照，并对不同层次人员推荐票进行综合分析；组织推荐根据领导干部岗位特点、工作职责分工、具体业务管理情况等择优推荐。后备干部评选环节，先由后备干部推荐工作组结合纪检监察、安监和保卫等部门意见对后备干部人员进行资格条件初审，重点做好“三龄两历一身份”的审查工作，后经党委会投票选举确定人选。

因“岗”分类选人才。对于不同类别的人才制定不同的后备人才选拔方案，努力培养和选拔符合矿井发展需求的人才骨干。为合力打造“窗口、示范、排头兵”样板矿井，G

煤矿制定了生产系统技术副队长后备人才选拔方案，选拔任用素质高、能力强、肯吃苦、肯钻研的专业人才，提高用人质量。关于选拔流程，除对公开竞聘人员进行条件初审复审外，采用“笔试+答辩”两关卡对人员进行考核，并结合人员“附加分”情况，按照“笔试成绩×0.4+答辩成绩×0.6+附加分=最终成绩”公式计算，择优确定后备人才。其中，附加分项目包括学历加分、专业技术职称加分、荣誉加分、论文加分、工作能力及业绩成果加分、井下工作时间加分、出勤加分共7大类，尤其重视工作能力及业绩成果加分项，根据人员完成的工程项目方案行业标准、产品研制报告、技术推广总结、施工工法、专利、科研项目研究报告、科技成果等对应累积加分。

（3）精选拔——优化选拔流程。G煤矿坚持精干高效、优化结构原则，选任德才兼备、成绩突出和群众公认的优秀人才。

一方面，选拔流程规范化。坚持“八步”聘任流程：①拟定方案，成立组织。结合工作需要，拟定选拔方案，成立干部选拔任用工作组。②确定提名人选。按空缺岗位1∶1或1∶2优先从后备干部中推荐，或重新通过民主推荐和组织推荐方式确定。③民意测评。测评结果按照优秀、称职、基本称职、不称职四档次赋予分值，加权平均计算综合得分。④审核审查，确定考察对象。⑤组织考察。实行干部考察工作责任制，结合一贯工作表现开展民主测评和组织考察，考察谈话人数不少于15人。⑥会议决定，任前公示。召开矿党委会议，实行署名票决制，确定人选。⑦任前谈话。矿党政主要领导进行集体谈话。⑧宣布聘任。

另一方面，选拔标准全面化。第一，建立以职业道德、知识结构、技能技术、工作实绩为主的选拔标准，依据干部选拔任用条件和不同岗位的职责要求，从信念坚定、为民服务、勤政务实、敢于担当、清正廉洁、品德高尚、实绩突出、工作创新、善于学习、发展潜力等方面综合考察；第二，打破部门、单位、身份等限制，打破岗位聘任中“论资排辈”的传统观念，设置同级聘任、低职高聘、高职低聘、续聘、待聘等多种聘任形式，坚持多劳多得、优绩优酬、破格晋升制度，确保人才“才配其位”。

（4）促成长——完善激励制度。为提高各类人才工作积极性，促使人才“能上能下，能进能出”，G煤矿在考核机制的基础上设置了物质激励和精神激励相结合的激励制度。

在物质激励层面。G煤矿以价值创造为导向，分类完善薪酬分配体系，持续调整优化薪酬分配结构，形成“重实效、重贡献”的薪酬分配机制。第一，坚持“以奋斗者为本”的核心价值观，实现全员绩效考核，深入实施宽带薪酬，打破“平均主义”，合理拉开收入差距，实现能高能低。薪酬分配实行“岗位+绩效”为主导的岗位绩效工资制，绩效工资与安全生产、工作质量、成本费用、劳动纪律、服务质量、文明生产挂钩，必须体现按劳分配的原则，不搞平均主义。第二，坚持效率优先、兼顾公平原则，向奋斗者、贡献者、复合型高档次、高水平、高技能人才及苦、脏、累、险的生产一线岗位倾斜，拉开分配档次，并同时兼顾弱势群体，惠及全体员工。第三，坚持效益第一、成本否决、工资负亏原则，建立工资总额与效益增长同向联动机制，工资水平根据矿经济效益情况调整，确保员工收入和企业效益、效率基本同步。

G煤矿为鼓励高技能人才在岗位上发挥技能、带徒传技，设置了技术技能津贴和带徒津贴。专业技术人员技术津贴实行动态执行标准，综合考虑专业技术人员职称等级和考核结果，按照职称等级和考核结果高低分层设置技术津贴。实施层面，矿对在岗在聘无行政职务（非正队级及以上干部）的专业技术人员季度定量考核结果作为下一季度技术津贴发放的重要依据。职业技能人员技术津贴同样按照技能等级和考核结果来分层发放，技能等级分为初级工、中级工、高级工、技师、高级技师、特技技师，考核结果分为合格和优秀两个档次。带徒津贴结合比武大奖结果和年度总评结果来发放，徒弟获得比武大赛前三名，师傅和徒弟分别获得 1000 元、800 元、500 元的奖励，徒弟于年度总评考试中成绩达到 95 分和 90 分，徒弟分别给予 1000 元、800 元奖励，师傅分别给予 800 元、500 元奖励。

G 煤矿为加强工程技术人员的管理，提高工程技术人员的整体素质，努力建设一支“高、精、坚”的工程技术人员队伍，主要在九区（部）及所属各队组、安全监察部、调度信息中心、生产技术部、地测防治水中心的煤炭主体专业在岗在聘的无行政职务（非正队级及以上职务）的优秀专业技术人员中选拔拔尖工程技术人员，拔尖工程技术人员是指在矿井煤炭主业安全生产方面具有较高专业理论水平，较强创新意识，事业心强、责任感强，在本职岗位做出较大贡献的优秀专业人员。受聘的九区（部）及所属各队组拔尖工程技术人员，每月补助津贴 500 元；受聘的业务部室（安全监察部、调度信息中心、生产技术部、地测防治水中心）拔尖工程技术人员，每月补助津贴 1000 元；受聘的负责矿井生产系统设计的拔尖工程技术人员，每月补助津贴 1500 元，受聘人员的补助津贴经考核合格后由矿专业技术人员管理委员会办公室按季度发放。补助津贴与季度考核分数挂钩，季度考核分数达不到 95 分的，补助津贴按 75% 发放，季度考核分数达不到 90 分的，补助津贴按 50% 发放；季度考核分数达不到 85 分的，补助津贴按 25% 发放；季度考核分数达不到 80 分的，取消补助津贴。

在精神激励层面。G 煤矿在内部岗位公开竞聘、择优录取的基础下，坚持契约化、引入任期制，强化考核淘汰机制，破除“职场铁交椅”，激发人才工作活力。一期一聘，到期重聘，周期调整，例如选拔出的后备干部和后备人才有效期一般为一年，专业技术职务聘任期限为 1 年，职业技能等级职务聘任期限为 1 年，且在聘用期内根据工作需要和本人表现持续考核，合格者续聘，不合格者及时解聘。“任期制”的推行更好地明确了各岗位各层级人员的责任，充分激励了员工的工作积极性和创造力。

G 煤矿加强荣誉、表彰激励，评先评模，发挥人才示范引领作用，对符合条件的高技能人才向上级部门推荐授予五一劳动奖章、青年五四奖章、青年岗位能手、三八红旗手、巾帼建功标兵等荣誉，对在技能比武大赛、导师带徒等活动中取得优秀成绩的人才优先列入优秀人才信息库和后备人才库，优先提拔重用。

在科技创新专项激励层面。为提高矿科技创新能力和生产效率，调动广大职工钻研业务技术的积极性，G 煤矿成立以矿长、党委书记为组长的科技创新领导组，并于生产技术部设置办公室，建立完整的科技创新实施体系，完善科技创新管理制度，编制科技创新发展规划，组织全矿职工进行全员创新。第一，明确责任目标，为矿基层级干部、各队组技术副队长、各区队每年、每季度设置科技创新项目责任目标，明确规定科技创新项目、科技成果项目、小改小革项目的上报最低要求（见图 7 - 9）。第二，实行项目负责人制，项目负责人对项目的完成目标、实施进度、资金使用、项目总结等负全面责任。第三，全程监督项目进度，项目实施年限一般不超过两年，并可以逐年滚动立项，超过两年的项目进行中期检查和中期评估；项目承担单位在项目实施过程中每季度要向矿科技管理领导组报送项目进展及经费支出情况报告，项目承担单位项目完成后向矿科技管理领导组申请项目验收，矿科技管理领导组组织相关部门专家对项目进行验收。第四，开展全面质量管理工作，各单位设置一名专（兼）职质量管理员，负责质量管理（QC）小组的日常管理工作，质量管理（QC）小组活动遵循科学程序，按照 PDCA 循环开展活动，每月集体活动不少于两次，每次成员出席率不低于 80%，定期填写《质量管理（QC）小组活动记录本》，矿将每季对开展活动情况进行检查。

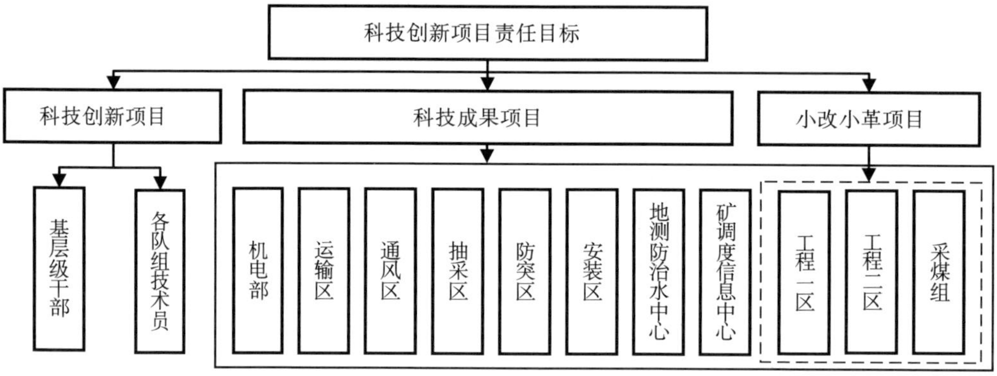

图 7-9　科技创新项目责任目标

为引导和推进自主创新工作，实行以奖为主、以惩为辅的考核激励制度。矿依据各单位年度考核结果对单位负责人和创新工作负责人进行奖惩，年度考核前 3 名、4—6 名单位分层对其进行奖励，对未能完成全面质量管理（QC）小组成果、科技论文、科技信息等科技创新活动责任目标的单位技术负责人进行扣罚，并作为年终考核的依据。科技创新奖励分为小改小革（创新项目）和科技成果奖励、专利奖励、全面质量管理（QC）奖励、科技论文奖励、科技先进集体和个人奖励五大类。对于小改小革（创新项目）和科技成果，每两年进行集中评比奖励，根据项目推广使用情况、创造的直接或间接效益分别设置特等奖、一等奖、二等奖、三等奖和鼓励奖。对于专利，按发明、实用新型及外观设计给发明人或设计人一次性奖励。对于全面质量管理（QC），根据矿群众性质量管理（QC 小组）活动开展情况，对获矿、公司、省部级、国家级优秀 QC 小组成果奖的成员小组分别给予一次性奖励。对于科技论文，对在矿和公司组织的优秀论文评选获奖的论文、被省级期刊录用或省（部）、市级获奖的论文、被 SCI、EI、ISTP 检索系统或中文核心期刊录用的论文给予论文作者一次性奖励。对于科技先进集体和个人，矿每两年召开一次科技创新表彰大会，根据在科技创新、成果转化方面做出贡献的情况，设置“科技创新先进集体”“科技创新功臣”“科技创新立功个人”“科技创新标兵奖励”“科技创新先进个人”“优秀技术员”及“小改小革创新个人”七大类奖项，对优秀科技人员进行表彰奖励。

在安全生产专项激励层面。为全面抓好矿井安全生产标准化管理体系工作，强化目标导向、问题导向和结果导向，G 煤矿成立以矿长、党委书记为组长的安全生产标准化管理体系持续改进工作领导小组，并于安全监察部设置办公室，不断调整完善安全生产标准化管理体系运行机制，明确各专业安全责任范畴，定期对各专业安全生产工作进行考核评价，激励安全生产。

关于安全生产标准化管理责任分工，矿长、安全副矿长分别作为安全生产工作的主要负责人和分管负责人，负责组织制定工作制度，对安全工作全面负责；生产副矿长负责采煤、掘进、运输、调度专业质量控制，机电副矿长负责机电专业质量控制，总工程师负责通风、地质灾害与测量专业质量控制；安全监察部是持续改进工作的责任部门，负责组织召开季度自查自评总结会议，形成内部考核分析报告，编制体系运行分析报告，制定矿下年度提升规划和调整方案；其他相关部门负责对本专业、本单位涉及安全生产标准化部分进行总结分析、措施落实、检查验收、运行质量分析等持续改进工作（见图 7－10）。

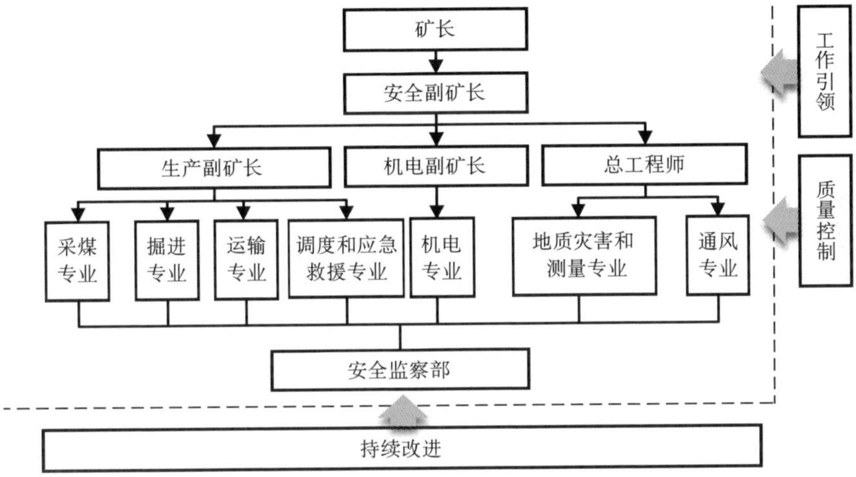

图 7－10　安全生产标准化管理体系主要责任分工

关于安全生产标准化管理考核评价，各专业按照制度规定季度末将季度内部自查自评和外部检查考核相关原始资料报安全监察部进行汇总；每季度召开一次归纳分析会议，针对本季度发现的问题或隐患分析其根源，制定改进措施并落实；每年年底各专业组根据体系运行分析报告，制定下一年度调整方案（见图 7－11）。

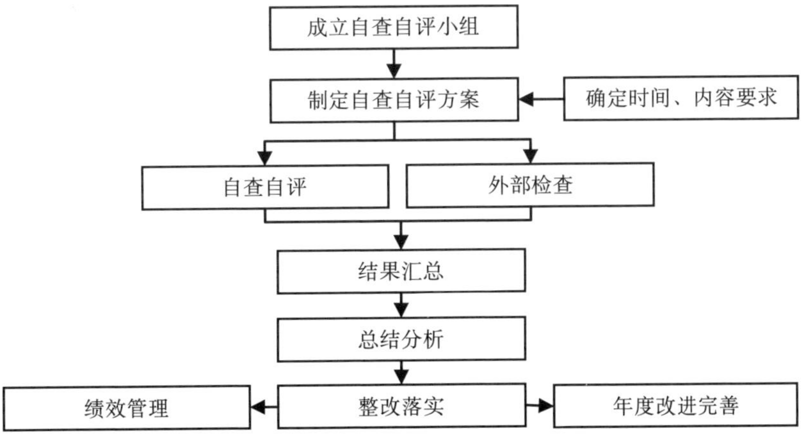

图 7－11　安全生产标准化管理考核评价工作流程

关于安全生产标准化管理绩效评价，由安全监察部牵头，每季度第一个月上旬对各分管部门和相关责任人员进行上一季度的综合考核，并兑现奖惩。季度考核内容包括负责安全生产目标完成情况、标准化管理体系内部自查和外部检查考核结果情况；考核对象包括理念目标和矿长安全承诺、组织机构、安全生产责任制及安全管理制度、从业人员素质、安全风险分级管控、事故隐患排查治理、通风、地质灾害防治与测量、采煤、掘进、机电、运输、调度和应急救援、职业病危害防治和地面设施的各专业部门；考核奖惩根据专业部门工作排名进行，对取得前3名的专业部门进行分层现金奖励，对取得前3名的专业负责人按本专业所得奖励的10%兑现，对排名倒数后3名的专业对照前3名奖励的50%进行处罚和反思检查。

在成本管控专项激励层面。为认真贯彻落实精益化管理成本管控理念，G煤矿成立以党委书记、矿长为组长的精益化成本管控工作领导组，并于财务部设办公室，重塑成本管控机制，创新成本管控方式，构建成本管控模型，建立了“1+8”精益化成本管控体系（见图7-12），即1个总成本管控中心，下设8个成本项目管控中心，做到层层有任务、人人有指标、月月有考核，全面提高G煤矿成本管控水平和矿井经济效益。

关于精益化成本管控管理考核，考核工作分五个层级进行，第一层级是矿总成本管控层级，管控部门为财务部，负责全矿目标成本指标的分解；第二层级是项目成本管控部门，将成本指标分解到延米、吨煤、进尺、钻孔数量等单位，作为每月控制成本下达的基础；第三层级是各生产、辅助队组、机关部室、地面单位；第四层级是各单位所辖队组；第五层级是全矿各班组和职工个人。各成本管控中心将成本管控指标精细分解，落实到基层各单位、队组和个人，并以月为考核周期进行刚性考核兑现。

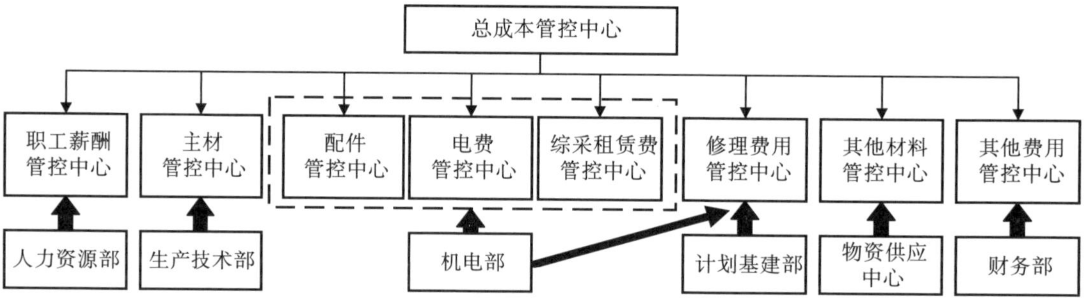

图7-12 “1+8”精益化成本管控体系

成本管控考核执行当月考核，累计兑现，年末进行综合考核。全年完成指标的，扣除部分可全额返还；全年未完成指标的，对已奖励部分从当月工资中全额扣除，超支部分正常考核，扣除部分未能完全执行的，滚动计入下年度考核周期。关于对各指标管控部门的考核，财务部针对八大成本管控中心计算月度成本节超的百分比，并按照《精益化成本管控考核表》进行考核，《精益化成本管控考核表》见附录A。关于各指标管控部门对各单位、队组的考核，实行分项月度考核。对生产、辅助区的区部考核内容分两部分，第一部分是区部自身产生的费用，第二部分是其所管辖队组的奖罚总额。对生产辅助队组的考核内容及标准按节超额的100%进行考核，队组班子承担固定比例的考核金额，其他人员执行连带考核。对机关科室和地面单位指标费用的考核，实行月度均衡考核，办公、事物用品、材料费节超额按100%进行奖罚，其他费用按30%—50%进行奖罚。对多种经营分公司利润、实业分公司收费的考核，实行季度考核，超额完成季度指标的，按50%兑现工资奖励；未完成季度指标的，按亏利额（减收额）的50%扣除各单位工资，责任单位主要负责人应承担工资抵补总额的一定比例。

（二）精益人才保障体系的支持

1. 组织制度建设

组织有保障。为确保矿精益化管理工作全面推进，G煤矿成立以党委书记、矿长为组长的精益化管理工作领导组，领导组负责全面领导矿精益化管理工作，研究制定精益化管理重要制度，统筹安排各项工作任务；精益办负责落实领导组做出的精益化管理各项部署，制定总体工作方案和规章制度，并结合工作实际，对全矿各单位、部门精益化管理开展进行督导考核，组织开展精益化管理知识培训。

工作有标准。为强化基础管理工作，G煤矿重新梳理、修订了矿井各单位的管理职责和岗位职能，并借鉴模拟电器开关“模糊和傻瓜”模式，修订了《岗位流程图》，明确了地面和井下280余个重点岗位的操作流程，使各项工作有了可视的量化标准，使管理工作有了依据，实现了员工的全流程闭合式管理，达到了岗位工作的程序化、标准化、规范化、高效化。

管理有依据。为使精益人才能够对精益化管理工作的推进起到支撑作用，矿围绕《精益化管理工作实施方案》，更新制定了《精益创新项目管理办法》《精益现场改善提案实施方案》《党风廉政建设精益管理考核办法》《导师带徒活动管理办法》《安全生产标准化管理体系持续改进工作制度》《考勤管理制度》《基层干部综合业绩考核实施方案》《公开选拔生产系统技术副队长后备人才实施方案》《科技创新管理办法》《劳动工资管理办法》等制度文件，且在人才培训方面制定下发了《其他从业人员安全培训实施办法》《职工教育培训管理办法》《兼职教师管理办法》《安全培训管理制度》，建立健全了人才培养长效机制，确保人才培养工作有据可依。

2. 基础设施建设

资金保障方面，G煤矿根据上级公司《职工教育培训经费提取与使用管理办法》规定，按全矿职工工资总额的2.5%足额提取职工教育培训经费，职工教育培训经费专款专用，当年结余转入下年度继续使用。在使用时，职工教育培训经费用于安全培训的比例不低于总额的40%，用于一线职工教育培训的比例不低于总额的60%，重点投向技能型人才特别是高技能人才的培养以及在岗人员的技术培训和素质提升教育。

教学设备设施保障方面，基于人才培训需求，培训中心配备了教学相关设备设施，包括教室桌椅、多媒体计算机、投影仪及其附属设备设施等，建立了教学设备设施登记台账，对于重要教学设备设施安排专人管理使用，并对教学设备设施的数量、质量和保管使用情况定期检查、维护和更新。

实训基地和技术中心建设方面，G煤矿重视员工实操技术技能培训，在培训时以职工创新工作室、技能大师工作室和各区队工作场地作为实训场所，在资金、技术、人员等方面全力支持技能大师工作室建设。职工创新工作室于2019年挂牌成立，现有高级工程师2人，工程师3人，助理工程师2人，技师1人，其以“物联网整合，互联网传输，数字化集成，可视化保障，程序化操作”为核心，以实现智能化开采机制为创办宗旨，一方面深入开展新技术、新设备、新工艺的推广应用及课题研究，项目攻关，技改落实等各项创新工作，另一方面通过实训联合办学加强高技术、高技能人才队伍建设。

3. 信息系统建设

G煤矿响应集团总体部署安排，成立人力资源信息系统项目实施小组，应用集团公司统一的数智化人力资源管理信息平台，规划人力资源数据标准，优化人力资源业务管理流程，支撑人力资源信息分析应用，实现人力资源战略管控定位，提升人力资源信息化水平。人力资源信息系统以规范基础数据管理和主要业务流程为目标，建立统一的人力资源数据库，为战略管控提供信息化支撑，实现同主要关联业务信息系统的集成。实施内容包括软件系统平台、硬件系统平台及共用业务功能模块三方面，其中，共用业务功能模块包括组织机构管理、员工信息管理、岗位管理、人事管理、干部管理、劳动合同管理、职业技能鉴定、薪资管理、培训管理、保险管理、统计报表、人力资源门户、系统维护。数智化人力资源信息系统的建设，进一步加强了人力资源的管理工作，实现了人力资源管理的规范化、信息化、科学化，提升了人力资源业务的分析与管控能力。

更新打造职工教育培训管理系统。职工教育培训中心为适应当前信息化教学发展趋势，结合实际工作情况，上线集查询、学习、练习、考试为一体的职工教育培训管理系统，发挥智能化培训管理作用，规范“一期一档”“一人一档”建档过程，健全档案台账管理，建立统一流程，同时可视化职工相关培训记录和持证信息，满足职工个人培训信息查询需要，便于队组登陆该系统查缺补漏，适时安排人员及时参加培训，避免无证上岗的情况，达到提高工作效率、精益流程管理的目的。

基于职工教育培训管理系统的更新，制定精益外培管理项目方案（见图7－13）。一方面，完善电子台账，对接煤矿企业三项岗位“人员培训考核”管理系统。建立统一的信息管理系统，通过信息化手段，定点进行分级动态管理，以区部为单位，设定分管负责人，建立区部信息台账，队组设定分管负责人，建立队部信息台账，整合重叠分散独立的信息，由职工教育培训中心进行统一汇总，达成统一标准信息共享。另一方面，现场流程管理跟踪化、规范化，推行月度考核制度，每月初对各单位信息台账进行考核，严格审核信息台账，及时整改纠正错误信息。

四、取得成效

（一）培训效果达到预期

在安全生产培训方面，2018—2022年“三项岗位”人员外派培训共5012人次，开展

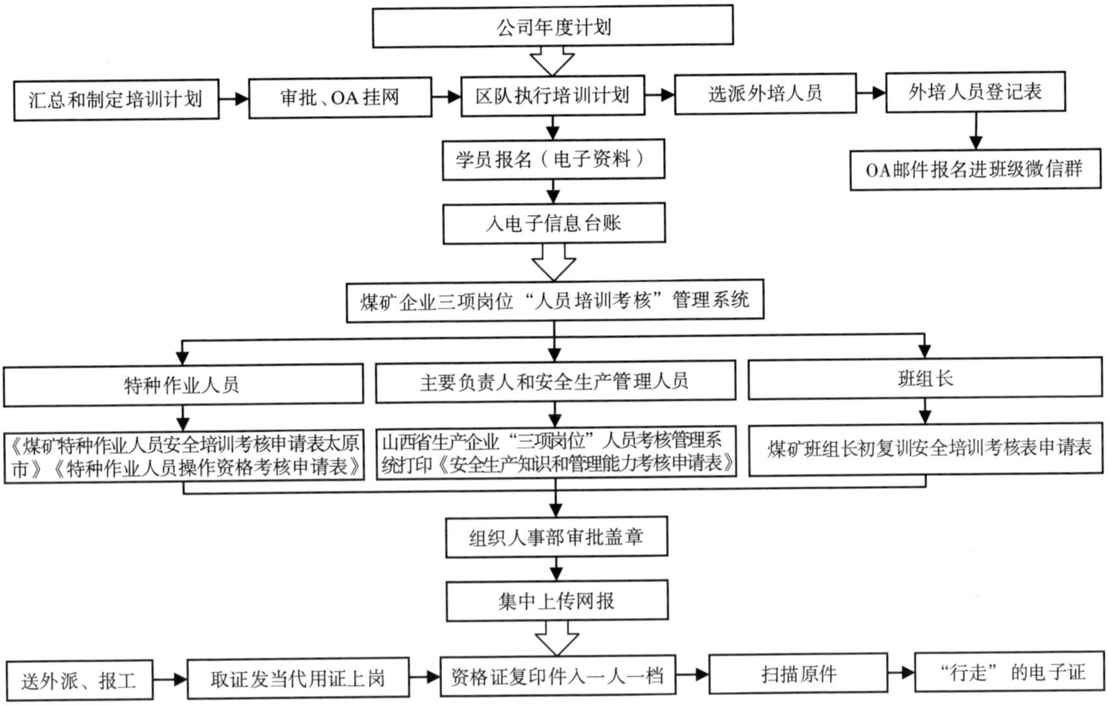

图 7－13　职工教育培训中心精益外培流程

安全知识培训共 4322 人次，开展安全岗位技能培训共 2136 人次，完成其他从业人员安全再培训共 7216 人次。与各单位合作分期、分专业组织开展各类专项培训：自救器使用全员培训、防治煤与瓦斯突出知识专项培训、防治水知识全员专项培训、“靶向式”培训、顶板管理与支护技术专题学习培训、“一规程三细则”线下培训、职业卫生知识全员专项培训、“一通三防”知识全员专项培训、“隔绝式压缩氧自救器使用知识”全员专项培训，5 年内培训 10 万余人次，强化了员工安全理念，推动安全管理工作有效进行。

在人员外派培训方面，G 煤矿 2021 年外派员工赴上级公司教育中心培训 2091 人次，全员年人均不少于 60 学时，其中各类线上学习平台年人均学习时长不少于 30 学时，“三项岗位”人员持证、换证率达到 100%，其他从业人员培训达到合格，培训考核资料建档率达到 100%。培训人员具体包括煤矿安全生产管理人员、煤矿班组长、地面非高危行业主要负责人、地面安全生产管理人员、煤矿特种作业人员、地面特种作业人员、涉爆从业人员、特种设备管理和操作人员和其他从业人员，培训内容包括电力安全工作规程培训、职业技能鉴定培训、教师培训和各类业务专项培训等，其中针对精益化、智能化、数字化“三化”建设，加强了高层次、高素质、高技能人才的针对性培训，推动了智能化技术与安全生产的融合发展。

（二）人才质量全面提高

人才队伍知识化、专业化。煤矿已逐步建成一支由高水平管理人才、高素质技术人才和高技能操作人才组成的精益理念和应用能力兼具的人才队伍。2020—2022 年，关于人员学历提升情况，中专及以下学历人员占比由 61.01% 降至 53.25%，大专学历人员占比由 23.86% 提升至 28.68%，大学及以上学历人员占比由 15.13% 提升至 18.07%；关于专业技术人员职称评定情况，高级职称（含正高级和副高级职称）、中级职称、初级职称分别由 46 人、292 人、685 人增加至 64 人、340 人、770 人；关于技能鉴定人员职称评定情况，技师由 180 人增长至 196 人，高级工由 727 人增长至 1118 人，高技能人才占操作岗取证人数的比例由 26.37% 提升至 36.40%，提高了约 10%（见表 7－5）。基层干部队伍、专业技术人才队伍、技能鉴定人才队伍知识结构和能力素质在人才育成管理体系的引导下得到有效提升和完善，人才结构、人才层次、人才技能能够更好地匹配企业精益化管理的需求，助推高质量发展目标的实现。

表 7－5　2020—2022 年人才数据对比

		2020 年		2021 年		2022 年	
		人数	同比增长（人）	人数	同比增长（人）	人数	同比增长（人）
人员学历分布	研究生	7	2	7	0	7	0
	大学	551	49	596	45	637	41
	大专	880	59	951	71	1022	71
	中专及以下	2250	－120	1968	－282	1898	－70
专业技术人员	正高级	5	1	3	－2	3	0
	副高级	41	7	57	16	61	4
	中级	292	11	310	18	340	30
	初级	685	24	726	41	770	44
技能鉴定人员	技师	180	22	163	－17	196	33
	高级工	727	48	690	－37	1118	428
	中级工	1967	－45	1836	－131	1862	26
	初级工	566	－114	538	－28	434	－104

（三）创新成果不断涌现

G 煤矿以“提质、增效、节支、降耗”为目标，针对与标杆企业差距、年度经营目标差距，以及基层存在的“难、痛、堵、愁”等问题，以项目制形式系统开展的持续改进提升工作。精益创新项目方面，2022 年经集团精益创新项目立项评审，G 煤矿精益创新项目立项 50 项，涉及战略管理、安全管理、成本管理、机电管理、监督管理、生产工艺、教育培训、后勤服务等多个方面，预计在经济、安全、环保、效率、员工素质、服务满意度等方面实现的价值创造。科技创新成果方面，2021 年经上级公司科技进步奖初评、总评，G 煤矿共评选出科技进步奖项目 14 项，优秀论文 5 篇，其中一等奖 5 项、二等奖 4 项、三等奖 5 项，涉及采掘开、机电、通风安全、地测等多个专业科技成果的突破创新（见表

7－6)，科技创新能力稳步提升，助力矿井智能化建设工作的高效开展。

表 7－6　　2021 年获奖科技成果项目

项目	所属专业	获奖等级
高水充填沿空留巷技术在 G 煤矿的研究应用	采掘开	一等奖
南二风机房自动化建设与应用	机电	
优化工作面初采期间瓦斯综合治理技术的研究	通风安全	
三维仿真模拟系统在矿井主扇停风检修期间的应用	通风安全	
G 煤矿安全生产经营数字化管控平台研究与应用	信息化	
远距离水处理集中供液系统在综采工作面的应用	采掘开	二等奖
南八南九集中皮带远距离控制高压永磁变频电机的应用	机电	
顺层钻孔轨迹偏移规律分析	通风安全	
地测智能档案管理系统的研究与实施	地测与防治水	
煤矿井下更换液压支架技术的研发	采掘开	三等奖
蓄电池机车空压机传动机构改造	机电	
南一主要通风机停风期间通风系统优化研究	通风安全	
远程监控操作自动风门系统	通风安全	
针对松散陷落柱注浆治理技术研究	地测与防治水	

(四) 生产情况持续改善

1. 有效提升企业经济效益

2022 年 1—10 月，累计产量 317.56 万吨，累计在岗平均人数 3477 人，全员劳动效率 910.44 吨/人，累计工效 8.61 吨/工。2018—2021 年末，全员劳动生产率由 19.93 万元/人提升至 31.93 万元/人，全员劳动效率由 726.45 吨/人提升至 1068.13 吨/人（见图 7－14)。

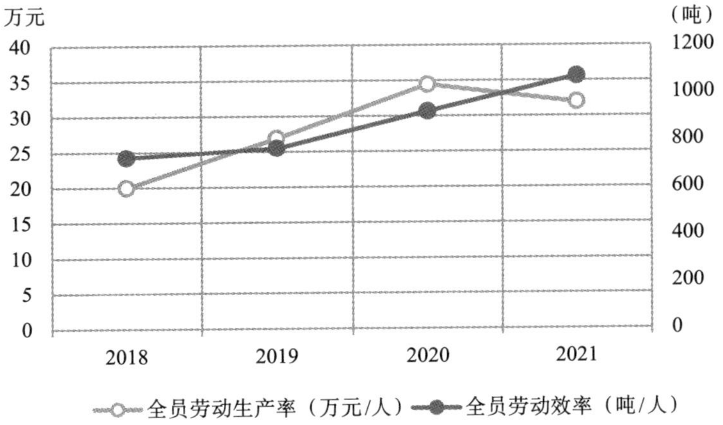

图 7－14　G 煤矿全员劳动生产率和劳动效率变动情况

2. 有效改善安全生产情况

职工按标办事，上标准岗，干标准活，讲安全，重质量，坚持“不消除隐患不生产”原则，在发现威胁安全生产的隐患时能够做到主动停工，优先排除隐患，人员安全理念和安全生产水平有效提高。2018—2022 年，矿轻微伤事故由原来的 3‰下降至 1.5‰（见图 7-15），无轻伤以上事故，圆满完成各项目标任务，安全生产健康持续稳定。矿井先后被授予“全国煤炭工业特级安全高效矿井”“全国安全文化建设示范企业”“山西省功勋企业”等国家及山西省荣誉称号。

3. 有效加强智能化矿井建设

采煤效率方面，8 号煤传统采煤方式日循环割煤 5 刀，日产量最大 6000 吨，年产量最多 180 万吨；智能化采煤日产量较传统采煤提高 66%，达到10000吨，年产量可达 300 万吨。人员效率方面，队组职工总数由 84 人减至 50 人，单班作业人数由 12 人减至 6 人，职工月均工资达 15000 元以上，达到国内智能化采煤工作面一流水平。

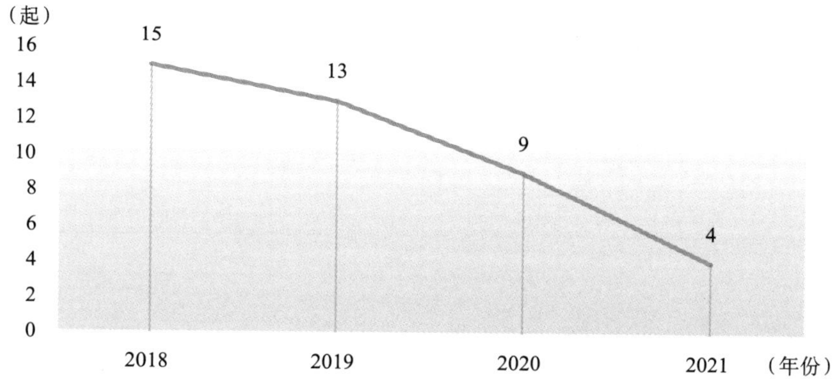

图 7-15　G 煤矿近 4 年轻微伤事故数量变动情况

五、经验总结

（一）精益人才育成管理体系的基本应用条件

1. 制定明确的制度标准

人才培养管理要做到组织有保障，工作有标准，管理有依据，营造一种程序化、标准化、规范化、高效化的工作方式。首先，应建立与精益化管理工作相匹配的工作组织，全面领导部署落实精益化管理各项工作，使精益化管理工作有序推进；其次，应完善修订地面和井下重点岗位的标准化工作流程，制度化管理，程序化管理，使各项工作标准可量化；最后，应更新制定精益人才管理相关的管理制度，包括人才培训、人才考核、人才激励、人才晋升等各方面，使各项制度发挥自然约束与激励作用，规范各项工作的实施。

2. 提供配套的基础设施

人才培养管理要有配套的基础设施作为基本保障。首先，应按照规定和要求足额提取职工教育经费并保证专款专用，为人才培养提供保障，G煤矿按全矿职工工资总额的2.5%足额提取职工教育培训经费，主要投向高技能人才培养以及在岗人员的技术培训和素质提升教育，重点应用于安全培训和一线职工教育培训；其次，应结合培训需求，为人才培训配备教学设备设施，包括教室桌椅、多媒体计算机、投影仪及其附属设备设施等，并对教学设备设施的数量、质量和保管使用情况定期检查维护，做好理论培训场地的建设工作；最后，应加强实训基地和技术中心建设，尤其要重视技能大师工作室的建设，一方面深入开展新技术、新设备、新工艺的推广应用及课题研究，项目攻关，技改落实等各项创新工作，另一方面通过实训联合办学加强高技术、高技能人才队伍建设。

（二）精益人才育成管理体系成功应用的关键因素

1. 从矿井实际出发

人才培养管理要立足于矿井实际，在精益人才管理体系构建的过程中，不论是人才培训体系、人才考核体系还是人才成长管理体系都必须明确矿井生产中存在的主要问题，从问题出发，结合人才类别和发展情况，构建针对性、有实效的人才育成管理体系。

人才培训方面，人才培训工作开展前期，需要立足于当前岗位需要、人才个人成长与企业未来发展战略，提前制定人才培训工作规划，形成系统性、针对性、长期性的培训方案；人才培训工作开展中期，需要安排专人跟踪反馈学习情况，针对性解决学习难题，确保参培人员学懂弄通；人才培训工作开展后期，要及时总结年度季度培训成果，并以此为基础制定下年度人才培训方案，保证培训效果有提升。人才考核方面，不论是考核流程还是考核标准，都要坚持客观公正、民主公开、科学公平原则，形成以职业道德为基础，以知识结构、技能技术和工作实绩为主的考核体系，并将考核结果应用于人才管理包括任用调整、培训培养、选拔提升等方面。人才成长管理方面，构建管理、技术、技能人才职业发展三通道，各类人才由单序列晋升模式拓展为管理通道、技术通道、技能通道融合晋升模式，使得管理能力突出的人才在管理通道布局规划，理论技术能力优秀的人才在技术通道创新创造，操作技能熟练的人才在技能通道体现价值。

2. 统筹兼顾生产与培训

人才管理中存在的主要问题之一则是重使用轻培训。企业注重安全生产和经济效益，对各类人才更多的是重使用，不愿花费过多的时间、精力、经费去培训。要从根本上提高生产效率和效益，只要求工人按照操作规程工作难以满足企业当前精益化、智能化、数字化的生产需求，且“重使用轻培训”观念的存在会使得员工内心产生培训“无用论”，导致培训流于形式，员工素质难以得到有效提升，进而形成恶性循环。人才培训是一种有组织的知识传递、技能传递、标准传递、信息传递、信念传递行为，能够有效兼顾使用与培训、保障人才培训效果的人才培训能够丰富人才知识结构，提升人才技术技能，改善人才工作态度，为企业生产赋能。

一方面，要从思想上重视培训。将人才培训纳入企业发展总体规划，保障教育培训机制及人、财、物等软硬件设施的投入和建设，矿党政组织制定职工教育培训计划和整体规划，制定教育培训激励考核方案。

另一方面，要从行动上保障培训效果。第一，根据岗位需求和人才特点，由下至上编制需求计划，由上至下分解培训计划；第二，聘请知识结构完善、理论经验丰富的持证人员作为专职教师，聘请外部专家和操作技术经验丰富的专业技术人员、技术大拿等作为岗位技能培训的兼职教师，采用“集中＋自学、线上＋线下、理论＋实操、大课堂＋小讲堂、走出去＋请进来、重点培训＋专项提升、导师带徒＋技术比武”的培训方式；第三，结合生产实际情况合理安排培训时间，对于部分岗位人员采用脱产培训的方式保障培训效果；第四，建立完善人才培训责任制，根据各部门、各岗位培训计划和预期成效对责任部门、责任人进行考核激励。

3. 完善人才成长激励机制

事业因人才而兴，人才因事业而聚。要留住人才、用好人才，必须建立一套对人才兼具推动力和吸引力的成长激励机制。首先，要构筑广阔的人才发展平台，完善经营管理、专业技术和操作技能三类职位序列，实行“W”型人才管理模式，设置与矿井企业相匹配的职位职数；其次，要建立标准化的选拔方案，坚持“七步”聘任流程，明确考核评价标准，让人才公平竞争，能上能下；最后，要完善物质激励和精神激励机制，物质激励上应坚持“以奋斗者为本”的核心价值观，分类完善薪酬分配体系，持续优化调整薪酬分配结构，深入实施宽带薪酬，加大绩效奖励力度，设置技术技能津贴、特岗补贴、科技创新专项奖励等，打破“平均主义”，合理拉开收入差距；精神激励上要针对员工的不同特点，了解员工内在需求，通过感情激励、荣誉激励、榜样激励、目标激励等手段提高员工工作士气。

4. 加强人力资源信息系统建设

人力资源信息系统建设是精益人才管理工作推进的必然要求，集成化的人力资源信息系统能够运用信息技术收集、记录、储存、分析、提取和组织人力资源信息，为人力资源规划、招聘与配置、培训与开发、薪酬与福利、绩效管理、员工关系六大模块提供决策依据，规范各项管理流程，帮助企业实现精益人才管理。企业应加强人力资源信息系统建设，建立全员信息库，可视化员工基本信息、企业岗位职数、培训考核记录等，健全人才档案台账管理，规范企业用工，优化培训考核流程，做到各项记录统计电子化、统一化，实现信息共享，为人才管理和资源配置提供决策支撑平台。

（三）精益人才育成管理体系应用的难点及对策

精益人才育成管理体系应用的投入产出难以有效衡量。人才投入包括取得成本、开发成本、使用成本和离职成本，人才产出包括经济价值创效和非经济价值创效，经济价值创效包括直接经济收益、节支降耗和可持续性储量价值，目前煤炭行业还没有有标准化的工具方法对精益人才育成管理的投入成本和经济价值创效进行有效衡量。人才虽是企业的核心资源，对企业的发展至关重要，但企业在开展人才育成管理工作时必须考虑人才的投入产出问题，这关系到精益人才育成管理体系应用是否能对企业的发展产生积极作用。

针对此难点问题，一方面，成立专门的评审委员会负责精益人才育成管理的投入成本和经济价值创效的评估，以结合矿实际情况合理应用精益人才育成管理体系。另一方面，精益人才育成管理的投入产出衡量是一项系统的工程，在未得出一套切实可行的衡量方案前，应重点关注精益人才育成管理的有效性。一是要明确人才选拔标准，要对企业各岗位职责作出深度分析，基于岗位胜任模型，科学设定人才选拔标准；二是要完善人才培训体系，优化建设师资队伍，全面且有针对性地设计开展人才培训课程，创新人才培训方法；三是要优化人才激励措施，实施全员绩效考核，完善薪酬体系，加强物质激励和精神激励；四是要拓宽人才晋升渠道，完善管理人才、技术人才和技能人才职位序列，并在此基础上实行“W”型人才管理模式，并结合矿井企业实际情况建立轮岗制度帮助人才进行发展选择。

附录　G煤矿精益化成本管控考核表

单位：元

考核内容	节超区间奖罚比例	考核单位			生产辅助区队、机关单位、地面单位											多经公司利润、实业分公司收费			
					区部、机关部室、地面单位							队组							
					成本考核				连带考核										
		部门正职	部门副职	相关人员	考核基数	单位正职、经营副职	其他副职	相关人员	考核基数	单位正职、经营副职	其他副职	考核基数	一线队正职	二线队正职	相关人员	单位正职经营副职	其他副职	队正职	相关人员
月度考核项目	0—10%（含）	1000	600	300	节超额	25.00%	20.00%	余额	所辖队组奖罚总额的100%	20.00%	10.00%	节超额	20.00%	30.00%	余额	/			
	10%—20%（含）	3000	1800	500		20.00%	15.00%	余额		20.00%	10.00%		20.00%	30.00%	余额				
	20%—30%（含）	5000	3000	1000		15.00%	10.00%	余额		20.00%	10.00%		20.00%	25.00%	余额				
	30%—40%（含）	8000	4800	1500		13.00%	8.00%	余额		10.00%	6.00%		15.00%	20.00%	余额				
	40%—50%（含）	10000	6000	2000		11.00%	6.00%	余额		10.00%	6.00%		10.00%	15.00%	余额				
	50%以上	15000	9000	2500		11.00%	6.00%	余额		10.00%	6.00%		10.00%	15.00%	余额				
季度考核项目	0—10%（含）	1000	600	300	节超额	20.00%	15.00%	余额	所辖队组奖罚总额的100%	8.00%	5.00%	节超额	20.00%	25.00%	余额	30.00%	15.00%	10.00%	余额
	10%—30%（含）	4000	2400	1200		15.00%	10.00%	余额		8.00%	5.00%		15.00%	20.00%	余额	20.00%	10.00%	8.00%	余额
	30%—50%（含）	9000	5400	余额		10.00%	6.00%	余额		8.00%	5.00%		10.00%	15.00%	余额	15.00%	6.00%	5.00%	余额
	50%以上	15000	9000	余额		10.00%	6.00%	余额		8.00%	5.00%		10.00%	15.00%	余额	10.00%	6.00%	5.00%	余额
年度考核项目	0—50%（含）	5000	3000	余额	节超额	20.00%	15.00%	余额	所辖队组奖罚总额的100%	5.00%	3.00%	节超额	5.00%	8.00%	余额	/			
	50%以上	10000	6000																

参考文献

1. 余绪缨，汪一凡主编，《管理会计学》，中国人民大学出版社，2010 年版。

2. ［美］雷·H. 加里森，［美］埃里克·W. 诺琳，［美］彼得·C. 布鲁尔，《管理会计》，机械工业出版社，2019 年版。

3. 高绍福，邱吉福主编，《管理会计》，经济科学出版社，2022 年版。

4. ［美］加里·柯金斯著，《作业成本管理：完全操作手册》，谭丽丽译，经济科学出版社，2006 年版。

5. ［美］詹姆斯·A. 布里姆森、［美］约翰·安托斯著，许燕译审，作业成本预算，经济科学出版社，2006 年版。

6. 李守武主编，《管理会计工具与案例：战略与预算管理》，中国财政经济出版社，2018 年版。

7. 李守武主编，《管理会计工具与案例：成本管理》，中国财政经济出版社，2018 年版。

8. 李守武主编，《管理会计工具与案例：绩效管理》，中国财政经济出版社，2018 年版。

9. ［美］斯坎特·达塔、马达夫·拉詹著，王立彦、谌嘉席，郭放译，《管理会计：决策制定与业绩激励》，北京：中国人民大学出版社，2015 年版。

10. ［美］瑞夫·劳森著，杨继良，姚祎译，《管理会计在中国：成本计算方法、成本管理实务和财会职能》，北京：经济科学出版社，2010 年版。

11. ［美］玛丽安娜·M. 莫温，［美］唐·R. 汉森，［美］丹·L. 海特格，《管理会计》，北京大学出版社，2017 年版。